JN107255

続・刑法の判例
■各論■

松原芳博 編

成文堂

はしがき

　本書は、前著『刑法の判例〔総論〕』『同〔各論〕』（2011年、成文堂）の続編として、前著刊行以後のものを中心に近時の重要判例を厳選し、比較的詳細な解説・論評を加えた解説書である。主として法科大学院や法学部における演習教材や参考書として利用されることを予定しているが、研究者や実務家にも参照していただき、学界・実務界に何らかの貢献ができれば幸いである。前著と併せて利用すれば、ほとんどの重要論点に関する判例を網羅できるのではないかと思う。

　判例を学ぶ意義は、第1に、各裁判例を判例として分析・検討することにある。特に最高裁の判断は、規範的な法命題として機能するから、この法命題を抽出し、その射程を明らかにすることが重要な課題となる。最高裁は、しばしば、この法命題を明示せず、事実から直接結論を導くという体裁をとる。そこから、直感的に常識的な結論を導き出すことが「実務感覚」であるかのような誤解も生じる。しかし、最高裁が法命題の明示を避けるのは、三権分立の制約や想定外の事案に適用される危険に配慮したためであって、その判断の過程で先例や学説との関係を含めた精緻な検討がなされていることは、担当調査官の解説に示されているとおりである。一方、判例の重要性に関する認識が高まるにつれて、判例を批判してはならないという風潮も広まっている。しかし、現在の判例は、過去の判例に変更を加えつつ形成されてきたものであり、将来のさらなる変更にも開かれている。今後の判例法理の継続的な発展・形成のためにも、研究者や実務家の批判精神は不可欠であろう。本書では、判例の客観的な「説明」にとどまらず、各執筆者による「論評」をも展開できるよう各判例の解説の紙幅を多くとることとした。

　判例を学ぶ意義は、第2に、各裁判例を事例として検討し、その適切な解決を探究することにある。現実の事案である裁判例は、法的な問題を抽出し、事案解決のプロセスを追体験するための格好の素材となる。本書では、複数の論点を含んでいる事案については、表題に記された論点以外の論点につい

ても事案解決に必要な限りで言及し、論点相互間の関係とともに、当該事案の解決の筋道を示すよう心掛けた。それゆえ、本書は、演習書として使用することもできるであろう。

　本書の執筆陣は、第一線で活躍されている中堅・若手の研究者である。研究・教育に多忙な中、以上の趣旨を汲んで意欲的な解説を寄稿してくださった。共著者の1人である大関龍一氏（早稲田大学講師〔任期付〕）には、各執筆者との連絡調整、表記・体裁の統一、凡例の作成などにご尽力をいただいた。株式会社成文堂の篠崎雄彦氏は、編者の意図に賛同してくださり、周到な編集行程の策定および編者・執筆者への行き届いた配慮により本書を完成に導いてくださった。これらの方々に、この場を借りて御礼を申し上げたい。

　　2022 年 9 月 7 日

松　原　芳　博

目　次

凡　例

〔教科書〕

浅田	浅田和茂・刑法各論（2020 年、成文堂）
井田	井田良・講義刑法学・各論（2020 年、有斐閣）
伊東	伊東研祐・刑法講義各論（2011 年、日本評論社）
今井ほか	今井猛嘉＝小林憲太郎＝島田聡一郎＝橋爪隆・刑法各論（第 2 版、2013 年、有斐閣）
伊藤ほか	伊藤渉＝小林憲太郎＝齊藤彰子＝鎮目征樹＝島田聡一郎＝成瀬幸典＝安田拓人・アクチュアル刑法各論（2007 年、弘文堂）
植松	植松正・刑法概論 II 各論（再訂版、1975 年、勁草書房）
内田（文）	内田文昭・刑法各論（第 3 版、1996 年、青林書院）
大塚（仁）	大塚仁・刑法概説（各論）（第 3 版増補版、2005 年、有斐閣）
大谷	大谷實・刑法講義各論（新版第 5 版、2019 年、成文堂）
香川	香川達夫・刑法講義（各論）（第 3 版、1996 年、成文堂）
川端	川端博・刑法各論講義（第 2 版、2010 年、成文堂）
小林・理論と実務	小林憲太郎・刑法各論の理論と実務（2021 年、判例時報社）
斎藤	斎藤信治・刑法各論（第 4 版、2014 年、有斐閣）
佐伯（千）	佐伯千仞・刑法各論（訂正版、1981 年、有信堂）
佐久間	佐久間修・刑法各論（第 2 版、2012 年、成文堂）
塩見	塩見淳・刑法の道しるべ（2015 年、有斐閣）
曽根	曽根威彦・刑法各論（第 5 版、2012 年、弘文堂）
高橋	高橋則夫・刑法各論（第 3 版、2018 年、成文堂）
団藤	団藤重光・刑法綱要各論（第 3 版、1990 年、創文社）
中森	中森喜彦・刑法各論（第 4 版、2015 年、有斐閣）
中山	中山研一・刑法各論（1984 年、成文堂）
西田（橋爪補訂）	西田典之（橋爪隆補訂）・刑法各論（第 7 版、2018 年、弘文堂）
西原	西原春夫・犯罪各論（訂補準備版、1991 年、成文堂）
橋本	橋本正博・刑法各論（2017 年、新世社）
林（幹）	林幹人・刑法各論（第 2 版、2007 年、東京大学出版会）

林（幹）・判例刑法	林幹人・判例刑法（2011 年、東京大学出版会）
日髙	日髙義博・刑法各論（2020 年、成文堂）
平川	平川宗信・刑法各論（1995 年、有斐閣）
平野・概説	平野龍一・刑法概説（1977 年、東京大学出版会）
平野・諸問題	平野龍一・犯罪論の諸問題（下）（1982 年、有斐閣）
福田	福田平・全訂刑法各論（第 3 版増補、2002 年、有斐閣）
藤木	藤木英雄・刑法講義各論（1976 年、弘文堂）
堀内	堀内捷三・刑法各論（2003 年、有斐閣）
前田	前田雅英・刑法各論講義（第 7 版、2020 年、東京大学出版会）
町野	町野朔・犯罪各論の現在（1996 年、有斐閣）
松原	松原芳博・刑法各論（第 2 版、2021 年、日本評論社）
松宮	松宮孝明・刑法各論講義（第 5 版、2018 年、成文堂）
松宮・先端	松宮孝明・先端刑法各論（2021 年、日本評論社）
山口	山口厚・刑法各論（第 2 版、2010 年、有斐閣）
山口・探究	山口厚・問題探究刑法各論（1999 年、有斐閣）
山口・新判例	山口厚・新判例から見た刑法（第 3 版、2015 年、有斐閣）
山中	山中敬一・刑法各論（第 3 版、2015 年、成文堂）

〔参考書〕

刑法の判例	松原芳博編・刑法の判例〔各論〕（2011 年、成文堂）
基本講座（5）（6）	阿部純二＝板倉宏＝内田文昭＝香川達夫＝川端博＝曽根威彦編・刑法基本講座第 5 巻、第 6 巻（1993 年、法学書院）
クローズアップ	山口厚編著・クローズアップ刑法各論（2007 年、成文堂）
財産犯	高橋則夫＝田山聡美＝内田幸隆＝杉本一敏・財産犯バトルロイヤル（2017 年、日本評論社）
最前線 II	山口厚＝井田良＝佐伯仁志・理論刑法学の最前線 II（2006 年、岩波書店）
最判解	最高裁判所判例解説刑事篇（法曹会）
重点課題	曽根威彦＝松原芳博編・重点課題刑法各論（2008 年、成文堂）
重判解	重要判例解説（有斐閣）
新基本法コンメ	浅田和茂＝井田良編・新基本法コンメンタール刑法（第

	2 版、2017 年、日本評論社)
争点	西田典之＝山口厚＝佐伯仁志編・刑法の争点（2007 年、有斐閣)
大コンメ (1)〜(13)	大塚仁＝河上和雄＝中山善房＝古田佑紀編・大コンメンタール刑法第 1 巻〜第 13 巻（第 3 版、2013〜2021 年、青林書院)
注釈 (2)(4)	西田典之＝山口厚＝佐伯仁志編・注釈刑法第 2 巻、第 4 巻（2016・2021 年、有斐閣)
展開各論	芝原邦爾＝堀内捷三＝町野朔＝西田典之編・刑法理論の現代的展開各論（1996 年、日本評論社)
百選 8 版	佐伯仁志＝橋爪隆編・刑法判例百選 II 各論（第 8 版、2020 年、有斐閣)
	※同書の第 7 版以前も、「百選 7 版」といった形で略記。
理論探究 ①〜⑩	川端博＝浅田和茂＝山口厚＝井田良編・理論刑法学の探究①〜⑩（2008〜2017 年、成文堂)
理論と実務 ①〜③	佐伯仁志＝高橋則夫＝只木誠＝松宮孝明編・刑事法の理論と実務①〜③（2019〜2021 年、成文堂)

〔記念論文集〕
原則として被祝賀者の姓により、「○○古稀」といった形で略記

〔判例集〕

刑集	大審院・最高裁判所刑事判例集
刑録	大審院刑事判決録
裁判集刑	最高裁判所裁判集刑事
高刑集	高等裁判所刑事判例集
判特	高等裁判所刑事判決特報
高刑特	高等裁判所刑事裁判特報
高刑速	高等裁判所刑事裁判速報集
東時	東京高等裁判所刑事判決特報
下刑集	下級裁判所刑事判例集
刑月	刑事裁判月報
一審刑集	第一審刑事裁判例集

| 新聞 | 法律新聞 |

〔定期刊行物〕

刑法	刑法雑誌
刑ジャ	刑事法ジャーナル
現刑	現代刑事法
ジュリ	ジュリスト
曹時	法曹時報
法時	法律時報
法協	法学協会雑誌
法教	法学教室
法セ	法学セミナー
判時	判例時報
判タ	判例タイムズ
論ジュリ	論究ジュリスト

＊その他、大学紀要類を含めた雑誌については法律編集者懇話会の略語を用いる。
＊各章の末尾に①…として掲げた文献については、「執筆者の姓①…」という形で引
　用する。

1

同時傷害の特例

▌最高裁判所平成 28 年 3 月 24 日第三小法廷決定
▌平成 27 年（あ）第 703 号 傷害、傷害致死被告事件
▌刑集 70 巻 3 号 1 頁／判時 2312 号 131 頁／判タ 1428 号 40 頁

野 村 健太郎

I 事 案

　被害者である A は、午前 4 時 30 分頃、被告人 X・Y が従業員として働く本件ビル 4 階のバーを訪れ、客として飲食していたが、代金支払の際、クレジットカードでの決済が思うようにできず、午前 6 時 50 分頃までに、一部の支払手続をしたが残額の決済ができなかった。A は、いらだった様子になり、残額の支払について話がつかないまま、同店の外に出た。

　X・Y は、A の後を追って店外に出て、本件ビル 4 階のエレベーターホールで A に追い付き、午前 6 時 50 分頃から午前 7 時 10 分頃までの間、相互に意思を通じたうえで、こもごも、A の頭部等に暴行を加えた（第 1 暴行）。また、同日客として来店していた被告人 Z も、午前 7 時 4 分頃から午前 7 時 15 分頃までの間に、2 度にわたり、倒れている A の背中に暴行を加えた（中間暴行）。

　X は、A から運転免許証を取り上げて、同店内に A を連れ戻し、飲食代金を支払う旨の示談書に氏名を自書させ、運転免許証のコピーを取るなどした。その後、X・Y は同店内で仕事を続け、Z も同店内でそのまま飲食等を続けた。

　A は、しばらく同店内の出入口付近の床に座り込んでいたが、午前 7 時 49 分頃、突然、走って店外へ出て行った。同店従業員の B は、直ちに A を追い

かけ、本件ビルの4階から3階に至る階段の途中で、Aに追い付き、取り押さえた。

　一方、Zは、午前7時50分頃、電話をするために本件ビルの4階エレベーターホールに行った際、BがAの逃走を阻止しようとしているのを知り、BがAを取り押さえている現場に行った。Zは、その後午前7時54分頃までにかけて、Aの頭部等に対して暴行を加えた（第2暴行）。

　Aは、午前8時44分頃、病院に救急搬送され、開頭手術を施行されたが、翌日午前3時54分頃、急性硬膜下血腫に基づく急性脳腫脹のため死亡した。

　第1暴行と第2暴行は、そのいずれもがAの急性硬膜下血腫を発生させることが可能なものであると認められたが（中間暴行にはその可能性は認められなかった。）、その急性硬膜下血腫がいずれの暴行によって生じたのかは判明しなかった。

　第1審の名古屋地判平成26年9月19日（刑集70巻3号26頁参照）は、「第1暴行が終了した段階では、急性硬膜下血腫の傷害が発生しておらず、もっぱら第2暴行によって同傷害を発生させた可能性はもとより存するが、仮に、第1暴行で既に同傷害が発生していたとしても、第2暴行は、同傷害を更に悪化させたと推認できるから、第2暴行は、いずれにしても、Aの死亡との間に因果関係が認められることとなり、死亡させた結果について、責任を負うべき者がいなくなる不都合を回避するための特例である同時傷害致死罪の規定（刑法207条）を適用する前提が欠けることになる」と判示して刑法207条の適用を否定したうえで、第1暴行者であるX・Yについては傷害罪（死因である急性硬膜下血腫を除いた、比較的軽微な外傷を根拠とするもの）の成立のみを認めてそれぞれ懲役3年（保護観察付き執行猶予5年）を言い渡す一方で、第2暴行者であるZについては傷害致死罪の成立を認めて懲役9年を言い渡した。

　これに対し、控訴審の名古屋高判平成27年4月16日（刑集70巻3号34頁参照）は、「この判断〔第1審の判断〕は、そもそも、実際に発生した傷害との因果関係について検討しないで、直ちに死亡との因果関係を問題にしている点で、暴行と傷害との因果関係が不明であることを要件とする刑法207条の規定内容に反すると考えられるし、このように解した場合、本件で、急性硬

膜下血腫の傷害の発生について、結局は誰も責任を問われないことになる結果となることを看過したものである」（〔　〕内引用者）と指摘して第1審判決を破棄し、事件を第1審に差し戻したため、X・Y・Zが上告した。

II　決定要旨

上告棄却[1]

最高裁は、いずれの上告趣意も刑訴法405条の上告理由に当たらないとしたうえで、職権で以下のような判断を示した。

「同時傷害の特例を定めた刑法207条は、二人以上が暴行を加えた事案においては、生じた傷害の原因となった暴行を特定することが困難な場合が多いことなどに鑑み、共犯関係が立証されない場合であっても、例外的に共犯の例によることとしている。同条の適用の前提として、検察官は、各暴行が当該傷害を生じさせ得る危険性を有するものであること及び各暴行が外形的には共同実行に等しいと評価できるような状況において行われたこと、すなわち、同一の機会に行われたものであることの証明を要するというべきであり、その証明がされた場合、各行為者は、自己の関与した暴行がその傷害を生じさせていないことを立証しない限り、傷害についての責任を免れないというべきである。

そして、共犯関係にない二人以上による暴行によって傷害が生じ更に同傷害から死亡の結果が発生したという傷害致死の事案において、刑法207条適用の前提となる前記の事実関係が証明された場合には、各行為者は、同条により、自己の関与した暴行が死因となった傷害を生じさせていないことを立証しない限り、当該傷害について責任を負い、更に同傷害を原因として発生した死亡の結果についても責任を負うというべきである（最高裁昭和26年（れ）

---

1)　差戻しの後、X・Yについては名古屋地判平成30年11月26日（裁判所HP。最決令和2年7月22日LEX/DB25566932により確定）において、Zについては名古屋地判平成28年11月25日（LEX/DB25544750。確定）において、それぞれ207条が適用されて傷害致死罪が認められ、いずれも懲役10年が言い渡されている。

第 797 号同年 9 月 20 日第一小法廷判決・刑集 5 巻 10 号 1937 頁参照)。このような事実
関係が証明された場合においては、本件のようにいずれかの暴行と死亡との
間の因果関係が肯定されるときであっても、別異に解すべき理由はなく、同
条の適用は妨げられないというべきである。」

III 解 説

1 問題の所在

　複数の者が同時に暴行を加えて被害者に傷害を負わせたが、その傷害が誰
の暴行によるものかが判明しない場合、「疑わしいときは被告人の利益に」と
いう利益原則に従えば、行為者間の共犯関係（意思連絡）が認定されない限り、
各行為者は暴行罪の限度でのみ責任を負うことになる。しかし、それでは、
現に生じている傷害結果に対して誰も責任を負わないことになってしまうた
め、刑法 207 条は、「二人以上で暴行を加えて人を傷害した場合において、そ
れぞれの暴行による傷害の軽重を知ることができず、又はその傷害を生じさ
せた者を知ることができないときは、共同して実行した者でなくても、共犯
の例による」として同時傷害の特例を定め、行為者全員に傷害の責任を負わ
せることを認めている。

　もっとも、このように利益原則の例外を認めることに対しては、違憲の疑[2]
いも指摘されており[3]、仮にこれが合憲であるとしても、その適用は抑制的に
なされなければならないと考えられている[4]。

　それまで、207 条の適用に関する最高裁判例は、傷害致死事案について同

　2）　利益原則への抵触を回避するため、207 条を、固有の違法性を備えた「加重暴行
　　罪」に対する重い処罰を定めたものと捉えたうえで、その適用の限界を示す試みと
　　して、樋口⑤ 8 頁以下、辰井⑥ 11 頁以下。なお、樋口⑤ 9 頁以下は、「傷害原因が
　　不明になり適正処罰が困難になる」という事情を加重暴行としての違法要素の一つ
　　に挙げるが、立証の困難性が当罰性の高さを基礎づけるという理論構成は、刑事裁
　　判における検察官の立証責任というハードルをおよそ無効化してしまうものでは
　　ないだろうか。
　3）　平野・概説 170 頁等。

条の適用を結論として認めた最判昭和 26 年 9 月 20 日（刑集 5 巻 10 号 1937 頁＝
判例 1）の 1 件があるだけで、同条の解釈を明示したものはなかった。本決定
は、①207 条を適用する前提として検察官は何を証明しなければならないの
か、②同条は傷害致死罪にも適用できるか、③暴行行為者のうち 1 人に傷害
（致死）結果に対する一定の寄与が認められる場合にも同条は適用できるかに
ついて、最高裁としての判断を示したものである。

2　機会同一性

　本決定は、まず、207 条の趣旨を説明したうえで、被告人に挙証責任を転換
する前提として、検察官に対し、ⅰ各暴行が当該傷害を生じさせうる危険性[5]
を有するものであること、ⅱ各暴行が外形的には共同実行に等しいと評価で
きるような状況において行われたこと（同一の機会に行われたものであること）の
証明を求めている。これは、学説上の通説的見解[6]と同様の考え方に立ったも
のといえる。

　ⅰの証明は、およそ傷害を生じさせる危険のない軽微な暴行にまで傷害結
果を帰責するのを避けるために要求される[7]。これに対し、ⅱの機会同一性の
証明が要求される理論的根拠は、必ずしも明らかではない。一部の学説のよ
うに、207 条を、共犯関係（意思連絡）の推定によって各行為者に傷害結果を帰
責する規定と解するならば、行為者に反証の責任を負わせる前提として、共
犯類似の外形を検察官に証明させることにも理由がある[8]。しかし、207 条の

---

4)　杉本⑫（下）11 頁以下は、207 条適用の前提として（後述 2 参照）重い傷害の危
　険性が認められる暴行には少なくとも軽度の生理的機能障害が伴うと考えられる
　ことから、それを傷害罪として処罰することは利益原則には抵触しないとして、利
　益原則の逸脱規定であることに配慮した限定解釈は不要だとの立場をとる（同 34
　頁等）。しかし、そのような軽度の傷害の惹起が裁判で証明される場合には、204 条
　を直接適用すればよいはずである。惹起が証明されていない傷害結果を帰責するこ
　とにこそ 207 条の存在意義があるのだとすれば、これを利益原則の枠内で説明する
　ことは困難であろう。
5)　差戻し後の第 1 審（X・Y に関するもの）である前掲名古屋地判平成 30 年 11 月
　26 日は、被告人の立証は証拠の優越の程度で足りると判示している。
6)　山口 50 頁以下、西田（橋爪補訂）49 頁等参照。
7)　細谷④ 10 頁参照。
8)　西原春夫「判批」判タ 254 号（1971 年）88 頁以下、松原 60 頁以下参照。

6

「共同して実行した者でなくても」という文言を、共犯関係の不存在が明らかな場合にも同条が適用されるという趣旨と解するならば、共犯関係について行為者側に反証を認める余地はないことになる。そこで通説は、同条を、各行為者の暴行と傷害結果との直接的な因果関係を推定する規定と解する[9]。本決定も、「各行為者は、自己の関与した暴行がその傷害を生じさせていないことを立証しない限り、傷害についての責任を免れない」として、同様の理解を示している。このような理解からは、「共犯類似の外形」を要求すべき根拠は導かれないはずである[10]。

そこで、近時では、機会同一性を、共犯類似の外形としてではなく、因果関係の証明困難性を根拠づける事実として捉え直す見解も、有力化している[11]。複数の暴行が同一の機会になされる場合にこそ、傷害結果の原因が不明になりやすいと考え、そのような状況を、207条の適用が必要とされる前提と解するのである。この証明困難性説からは、機会同一性は、他所からの途中発見・介入が類型的に困難な場合に認められることになる[12]。

機会同一性を共犯類似の外形として要求する通説は、暴行どうしの時間的・場所的近接性を主たる判断基準としつつ、行為者間の関係や動機の内容等も考慮して、各暴行が社会通念上同一の機会に行われたといえるかを判断すべきだとしており[13]、下級審判例も同様の枠組みを採用している[14]。例えば、東京高判平成20年9月8日（判タ1303号309頁）は、2つの暴行間に約1時間

---

9) 橋爪⑨117頁、西田（橋爪補訂）48頁以下等参照。もっとも、このように解した場合、1つの傷害結果につき複数名の単独正犯を認めるという矛盾が生じることになる（松原59頁参照）。

10) 山口51頁は、そのことを認めたうえで、機会同一性の要求を「本来疑問のある規定……の適用をせめて制限しようとする努力の表れ」と解する。なお、共犯類似状況が要求される根拠を、207条が「共犯の例による」として共犯の擬制を定めている点に求める見解もある（高橋59頁等）が、この文言は、すべての行為者が傷害結果に対する責任を負うという効果を定めたものにすぎず、共犯類似状況が要求される根拠にはならないであろう（橋爪⑨123頁参照）。

11) 小林・理論と実務270頁、橋爪⑨123頁。

12) なお、前述の加重暴行罪説（注(2)）からは、機会同一性は、暴行の特別な危険性を裏づける事情として位置づけられる（樋口⑤10頁以下、辰井⑥11頁以下）。

13) 西田（橋爪補訂）49頁等。

14) 細谷④12頁以下参照。裁判例における機会同一性判断の分析として、照沼⑦74頁以下。

20分・約20kmの間隔がある事案で、経緯・動機の共通性や行為者間の相互認識・予期を根拠に、両暴行を社会通念上同一の機会に行われた一連の行為と認め、207条を適用している。[15]また、証明困難性説からは、暴行現場の物理的な閉鎖性（店内や車内である等の事情）や人的な閉鎖性（周囲に加害者側の人間しかいない等の事情）によって他所からの途中発見・介入が困難になる場合には、暴行間に時間的・場所的な間隔があっても機会同一性を認めうるとの主張がなされている。[16]

　しかし、そもそも、207条が、複数の暴行が同じ場所で同時的に行われるという刑事学的類型を念頭に置いた規定だとすれば、機会同一性も、専ら時間的・場所的近接性の観点から厳格に判断されるべきであり、動機の共通性や行為者間の相互認識によって、時間的・場所的近接性の不足を埋め合わせることはできないのではないだろうか。[17]また、物理的・人的閉鎖性による証明困難性は、同時暴行以外の犯罪現象にもみられる事情であって、同時暴行にのみ特例を認める根拠とはなりえないように思われる。

　第1審は、本件ではそもそも207条を適用する前提が欠けるとの判断を示しつつ（後述4）、傍論として機会同一性についても否定的な判断を示しているが、その前提として、時間的・場所的近接性を肯定している。[18]しかし、第1暴行と第2暴行の間に約40分という時間的間隔があり、（同じ建物内ではあ

---

15)　これに対し、札幌高判昭和45年7月14日（高刑集23巻3号479頁）は、時間的・場所的接着性を原則として必要としたうえで、暴行間に間隔がある場合に207条を適用するためには、両暴行が社会通念上同一の機会に行なわれた一連の行為と認められ、共犯者でない各行為者に結果への責任を負わせても著しい不合理を生じない「特段の事情」が必要だと述べ、2つの暴行間に40分の間隔があった事案について、両暴行の原因の共通性や行為者間の特別な関係、相互認識が欠けることから、適用を否定している。

16)　小林・理論と実務271頁。

17)　髙橋則夫「『同時傷害の特例』の規範論的構造」同『規範論と理論刑法学』（2021年）437頁は、「一連の行為」という観点は、時間的・場所的近接性が認められる場合に更に適用を限定するための原理であるとして、前掲東京高判平成20年9月8日を批判する。

18)　機会同一性を否定すべき理由としては、ZがXとAとのトラブルを知らず利害関係もなかったこと、第1暴行の後、示談書が作成されるなどしてトラブルはいったん解決していたものとXが考えていたこと等が挙げられている。これに対し、控訴審は、そのような認定には事実誤認があるとしている。なお、細谷④20頁は、本決定も両暴行の厳密な同時性を求めていないと分析する。

るものの）場所的な移動も認められる本件が、同条の予定する刑事学的類型に該当するのか、疑問の余地もある。[19)]

3　傷害致死罪への適用

　本決定も引用する**判例 1**は、同時暴行による傷害が原因となって被害者が死亡した場合について、207 条を適用して行為者全員に傷害致死罪の責任を負わせることを認めており、下級審もこれを認めてきた。[20)] 本決定は、このような判例の立場を改めて確認するとともに、[21)] 後述のように、傷害致死罪が認められる論理の道筋を示している。

　学説では、207 条の例外的性格を理由に傷害致死罪への適用を否定する見解が有力である一方で、[22)] これを肯定する見解もある。[23)] 肯定説は、死亡結果について誰も責任を負わないことを不当とする価値判断に基づいているが、[24)] それだけでは、傷害致死罪への適用を法的に正当化することはできない。[25)] これを正当化しようとする場合、その理論構成には、大きく分けて 2 つのものが考えられる。[26)]

---

19)　小林・理論と実務 272 頁は、時間的近接性に疑問を示したうえで、場所的閉鎖性と人的閉鎖性を根拠に機会同一性が肯定される余地を認める。
20)　裁判例の紹介・分析として、城下⑪ 56 頁以下。
21)　死亡結果の予見可能性を要求する裁判例もみられたところ（秋田地大曲支判昭和47 年 3 月 30 日判時 670 号 105 頁）、細谷④ 24 頁は、本決定によりそのような解釈は否定されたとする。
22)　曽根 23 頁、中森 19 頁、山中 63 頁、橋本 72 頁、西田（橋爪補訂）49 頁、松原 65頁以下、小林・理論と実務 274 頁以下等。
23)　小暮得雄ほか編『刑法講義各論』（1988 年）43 頁〔町野朔〕、山口 51 頁、橋爪⑨124 頁、前田 33 頁、大コンメ（10）527 頁以下〔渡辺咲子〕等。
24)　細谷④ 23 頁、大コンメ（10）527 頁〔渡辺咲子〕等参照。
25)　207 条が傷害致死罪の規定（205 条）より後に置かれているのは、傷害致死罪への適用を排除しない趣旨だとされることもある（井田 67 頁等）。しかし、立法者が205 条を 207 条より前に置いたのは、むしろ 205 条の適用対象から 207 条のケースを除外する趣旨だと解することもできるだろう。
26)　本文で述べる理論構成のほか、前述の加重暴行罪説（注(2)）から、傷害致死罪への適用を認めるものもある（樋口⑤ 16 頁）。しかし、重い罪責の根拠を「当罰性の高い暴行」という証明可能な事実に求めることで利益原則への抵触を回避しようとする加重暴行罪説にとって、暴行との因果関係が証明されていない死亡結果への責任を認めることは、その趣旨に反するものではないだろうか（辰井⑥ 13 頁以下は、加重暴行罪説の立場から傷害致死罪への適用を否定する。）。

　第1は、207条自体が傷害罪のみならず傷害致死罪をも予定した条文だというものである[27]。本件第1審の「同時傷害致死罪の規定（刑法207条）」という表現も、同様の理解を前提としたものかもしれない。このような理解の根拠としてしばしば持ち出されるのが、207条にいう「傷害」には生理的機能侵害の極致としての死亡結果も含まれるという解釈である[28]。しかし、そのような解釈は、死亡結果の惹起を傷害罪として処罰しうることの根拠にしかならないであろう[29]。暴行という証明された事実と傷害致死罪という重い罪責とのギャップは耐え難いものであり、立法者がこれを許容しているとは考えにくいように思われる[30][31]。

　第2の理論構成は、207条により暴行行為者に傷害結果が帰責される以上、その傷害結果を原因とする死亡結果も当然に帰責されるというものである[32]。この理論構成は、207条を、傷害罪や傷害致死罪という「罪責」を創設する規定ではなく、あくまで「傷害結果の帰責」のみを創設する規定と捉えたうえで、どのような罪責が認められるかは、通常の刑法理論に従って判断されると考えるものである。したがって、207条によって傷害結果の帰責がいったん認められた以上は、そこから生じた死亡結果を理由とする傷害致死罪の罪責も、当然に認められることになる。本決定の「各行為者は、同条により、自己の関与した暴行が死因となった傷害を生じさせていないことを立証しな

---

27)　前田33頁等。

28)　松宮44頁、金子博「判批」近法64巻2号（2016年）90頁。そのような解釈は207条の文言を逸脱するものだという批判として、城下⑪63頁、高橋・前掲注(17)438頁。

29)　小林②174頁参照。

30)　肯定説は、傷害罪と傷害致死罪との連続性も根拠に挙げる（大コンメ(10)527頁〔渡辺咲子〕等）。しかし、傷害結果と死亡結果が連続した事態として生じるからといって、法的評価としての連続性が認められるわけではない。また、証明された事実と罪責とのギャップを正当化するためには、暴行罪と傷害致死罪との連続性を認める必要があるはずである。

31)　小林②174頁参照。小林・理論と実務274頁は、そのような処罰がそもそも立法裁量を超えている可能性を指摘する。また、松原66頁は、暴行罪と傷害致死罪の法定刑が重なっておらず量刑上の配慮が困難になることを指摘する。なお、玄守道「判批」百選8版15頁は、207条の前身である旧刑法305条の立案者は傷害致死をも予定していたとするが、現行憲法下でも同じ解釈を維持しうるかは疑問である。

32)　松尾①188頁、橋爪⑨124頁、高橋則夫「判批」平成28年度重判解173頁等。

い限り、当該傷害について責任を負い、更に同傷害を原因として発生した死亡の結果についても責任を負う」という2段階的な説明も、このような理解を示したものといえるだろう。[33]

しかし、この第2の理論構成によっても、証明された事実と罪責との著しいギャップが解消されるわけではない。[34]また、207条を単なる「傷害結果の帰責」の創設規定と捉えるならば、そこから認められる罪責の範囲は無限定になってしまう。例えば、各暴行行為者に殺意が認められる場合には、殺人既遂罪としての処罰も可能となりかねない。通常の刑法理論からは、死因となった傷害結果が殺意ある行為者に帰責される場合に、殺人既遂罪を否定する理由はないからである。第2の理論構成を採用する論者も、殺人罪等への適用は否定しており、[35]それ自体は妥当な判断といえるが、そのような限定は、この理論構成には内在していない。[36]

こうして、証明事実と罪責とのギャップをなお許容可能な限度に抑えるためには、同条を、傷害罪という罪責のみを創設した規定と解すべきであるように思われる。このような考え方からは、被害者が死亡した事案でも同条の適用によって認められるのは傷害罪までであり、[37]死亡結果を量刑上考慮することも許されないことになる。[38]

---

33)　細谷④ 23 頁以下参照。

34)　小林② 174 頁は、本決定のような理解を、207 条が「劇物」であることの適正な認識を欠くものと批判する。城下⑪ 65 頁も参照。

35)　傷害致死罪以外の犯罪について 207 条の適用を否定するものとして、橋爪⑨ 124 頁以下、細谷④ 24 頁等。強盗致傷罪・強姦致傷罪について適用の余地を認めつつ、殺人罪への適用を否定するものとして、小暮ほか編・前掲注(23) 44 頁〔町野〕。

36)　殺意がある場合には殺人未遂罪としての処罰が可能であることから、あえて 207 条を適用する必要性に乏しいという説明も考えられる。しかし、傷害致死罪への適用を認める理由が、死亡結果について誰も責任を負わないのは不当だという点にあるならば、殺人未遂罪としての処罰にとどめることも、同様に不当と評価されるはずである。

37)　207 条による罪責を傷害罪にとどめた場合、第 1 審のように、急性硬膜下血腫の悪化によって死期が早まったことを理由として第 2 暴行者に傷害致死罪を直接適用できるかは、検討を要する。小林・理論と実務 275 頁は、205 条の法定刑の重さに照らすと、死期を幾分早めたにとどまる場合には傷害致死罪として処断すべきではないとする。この問題については、照沼亮介「因果関係論の課題(3・完)」上法 65 巻 3 号（2022 年）65 頁以下も参照。

4 暴行と傷害結果との因果関係

第 1 審は、死因となった急性硬膜下血腫が仮に第 1 暴行によってすでに生じていたとしても、第 2 暴行がそれを悪化させて死期を早めたと考えられることから、いずれにせよ死亡結果は第 2 暴行に帰責できるとして、207 条の適用を否定した。この判断は、207 条にいう「傷害」には死亡結果も含まれるという理解を前提としたものといえる。控訴審は、このような理解を否定し、急性硬膜下血腫という傷害結果の原因が不明である以上 207 条の適用は排除されないと判断したものであり、本決定もこれを是認している。

もっとも、第 1 審の判断も、死亡結果（死期が早められたこと）そのものではなく、あくまでその原因である急性硬膜下血腫の「悪化」という傷害結果を第 2 暴行に帰責できることを理由に、207 条の適用を否定したものと解することもできる。これに対し、控訴審および本決定は、急性硬膜下血腫の「発生」を傷害結果と捉え、それを帰責できる行為者が不明である以上、207 条の適用は妨げられないと判断したものといえる。

学説には、控訴審および本決定の判断を支持するものがある一方で、これを疑問視し、第 1 審の判断を支持するものもある。後者の見解は、傷害罪における結果とは「最終結果」を意味すると解し、第 2 暴行が急性硬膜下血腫を悪化させた場合には、第 2 暴行者に「悪化した急性硬膜下血腫」という最

---

38) 傷害致死罪への適用を肯定する井田 67-8 頁注(54)は、否定説からも死亡の一歩手前の「極度に重い傷害」を量刑上考慮できるのであれば、結論に大きな違いは生じないだろうと指摘する。しかし、生命を特別な法益と位置づける刑法のもとでは、「極度に重い傷害」に対する責任と生命侵害に対する責任との違いは、軽視できないであろう。

39) 前述のように、第 1 審では、第 2 暴行者である Z には懲役 9 年が言い渡されているのに対し、第 1 暴行者である X・Y に言い渡されたのは懲役 3 年（保護観察付き執行猶予 5 年）であり、後者については量刑理由中でも急性硬膜下血腫への言及はない。

40) 第 2 暴行が急性硬膜下血腫の「発生」と「悪化」のいずれを惹起した可能性も残ることから、被告人に有利な「悪化の惹起」という事実が認定されることになる。

41) 松尾① 188 頁以下、杉本⑫（上）35 頁以下参照。

42) 松尾① 190 頁以下、橋爪⑨ 121 頁以下、杉本⑫（上）36 頁以下等。

43) 安田⑩ 94 頁以下、城下⑪ 68 頁以下、水落伸介「同時傷害の特例（刑法 207 条）の限定的解釈に関する一試論」新潟 53 巻 2 号（2021 年）8 頁以下。

終結果を帰責できると主張する。そして、急性硬膜下血腫の「発生」への責任を問えなくなることを問題視する控訴審のような立場に対しては、「悪化した急性硬膜下血腫」という最終結果は「発生した当初の（＝悪化する前の）急性硬膜下血腫」という中間結果をも内包しているとして、前者を第2暴行者に帰責できる以上、後者を不問に付することにはならないと応えるのである[45]。

　しかし、法益侵害結果とは、静的な「状態」ではなく、法益状態の動的な「不良変更」として捉えられるべきものである。例えば、殺人罪や傷害致死罪は、単なる「人が死亡している状態」ではなく、「生きている人が死亡する」という変化を法益侵害結果とする。同様に、傷害罪における法益侵害結果も、静的な「悪い健康状態」としてではなく、健康状態の不良変更として動的に捉えられなければならない[46]。本件で急性硬膜下血腫がすでに第1暴行によって生じていた場合、急性硬膜下血腫の「発生」とその後の「悪化」という2つの不良変更のうち、第2暴行者に帰責されるのは「悪化」のみであり、そこに「発生」の帰責は内包されていない[47]。したがって、急性硬膜下血腫の「発生」という不良変更を不問に付する帰結を避けるためには、207条の適用が必要となる。

　たしかに、暴行による侵害作用の開始から最終状態に至るまでの連続した不良変更プロセスのなかから、どの部分を「傷害結果」として切り取るかについては、明確な基準があるわけではなく、急性硬膜下血腫の「発生」を切

---

44)　控訴審と本決定を支持する立場からは、第1審のような理解では第2暴行者ばかりが重い罪責を負うことになるという不均衡が指摘される（松尾①190頁以下、杉本⑫（上）37頁以下等）。

45)　城下⑪74頁。

46)　傷害の承継的共犯を否定した最決平成24年11月6日（刑集66巻11号1281頁）における千葉勝美裁判官の補足意見が、後行者による傷害結果について「……に係る傷害を相当程度重篤化させる傷害を負わせた」（傍点引用者）といった記述方法を提案しているのも、傷害結果を動的な「不良変更」として捉えるものといえる。同決定における傷害結果の理解については、細谷④29頁、照沼・前掲注(37)70頁も参照。

47)　城下⑪73頁以下は、急性硬膜下血腫を悪化させた第2暴行に対する量刑責任の基礎をなすのは、第2暴行の寄与分ではなく「悪化した急性硬膜下血腫」全体だとするが、そのような評価は、行為者自身が惹起していない不良変更にまで責任を負わせるものではないだろうか。

り取ることにも、論理的な必然性はない。傷害結果の特定は、当該事案において無視しえない重大な不良変更（それを不問に付したのでは当該事案への違法評価が適切になされたとはいえなくなるような不良変更）は何か、という価値判断に基づいてなされるほかないであろう。この点、本件において、死因を初めて形成した「急性硬膜下血腫の発生」が、無視しえない重大な不良変更であることについて、異論はないと思われる。

5　補論──「結果について誰も責任を負わない事態」の要否

第 1 審は、結果（死亡ないし急性硬膜下血腫の悪化）への責任は第 2 暴行者が負うとして 207 条の適用を不要と判断したのに対し、控訴審は、同条を適用しなければ結果（急性硬膜下血腫の発生）について誰も責任を負わないことになると判断しており、本決定は、後者を支持したものである。判断が分かれたのはあくまで「結果」の内容についてであり、同条を「結果について誰も責任を負わない事態」を回避するための規定と捉える第 1 審の理解そのものが本決定によって否定されたわけでは必ずしもない。同条の趣旨を第 1 審のように限定的に捉える立場は学説上も有力である一方、そのような限定に根拠はないとする見解もある。

この点についての対立が顕在化するのが、①Y が単独で A に暴行を加え

---

48)　安田⑩ 97 頁参照。

49)　杉本③ 186 頁以下は、207 条にいう「傷害」とは、複数の暴行がそれぞれ単独で原因候補となりうるものでなければならないとして、第 2 暴行のみが原因となりうる「急性硬膜下血腫の悪化」ではなく、両暴行が原因候補となりうる「急性硬膜下血腫の発生（発症）」が、本件における「傷害」として選び出されるとする。しかし、両暴行が原因候補となりうることは、すでに選び出された「傷害」について 207 条適用の必要性（当該傷害の原因を特定できないこと）と可能性（いずれの暴行も当該傷害を惹起する危険性を備えていること）を認める根拠にすぎず、責任が問われるべき「傷害」を選び出す基準にはなりえないであろう。

50)　杉本⑫（上）37 頁はこれを「死因の下限を初めて超えた傷害」と表現する。

51)　もっとも、207 条の例外的性格に照らすと、急性硬膜下血腫の「悪化」についての帰責が可能な場合には、その「発生」をあえて不問に付するという抑制的な処理も、直ちに不当とはいえないのかもしれない（安田⑩ 96 頁、橋爪⑨ 122 頁注(20)参照）。

52)　本決定がこの理解を否定したと解するものとして、前田 30 頁以下。

53)　細谷④ 30 頁、豊田⑧ 680 頁以下参照。

54)　小林・理論と実務 273 頁等。

たのちに X がこれに加わり、両名が共謀のうえそれぞれ暴行を加えたというケース（共同暴行後行事例）や、②X と Y が共謀のうえそれぞれ A に暴行を加えたのちに共犯関係が解消され、Y のみがさらに暴行を加えたというケース（共同暴行先行事例）で、生じた傷害の原因となった暴行が特定できない場合である。これらのケースでは、傷害結果が Y の暴行によって生じた場合はもちろんのこと、X の暴行によって生じた場合であっても、X と共犯関係のある Y に傷害結果が帰責される。したがって、207 条を「結果について誰も責任を負わない事態」を回避するための規定と解する立場からは、同条の適用が否定されることになるのである。

　近年の下級審判例には、このような場合にも 207 条の適用を認めるものがみられたところ、最決令和 2 年 9 月 30 日（刑集 74 巻 6 号 669 頁 = **判例 2**）は、上記①のような共同暴行後行事例について、「刑法 207 条適用の前提となる上記の事実関係が証明された場合、更に途中から行為者間に共謀が成立していた事実が認められるからといって、同条が適用できなくなるとする理由はなく、むしろ同条を適用しないとすれば、不合理であって、共謀関係が認められないときとの均衡も失するというべきである」と述べて、207 条の適用を認めた。①のようなケースで、仮に X と Y の共謀が認められなかったとすれば、傷害結果が X の暴行によって生じていた場合には Y に傷害結果を帰責できないため、「傷害結果について誰も責任を負わない事態」が生じ、上記の適用否定説からも、207 条の適用が認められることになる。共謀がなければ 207 条が適用されて行為者全員が傷害罪の責任を負うのに、共謀があるこ

55）　これらのケースに関する裁判例や学説の状況については、豊田⑧ 667 頁以下参照。

56）　中森 19 頁、西田（橋爪補訂）50 頁、松原 65 頁等。同様の理解から共同暴行後行事例につき同条の適用を否定したものとして、大阪高判昭和 62 年 7 月 10 日（高刑集 40 巻 3 号 720 頁）。これに対し、杉本一敏「判批」判時 2505 号（2022 年）152 頁は、単独暴行に基づく傷害と共同暴行に基づく傷害との択一的認定は認められないとして、これらのケースでは「結果について誰も責任を負わない事態」が生じると主張している。

57）　大阪地判平成 9 年 8 月 20 日（判タ 995 号 286 頁。共同暴行後行事例）、名古屋高判平成 14 年 8 月 29 日（判時 1831 号 158 頁。共同暴行先行事例）等。

58）　2 名が暴行を加えている途中からさらに 1 名が加わった事案である。

とでかえって同条の適用が否定され、X は暴行罪として軽く処罰されるのは不均衡だと、**判例 2** は考えるのである[60]。

このような均衡論は、各行為者が意思連絡なく暴行を加えるよりも、意思連絡のもとで共同して暴行を加える方が当罰性が高いという評価に支えられている[61]。しかし、そのような評価が常に妥当するかは疑わしい[62]。

また、判例を支持する立場からは、適用否定説をとると、被告人側が 207 条適用を排除する有利な事実として（本来不利な事実であるはずの）共謀の存在を主張し、検察官側が共謀の不存在を主張するという逆転現象が生じてしまうとの指摘もなされる[63]。しかし、例えば、「X と Y の共謀」という事実のうち、X にとって不利に働くのは、X が Y の暴行に及ぼした心理的因果性であるのに対し、前述の①や②のケースで 207 条の適用を排除する根拠として X から主張されるのは、Y が X の暴行に及ぼした心理的因果性である。X は、そこで、自身にとって本来不利なはずの事実を主張しているわけではなく、傷害結果が Y に帰責可能であることを示すために、Y にとって不利な事実

---

59)　なお、**判例 2** は、原判決が【第 1 暴行（Y ら 2 名による暴行）】と【第 2 暴行（Y ら 2 名と被告人 X との共同暴行）】との間で 207 条を適用したのに対し、「後行者に対して当該傷害についての責任を問い得るのは、後行者の加えた暴行が当該傷害を生じさせ得る危険性を有するものであるときに限られる」として、同条は各暴行行為者の間で適用されるという枠組みを採用し、複数の傷害結果のうち、X の暴行から直接生じた可能性がなく Y ら 2 名を介した間接的寄与の可能性しかないものについては、同条の適用を否定している（これに賛成するものとして和田俊憲「判批」法教 484 号（2021 年）131 頁、反対するものとして小林憲太郎「判批」令和 2 年度重判解 121 頁）。

60)　内藤恵美子「判解」ジュリ 1555 号（2021 年）111 頁以下参照。

61)　山口 52 頁注(23)、前田 33 頁等。

62)　照沼⑦ 93 頁、豊田⑧ 678 頁以下、小林・理論と実務 273 頁参照。なお、坂下陽介「判批」東北ロー 9 号（2021 年）92 頁以下は、共謀のあるケースの被告人（本文中の X）には自身の危険な暴行に加えて他の暴行行為者（本文中の Y）への共犯的関与も認められる点で共謀のないケースの被告人よりも重い違法評価が与えられることを指摘し、**判例 2** の均衡論に理解を示す（そのうえで、207 条の抑制的な運用のために不均衡をあえて甘受するという選択にも合理性を認める。）。しかし、後述のように、共謀のあるケースにつき 207 条の適用を否定する根拠とされるのは、被告人自身の（他の暴行行為者に対する）共犯的関与の存在ではなく、他の暴行行為者の（被告人に対する）共犯的関与の存在であるから、被告人自身の行為の違法性の重さに着目した均衡論は、成り立ち難いように思われる。

63)　橋爪⑨ 126 頁、杉本⑫（下）35 頁。内藤・前掲注(60)112 頁は、**判例 2** にもそのような考慮があった可能性を指摘する。

を主張しているにすぎない。207条の適用を回避するために一方の行為者が他方の行為者にとって不利な事実を主張することは、同条がもともと想定している事態であり、適用否定説固有の帰結とはいえない。たしかに、2つの逆方向の心理的因果性は、共謀（相互の意思連絡）という1つの事実として認定されるから、被告人は、自身に有利な事実を主張するためには、不利な事実も同時に認めなければならないことになる。しかし、そのことは、共謀という現象の性質から事実上生じる帰結にすぎず、被告人が共謀の存在を主張すること自体が理論的に倒錯しているとは必ずしもいえないであろう。

　こうして、適用否定説への批判が決定的なものとはいえないとすれば、207条の例外的性格に照らし、「結果について誰も責任を負わない事態」が生じる場合に限って同条の適用を認めるという抑制的な運用にも、なお合理性を認めうるのではないだろうか。[64]

【参考文献】
　本件の解説・評釈として
　　①松尾誠紀「判批」刑ジャ49号（2016年）
　　②小林憲太郎「判批」判時2323号（2017年）
　　③杉本一敏「判批」論ジュリ28号（2019年）
　　④細谷泰暢「判解」最判解平成28年度

　同時傷害の特例について
　　⑤樋口亮介「同時傷害の特例（刑法207条）」研修809号（2015年）
　　⑥辰井聡子「同時傷害の特例について」立教法務研究9号（2016年）
　　⑦照沼亮介「同時傷害罪に関する近時の裁判例」上法59巻3号（2016年）
　　⑧豊田兼彦「暴行への途中関与と刑法207条」浅田古稀（上）
　　⑨橋爪隆「同時傷害の特例について」法教446号（2017年）
　　⑩安田拓人「同時傷害の特例の存在根拠とその適用範囲について」山中古稀（下）
　　⑪城下裕二「同時傷害の特例と限定解釈」日髙古稀（下）
　　⑫杉本一敏「同時傷害の特例（刑法207条）の解釈論的問題（上）（下）」早稲田大学法務研究論叢3号（2018年）、同5号（2020年）

---

64)　共同暴行後行事例で207条の適用を認めることは、傷害罪の承継的共犯を否定した前掲決平成24年11月6日の趣旨を潜脱するものだという指摘もなされている（中森19頁）。

2

保護責任者遺棄罪における
「不保護」の意義

最高裁判所平成 30 年 3 月 19 日第二小法廷判決
平成 28 年（あ）第 1549 号 保護責任者遺棄致死（予備的訴因重過失致死）被告事件
刑集 72 巻 1 号 1 頁／判時 2452 号 83 頁／判タ 1473 号 10 頁

濱　田　　新

I　事　案

　A は、出生当初から筋力が弱く、嚥下障害等があり、経鼻チューブを用いて胃に栄養を注入する等の入院治療を受けていたが、筋力が弱く、運動能力の発達が遅れる病気である乳児重症型先天性ミオパチー（以下単に「ミオパチー」という。）と診断された。A は、平成 25 年 1 月（当時 2 歳 5 か月）から、主治医の判断により、経鼻チューブを外して食物のみから栄養を摂取するようになった。A は、実母である被告人および被告人の夫（A の養父。以下「夫」という。）と同居し始め、以後、被告人、夫、弟とともに生活していた。A は、同年 8 月には、自ら食事ができ、独立歩行もできるようになり、その頃、A を診察した主治医は、被告人に対し、今後は相談事があるときに診察を受ければよく、定期的な診察は必要ない旨告げた。

　A は、出生時から体重が平均より軽く、その後も同年代の女児の平均体重を総じて下回っていたものの、身長は順調に伸びており、平成 25 年 10 月の検査では、身長 94 cm、体重 11.4 kg になっていた。ところが、平成 26 年 5 月 23 日に撮影された動画（以下「本件動画」という。）における A の姿は、平成 25 年 10 月 14 日に撮影された A の写真と比べて明らかに手足が細く、ふくらはぎの骨や膝の関節の形状を見てとれるような状態であった。被告人は、

Aの体重を測っておらず、その体重を正確には把握していなかったものの、Aの母親として、Aを養育しており、入浴等の機会を通じて、Aの体格に関する客観的な状態を認識していた。Aの食生活は不規則なことが多く、丸1日食事をしなかった日があったり、1日2食や1食になったりすることがあったほか、平成26年4月頃から死亡するまでの2か月余りの間、夜中を含む食事以外の時間帯に、4、5回にわたり、炊飯器の米飯や冷蔵庫のアイスクリームを勝手に食べる等し、また、ニンニクチップを勝手に大量に食べたこともあった。被告人は、このようなAの食生活を認識していた。

Aは、平成26年6月15日、低栄養に基づく衰弱により死亡した。

第1審の大阪地判平成27年11月30日（刑集72巻1号56頁参照）は、被告人において、Aが生存に必要な保護として、より栄養を与えられる等の保護を必要とする状態にあることを認識していたというには合理的な疑いが残るとして、無罪を言い渡した。第2審の大阪高判平成28年9月28日（刑集72巻1号66頁参照）は、被告人において上記状態にあるという認識があったと認定でき、第1審判決には事実誤認があるとしてこれを破棄し、本件を大阪地方裁判所に差し戻した。これに対し、被告人が上告した。

Ⅱ 判 旨

原判決破棄、控訴棄却

「刑法218条の不保護による保護責任者遺棄罪の実行行為は、同条の文言及び趣旨からすると、『老年者、幼年者、身体障害者又は病者』につきその生存のために特定の保護行為を必要とする状況（要保護状況）が存在することを前提として、その者の『生存に必要な保護』行為として行うことが刑法上期待される特定の行為をしなかったことを意味すると解すべきであり、同条が広く保護行為一般（例えば幼年者の親ならば当然に行っているような監護、育児、介護行為等全般）を行うことを刑法上の義務として求めているものでないことは明らかである。」

「変更後の訴因によれば、本件の実行行為として、平成26年4月頃から6

月中旬頃までの間、〔1〕（ア）十分な栄養を与えるとともに、（イ）適切な医療措置を受けさせるという保護行為を行う義務があるのにこれらの保護行為を行わなかったことが主張されていると解されるのであり、これらの保護行為を必要とする状況として、〔2〕被害者が幼年者であって、ミオパチーにり患し、発育の遅れ、栄養不良状態があることが公訴事実に記載され、更に痩せ具合や体重変化、異食等も主張されていたものであり、必ずしも訴因の特定がされていないというわけではなく、事案によっては、この程度に特定された訴因ないし主張をもって、審理判断ができる場合も十分あると考えられる。しかし、上記〔1〕は、かなり広範な保護行為を含み得るところ、本件では、第1審判決が判示しているように、被告人及び夫がAに対して食事を与えなかったとか、十分に栄養が摂取できないような少量の食事しか与えていなかったなどといった不保護行為が立証されているとは認められない。また、被告人において、ミオパチーにり患した子の特性に応じてAの食生活を改善するための知識を十分に持ち合わせていたのに、その改善を試みなかったといった不保護行為が立証されているものでもない。したがって、このような本件においては、いかなる要保護状況を前提に、どのような保護行為を行うべきであったと主張されているのか自体が不明確になっているといわざるを得ない」。「本件の要保護状況と行うべき保護行為の内容を検討すると、Aは、本件動画が撮影された平成26年5月23日には、客観的に重度の栄養不良状態にあったことが明らかであり、ミオパチーにり患していることを前提としても、遅くともその時点までには、監護者において、適切な栄養摂取方法について医師等の助言を受けるか又は適切な医療措置をAに受けさせることが、Aの生存に必要な保護行為であったと認められ、Aの監護者である被告人及び夫は、いずれもそのような保護行為（以下『本件保護行為』という。）を行っていなかったと認められる。」

　「そこで、本件では、本件保護行為を行っていなかったという実行行為に係る故意の問題として、Aが生存に必要な保護として本件保護行為を必要とする状態にあることを被告人が認識していたか否かが検討されるべきところ・・・Aが本件保護行為を必要とする状態にあることを被告人が認識して

いたとするには合理的疑いがあるとして被告人を無罪とした第1審判決について、原判決は、論理則、経験則等に照らして不合理な点があることを十分に示したものとは評価することができない。」

Ⅲ 解 説

1 問題の所在

本件では、不保護による保護責任者遺棄致死罪の成否が問題となり、故意の存否が主な争点となっていた。故意の存否を判断する前提として、本件の不保護行為が明確にされている必要がある。本件では、被告人が、子であるAに対して意図的に長期間食事を与えなかったとか、十分に栄養が摂取できないような少量の食事しか与えていなかった等といった、不保護行為が立証されたわけではない。保護責任者が、一定の保護措置をしている事例では、どのような不作為が不保護罪の実行行為にあたるのかが問題となる。

本件においては、第1審、第2審を通じて、どのような不作為が実行行為として捉えられているのかが必ずしも明らかではなかったところ[1]、本判決は、最高裁としてはじめて、不保護罪の実行行為の意義を明らかにしたうえで、不保護罪の実行行為性を肯定し、故意を否定した第1審判決を是認した。

以下では、不保護罪に関する従来の学説、判例を紹介したうえで、最高裁の示した判断について整理し、本事案における不保護罪の成否について検討する。

2 不保護罪に関する従来の学説・判例

(1) 法益・罪質

判例・通説は、不保護罪を含む広義の遺棄罪を、生命・身体に対する危険犯と解する（生命・身体危険犯説）[2]。それに対して生命に対する危険犯と捉える

---

1) 向井⑩15頁。

立場（生命危険犯説[3]）も有力である。ただ、生命・身体危険犯説の立場からも、処罰の対象は、生命侵害および重い健康被害の危険性を有する行為に限定されると指摘されており[4]、そのように解すると、生命危険犯説との差は、実際上あまり大きくはない。

　遺棄罪が危険犯の性格を持っているとしたうえで、具体的危険の発生を必要とする立場もあるが（具体的危険犯説[5]）、判例・通説は、具体的危険の発生は要求されていないとする（抽象的危険犯説[6]）。抽象的危険犯説の立場からは、類型的に生命・身体に対する危険を有する行為（遺棄・不保護）が行われれば、具体的危険の発生を待つまでもなく、直ちに既遂に達することになる（伝統的な抽象的危険犯説）。もっとも、抽象的危険犯と解するとしたうえで、「遺棄」、「不保護」という実行行為の解釈において、実質的危険性が考慮されるべきとする見解が有力である（実質的危険説[7]）。

（2）不保護罪の成立要件

　不保護罪（刑法 218 条後段）は、老年者、幼年者、身体障害者又は病者を保護する責任のある者が、老年者、幼年者、身体障害者又は病者について、その生存に必要な保護をしなかった場合に成立する真正不作為犯である。不保護によって人を死傷させた場合には、不保護による保護責任者遺棄致死傷罪が成立する（刑法 219 条）。不保護罪の成立には、以下で示すように、（ⅰ）行為者が保護責任者であること、（ⅱ）客体が要扶助者であること、（ⅲ）不保護の実行行為性が認められる必要があり、不保護の故意が肯定されるには、（ⅰ）～（ⅲ）に関する認識を要する。

---

2)　団藤 452 頁、大塚 57 頁、井田 96 頁等。大判大正 4 年 5 月 21 日（刑録 21 輯 670 頁）（ただし、単純遺棄罪の事例）。
3)　平野・概説 163 頁、山口 31 頁、橋爪隆「遺棄罪をめぐる問題について」法教 444 号（2017 年）102 頁等。
4)　井田 97 頁等。
5)　団藤 452 頁、浅田 82 頁等。
6)　大塚 60 頁、井田 97 頁、平野・概説 163 頁、山口 31 頁等。大判大正 4 年 5 月 21 日（刑録 21 輯 670 頁）（ただし、単純遺棄罪の事例）。
7)　和田俊憲「遺棄罪における生命保護の理論的構造」クローズアップ各論 51 頁、橋爪・前掲注(3)102 頁等参照。

（ i ） 行為者が保護責任者であること

保護責任者とは、要扶助者の生命・身体の安全を保護する義務を負う者をいう。通説的見解によれば、保護責任の根拠は、不真正不作為犯の作為義務の根拠と基本的には同じとされる。伝統的には、法令、契約、事務管理等を根拠に保護責任が肯定されてきたが、不真正不作為犯の作為義務論の深化に伴い、先行行為や保護の引き受け等が保護責任の実質的な根拠として重視されている。一方、保護責任と作為義務とは一致しないとみる見解も有力であり、継続的な保護関係等に着目することが必要だとされている。[8]本事案のように、親と子の間で継続的な保護関係が認められる場合には、実母である被告人が保護責任者であることについて、疑念は生じない。

（ ii ） 客体が要扶助者であること

刑法 218 条は、「老年者、幼年者、身体障害者又は病者」を客体として規定し、刑法 217 条と異なり、条文上、扶助を必要とする者であることは明示されていない。しかし、多数説は、刑法 217 条と同様、扶助を必要とする者（要扶助者）でなければならないとしている。[9]このことは判例においても肯定されているとみることができる。[10]

「扶助を必要とする者」の意味について、判例は、他人の扶持助力がなければ自ら日常生活を営むべき動作をなし得ない者と解している（大判大正 4 年 5 月 21 日刑録 21 輯 670 頁＝**判例 1**）。この判例の基準に、形式的に従うと、自宅周辺の歩行等、一定程度自ら日常生活が可能である者については要扶助者にあたらないので、およそ遺棄罪は成立しなくなってしまう。そのため、「扶助を要することの要件はある程度緩やかに解釈した上で、実質的な危険性に着目して当該放置や置き去りが不保護や遺棄に該当するかどうかを判断した方が、事案に即した適切な判断が可能になる」と指摘されている。[11]

生命・身体危険犯説によれば、要扶助者とは、他人の助力がなければ自ら

---

8) 保護責任に関する判例・学説については、大コンメ（11）〔半田靖史〕295 頁以下。
9) 大塚 64 頁、山口 32 頁等。
10) 小島吉晴「保護責任者遺棄罪の客体について」研修 521 号（1991 年）40 頁参照。
11) 大コンメ（11）〔半田靖史〕280 頁。

日常生活を営むべき動作をなし得ず、したがって独力では、生命・身体に対する危険から身を守ることのできない者をいうとされ[12]、生命危険犯説によれば、自分ひとりでは生命に対する危険に対処できない者をいうと解される[13]。いずれの立場においても、本事案のように幼年の程度が著しい未就学児については、当然に要扶助性が肯定しうる。

（iii）不保護の実行行為性

　本判例以前、学説では、遺棄類型との区別を念頭に、不保護とは「場所的離隔を伴わずに、要扶助者に対し生存に必要な保護をしない不作為」といった説明をしてきた。実行行為性に関して、従前活発な議論がされていたわけではないが、およそ以下のように整理できる。

　不保護罪では、「生存に必要な保護をしない」という不作為が要件になっているから、保護義務が発生する前提として、❶客観的に、「生存のための保護が必要な状況」が存在することが必要である[14]。そして、❷そのような状況があるにもかかわらず、「生存に必要な保護」をせず放置した場合には、不保護の実行行為性が認められる。

　「生存のための保護が必要な状況」の内容は、不保護罪に要求される危険の程度の捉え方によって異なりうる。伝統的な抽象的危険犯説によれば、具体的危険の発生は不要であるから、「生存のための保護が必要な状況」も、抽象的なものでも良いということになろう。そして、要扶助者は、自分ひとりでは生命・身体に対する危険から身を守ることができない状況にあるから、「生存のための保護が必要な状況」の存否の判断は、客体の要扶助性の判断と重なることになると考えられる。実質的な危険説の場合、抽象的に「生存のための保護が必要な状況」が存在するだけでは足りず、生命・身体に対する一定の危険性が認められる必要がある。具体的危険犯説の場合、より高度の危険性が要求されると考えられる。

　「生存に必要な保護」とは、生命・身体危険犯説の場合は、生命・身体に対

---

12)　曽根43頁。
13)　山口32頁。
14)　西田（橋爪補訂）33頁参照。

する危険を回避する措置を意味し、生命危険犯説の場合には、生命に対する危険を回避する措置を意味することになる。何が生存に必要な保護であるのかは、一般的抽象的に定めることは困難であり、保護を要する原因・程度、保護責任者と要扶助者それぞれの立場・関係、期待される保護措置の難易等に照らして判断するとされている。[15]

(3) 判　例

不保護罪が認められた判例としては、2歳の養子に食事として不適当かつ不十分な食べ物を与えるにとどめ、屋外の土間に寝させる等し、その結果甚だしい栄養障害を生じさせた事例（大判大正5年2月12日刑録22輯134頁＝**判例2**）、起居不能となった73歳の老婦を狭小な部屋に幽し、適宜の食事を与えず、掃除等をしないまま放置したために、老婦が著しく瘠痩し、糞尿堆積浸滲する等の状態に至った事例（大判大正14年12月8日刑集4号739頁＝**判例3**）等がある。不保護による保護責任者遺棄致死罪の判例としては、医師が堕胎によって出生した未熟児を、保育器もない自己の医院内に放置したまま、生存に必要な処置を何らとらなかった結果、死亡するに至らせた事例（最決昭和63年1月19日刑集42巻1号1頁）等がある。

裁判例を概観すると、客体の要扶助性の判断と、「生存のための保護が必要な状況」に関する判断が重なっているといえる場合が多く見受けられる。[16]これは、裁判所が伝統的な抽象的危険犯説を前提にしていることのあらわれと解することもできる。

不保護による保護責任者遺棄致死罪の成立が否定された裁判例として、泥酔した内妻を水風呂に追いやり放置したため、寒冷下に基づく心衰弱により死亡するに至らせたという事案がある。東京高判昭和60年12月10日（判タ617号172頁）は、「泥酔の状態にあつたとしても、極度に衰弱し切つていると

---

15)　大コンメ（11）〔半田靖史〕290頁。
16)　例えば、札幌高判平成元年1月26日（高刑集42巻1号1頁）は、被害者が「覚せい剤の重篤な急性症状を起こして健康を害し身体の自由を失い、病者として緊急に適切な医療の措置を施すことが必要な状態にあった」とし、結論として不保護による保護責任者遺棄致死罪の成立を認めているところ、この判示内容を、客体の要扶助性の要件と関連づける立場もあれば（冨高⑥25頁）、「生存のための保護が必要な状況」（要保護状況）に関するものとみる立場も示されている（池田②195頁）。

の証明はなく、さらに直に介護しなければ生命身体に危険が差し迫っている
客観的状況にあつたとするには疑問のあるところ」と判示したうえで、故意
について検討し、これを否定した（重過失致死罪を認めた）。この裁判例に関し、
自宅内での泥酔者に対する遺棄が成立するには、「かなり緊迫した要保護状
況が存しなければならないであろう[17]」との指摘があることをふまえると、前
述の判示内容は、実質的危険説あるいは具体的危険犯説に親和的であるよう
に思われる。ただ、泥酔者については、生命に危険が差し迫っている客観的
状況にある場合に限って本罪の客体になると解するならば、伝統的な抽象的[18]
危険犯説の立場からも、本事案については不保護による保護責任者遺棄致死
罪の成立は否定されうる。

3　本件について

(1)「生存に必要な保護」とそれ以外の保護行為

　最高裁は、不保護罪の実行行為を論ずるにあたり、「生存に必要な保護」と、
それ以外の保護行為一般を区別している。すなわち、「広く保護行為一般（例
えば幼年者の親ならば当然に行っているような監護、育児、介護行為等全般）を行うこと
を刑法上の義務として求めているものでない」とする。このことは、保護法
益に関する生命・身体危険犯説、生命危険犯説のいずれからも導くことがで
きる。生命・身体危険犯説の場合、「生存に必要な保護」とは、生命・身体に
対する危険を回避する措置を意味し、生命危険犯説の場合、生命に対する危
険を回避する措置を意味するから、それとは無関係な、日常生活上の世話等
は、保護責任者に義務づけられない。幼児に対する虐待事案が増加するなか、
刑事責任とは無関係な義務違反にまで目が奪われがちであることから、判旨
は、特にこの点を説示して注意を促したものと評価されている[19]。

(2)　客体の要扶助性と要保護状況の関係

　最高裁は、不保護罪の実行行為は、①「老年者、幼年者、身体障害者又は病

17)　判タ617号172頁［匿名コメント］。
18)　松原35頁。
19)　三好⑨130頁。向井⑩21頁も参照。

者」につきその生存のために特定の保護行為を必要とする状況（要保護状況）が存在することを前提として、②その者の「生存に必要な保護」行為として行うことが刑法上期待される特定の行為をしなかったことを意味すると判示する。

②の部分は、不保護罪の保護義務違反を意味すると解される。[20]

①の要保護状況については、客体の要扶助性の要件に関するものとみる見解がある。この見解によると、本判決では、客体の要扶助性の要件が、**判例1**よりも限定的に解釈されていることになる。[21]一方、①の要保護状況を、不保護罪固有の要件と位置づける見解もある。すなわち、不保護罪の文言、趣旨に照らせば、どのような行為が「生存に必要な保護」行為にあたるのかについては、「まずは、要扶助者（老年者、幼年者、身体障害者又は病者）の生存のために、どのような保護行為を必要とする状況にあるのか（＝要保護状況）を具体的に検討した上で、これを前提とした上で決せられるべきであることは、当然のこと」だとする。[22]このような見解によると、本判決における要保護状況とは、不保護罪の要件である「生存に必要な保護」の前提状況と解されることになる。

本判決が、「特定の保護行為を必要とする状況」と判示し、個別具体的な要保護状況を前提にしている点は、客体の要扶助性の判断と異なっているように思われる。遺棄罪における客体については、生命保護のための扶助がある程度長期間継続して必要であることが重視されているところ、[23]そこでは、生存のためのあらゆる保護行為が想定しうるからである。要保護状況は、客体の要扶助性とは別の観点から要求されていると解され、不保護罪固有の要件と位置づけることが妥当であろう。このような理解を前提にしたうえで、本判決の射程は、広義の遺棄罪全般に及ぶものではないと指摘されている。[24]

---

20)　岩間③156頁。
21)　冨高⑥23頁。
22)　向井⑩18頁。橋爪⑦135頁も同様。
23)　和田・前掲注(7)66頁。
24)　向井⑩23頁、池田②198頁、橋爪⑦136頁参照。なお、遠藤④21頁も参照。

(3) 要保護状況

　伝統的な抽象的危険犯説からすれば、客体の要扶助性が認められると、要保護状況も認められやすいと解される。これに対して、最高裁は、「幼年者の親ならば当然に行っているような監護、育児、介護行為等全般」を行うことを刑法上の義務として求めているものでないとし、「生存のために特定の保護行為を必要とする状況（要保護状況）」が存在することを要求する。つまり、本判決は、被害者が要扶助者に該当するとしても、そのような被害者の属性だけでは、「要保護状況」として十分ではないと解釈している[25]。このように、本判決は、これまでの不保護罪に関する裁判例と異なり、伝統的な抽象的危険犯説と距離をとっている点で、注目に値する。

　近時、遺棄類型については、生命・身体に対する実質的危険性に着目して、「遺棄」概念を限定解釈したとみられる裁判例がある（教員が小学校敷地内で負傷させた児童を校舎出入口付近に放置した事案に関する大阪高判平成 27 年 8 月 6 日（裁判所 HP）参照）。本最高裁判決において、「不保護」概念も、「遺棄」概念と同様に、限定解釈する立場が示されたといえる[26]。また、前述のとおり、客体の要扶助性をある程度緩やかに解する場合には、要保護状況として生命・身体に対する一定の危険性を要求することにより、事案に即した適切な判断が可能になると考えられる。

　最高裁は、「本件の要保護状況・・・を検討すると、A は、本件動画が撮影された平成 26 年 5 月 23 日には、客観的に重度の栄養不良状態にあったことが明らか」と判示している。判示内容からすると、要保護状況として、生命に対する高度の危険が要求されているようにもみえるため[27]、具体的危険犯説の立場であるようにも思われる。

　これに対して、実質的危険説の論者は、「このような切迫した危険を要求し、かつ、その点に関する認識を要求した場合、行為者に未必の殺意が認められる場合がほとんどであろうから、結果的に保護責任者不保護罪の成立範囲が

---

25)　橋爪⑦ 136 頁。
26)　橋爪⑦ 126 頁、冨高⑥ 27 頁以下参照。
27)　浅田① 185 頁。岩間③ 157 頁も参照。

限定されすぎてしまい、妥当ではないように思われる[28]」と指摘する。

　実質的危険説に立つ見解によれば、本件では、重度の栄養不良状態に至る前段階でも、要保護状況が欠けているというわけではないとされる。すなわち、「本判決が、より軽度の栄養不良状態の段階における十分な食事提供や食生活の改善について不保護を認めなかったのは、食事の不提供という不作為やＡの特性に応じた食生活の改善に要する知識の具備が立証されなかったためであり、要保護状況が欠けるからではない[29]」とする。また、最高裁が、「遅くともその時点までには、監護者において、適切な栄養摂取方法について医師等の助言を受けるか又は適切な医療措置をＡに受けさせることが、Ａの生存に必要な保護行為であった」としている点も着目に値する。この判示からは、重度の栄養不良状態にあることが客観的に明らかとなる時点（平成26年5月23日）に至るまでの間に、医療機関の受診が必要な状況自体は存在していたと解することができ、最高裁は、「重度の栄養不良状態に至る可能性がある状況」も、要保護状況に含めているように読めなくもない。

　ただ、本判決は、事実関係に即して、重度の栄養不良状態にあった平成26年5月23日には要保護状況にあったと認定しているので、「重度の栄養不良状態に至る可能性がある状況」も、要保護状況といえるのかという点は、今後に残された問題である。実質的危険説の論者は、不保護罪を抽象的危険犯として理解する以上、要保護状況として、生命に対する高度の危険性を要求する必然性は乏しく、「高度の危険性に発展しうる状況（潜在的な危険性）があれば十分」であるとする[30]。このような理解を前提としたうえで、事案によっては、被害者の健康状態の悪化を待たずに、要保護状況を認めるという考え方もありうるが[31]、不保護罪が比較的早い段階で成立しうる点が懸念される。実質的危険説の立場が妥当であるとしても、健康状態において悪変の兆しがある等[32]、重度の栄養不良状態に至りうる兆候があらわれた段階で、要保護状

---

28)　橋爪⑦ 136 頁。
29)　遠藤④ 21 頁。
30)　橋爪⑦ 136 頁。
31)　池田② 196 頁参照。
32)　門田⑤ 121 頁参照。

況の存在を認めるべきであろう。

（4）生存に必要な保護行為

　要保護状況が存在する場合、保護責任者には、その状況を改善する措置（生存に必要な保護）を行うことが求められる。たとえば、**判例2**や**判例3**のように、食事の提供が不十分で、被害者が重大な栄養不良状態に陥った事案では、十分な食事の提供が生存に必要な保護行為として要求される。それに対して、本件では、被告人がAに対して食事を与えなかったとか、十分に栄養が摂取できないような少量の食事しか与えていなかった等といった不保護行為が立証されているとは認められていない。保護責任者が、一定の保護措置をしている場合に、どのような行為が、生存に必要な保護行為として要求されるのかが問題となる。

　本判決は、「適切な栄養摂取方法について医師等の助言を受けるか又は適切な医療措置をAに受けさせること」を、生存に必要な保護行為とする。本件では、ミオパチー患者にふさわしい食事の配慮をせずに、通常の食事を与えるだけでは、栄養を摂取できずに次第に痩せていく可能性があった[33]。Aに通常の食事を提供するのではなく、Aの特性に応じてAの食生活を改善する工夫をすれば、Aの状態を改善しうるようにも思われるが、被告人は、ミオパチーにり患した子の特性に応じてAの食生活を改善するための知識を十分に持ち合わせていたわけではない。このような本事案では、Aの状態を改善するには、事実上、医師等の助言を受けるか又は適切な医療措置を受けさせるしかなかったといえる[34]。そして、被告人は、適切な栄養摂取方法について医師等の助言を受けるか又は適切な医療措置をAに受けさせることを怠っており、不保護の実行行為性が認められる。

　本判決では、生存に必要な保護行為を特定する基準や、保護行為をどの程度行っていない場合に実行行為性が認められるかという点については明らかにされておらず、これらの判断基準を具体化することが今後の課題といえる。生存に必要な保護行為を特定する基準に関しては、被害者の要保護状況だけ

33）　向井⑩ 29-30 頁。
34）　池田② 196 頁、遠藤④ 21 頁。

ではなく、行為者である保護責任者の置かれている具体的状況等に照らした保護行為の可否・難易等も考慮要素の１つになりうると指摘されている[35]。本件で、医療措置を受けさせる行為のほか、医師等の助言を受ける行為も挙げられている点については、被告人への負担を考慮して、日常生活のなかでＡの状態を改善する選択肢を残したものと解されている[36]。

（5）故意の存否

不保護罪の故意が認められるためには、保護責任に関する認識、客体の要扶助性に関する認識、不保護の認識を要する[37]。不保護の認識として、要保護状況に関する認識および、生存に必要な保護をしていないという認識が必要である[38]。本件では、最高裁が「本件保護行為を行っていなかったという実行行為に係る故意の問題として、Ａが生存に必要な保護として本件保護行為を必要とする状態にあることを被告人が認識していたか否かが検討されるべき」と判示するように、要保護状況に関する認識の存否が問題となった。

本件保護行為（医師等の助言を受けること又は適切な医療措置を受けさせること）を必要とする状況に関する認識は、事実的要素（被害者の体格、不規則な食生活、異食）の認識と、評価的要素（重度の栄養不良状態で医療措置等が必要）の認識に分けられる[39]。通常、被害者が著しく痩せているといった事実的要素の認識があれば、重度の栄養不良状態で医療措置が必要であるという評価的要素の認識も肯定できるから、評価的要素の認識それ自体の有無は問題になりにくいと考えられる。しかし、本判決では、ミオパチー患者であり栄養不良状態にあるとは考えていなかったという被告人の弁解を排斥できないとした第１審判決が是認された。本件は、事実的要素の認識があっても、評価的要素の認識が認められない特殊な事案であったといえる。故意が否定される場合には、過失致死あるいは重過失致死の成否が問題となりうる。本件の第１審は、「被告

35）　向井⑩ 18-9 頁。
36）　池田② 196 頁、遠藤④ 21 頁。
37）　大コンメ（11）〔半田靖史〕319 頁以下。
38）　要保護状況の認識が必要であることを前提にしている判例として、最判平成 26年 3 月 20 日（刑集 68 巻 3 号 499 頁）等。
39）　橋爪⑦ 138 頁参照。事実的要素の認識に加え、評価的要素の認識も必要であることについては、向井⑩ 38 頁。

人に対して重過失致死罪の成立を検討する余地はある」としており、被告人の夫については、不保護の故意が否定され、重過失致死罪の成立が認められている（大阪地判平成28年1月28日裁判所HP）。

【参考文献】

本件の解説・評釈として

①浅田和茂「判批」速報判例解説23号（2018年）

②池田直人「判批」論ジュリ30号（2019年）

③岩間康夫「判批」平成30年度重判解

④遠藤聡太「判批」百選8版

⑤門田成人「判批」法セ762号（2018年）

⑥冨髙彩「判批」東海57号（2019年）

⑦橋爪隆「保護責任者遺棄罪・不保護罪について」警論73巻1号（2020年）

⑧前田雅英「不保護罪の故意」捜査研究68巻10号（2019年）

⑨三好幹夫「判批」刑ジャ58号（2018年）

⑩向井香津子「判解」最判解平成30年度

3

強制わいせつ罪における性的意図

最高裁判所平成 29 年 11 月 29 日大法廷判決
平成 28 年（あ）第 1731 号 児童買春、児童ポルノに係る行為等の規制及び処罰並びに児童の保護等に関する法律違反、強制わいせつ、犯罪による収益の移転防止に関する法律違反被告事件
刑集 71 巻 9 号 467 頁／判時 2383 号 115 頁／判タ 1452 号 57 頁

菊　地　一　樹

I　事　案

　被告人は、インターネットで知り合った人物 A から、金銭を借りる条件として、当時 7 歳の被害女児 B に対しわいせつな行為を行い、これを撮影して画像データを送信するよう要求された。そこで、被告人は、平成 27 年 1 月下旬頃、被告人方において B に対し、被告人の陰茎を触らせ、口にくわえさせ、B の陰部を触るなどの行為をし（以下、「本件行為」とする。）、その様子をスマートフォンで撮影するなどして、そのデータを A に送信して提供した。

　弁護人は、被告人の目的はただ A から融資を受けることにあり、本件行為には、自己の性欲を満たすという意味での性的意図がなく、強制わいせつ罪（刑 176 条）において性的意図を必要とした最判昭和 45 年 1 月 29 日（刑集 24 巻 1 号 1 頁）（以下、「昭和 45 年判例」とする。）に従えば、本件行為に強制わいせつ罪が成立することはないと主張した。これに対して、第 1 審（神戸地判平成 28 年 3 月 18 日刑集 71 巻 9 号 520 頁参照）は、被告人に性的意図があったと認定するには合理的疑いが残るとしつつ、強制わいせつ罪の成立には性的意図は不要であり、昭和 45 年判例は相当でないとして、本罪の成立を認めた。原審（大阪高判平成 28 年 10 月 27 日刑集 71 巻 9 号 524 頁参照）も、第 1 審の事実認定を是認したうえで、「強制わいせつ罪の保護法益は被害者の性的自由と解され、同罪は

被害者の性的自由を侵害する行為を処罰するものであり、客観的に被害者の性的自由を侵害する行為がなされ、行為者がその旨認識していれば、強制わいせつ罪が成立し、行為者の性的意図の有無は同罪の成立に影響を及ぼすものではないと解すべきである」として、昭和45年判例を現時点において維持するのは相当でないと明言し、本罪の成立を認めた。

これに対して、弁護側が、判例違反等を主張して上告した。

Ⅱ　判　旨

上告棄却

最高裁大法廷は、以下のように判示し、昭和45年判例は維持できないとして判例変更を行った。

「現行刑法が制定されてから現在に至るまで、法文上強制わいせつ罪の成立要件として性的意図といった故意以外の行為者の主観的事情を求める趣旨の文言が規定されたことはなく、強制わいせつ罪について、行為者自身の性欲を刺激興奮させたか否かは何ら同罪の成立に影響を及ぼすものではないとの有力な見解も従前から主張されていた。これに対し、昭和45年判例は、強制わいせつ罪の成立に性的意図を要するとし、性的意図がない場合には、強要罪等の成立があり得る旨判示しているところ、性的意図の有無によって、強制わいせつ罪（当時の法定刑は6月以上7年以下の懲役）が成立するか、法定刑の軽い強要罪（法定刑は3年以下の懲役）等が成立するにとどまるかの結論を異にすべき理由を明らかにしていない。また、同判例は、強制わいせつ罪の加重類型と解される強姦罪の成立には故意以外の行為者の主観的事情を要しないと一貫して解されてきたこととの整合性に関する説明も特段付していない。

元来、性的な被害に係る犯罪規定あるいはその解釈には、社会の受け止め方を踏まえなければ、処罰対象を適切に決することができないという特質があると考えられる。諸外国においても、昭和45年（1970年）以降、性的な被害に係る犯罪規定の改正が各国の実情に応じて行われており、我が国の昭和45

年当時の学説に影響を与えていたと指摘されることがあるドイツにおいても、累次の法改正により、既に構成要件の基本部分が改められるなどしている。こうした立法の動きは、性的な被害に係る犯罪規定がその時代の各国における性的な被害の実態とそれに対する社会の意識の変化に対応していることを示すものといえる。これらのことからすると、昭和45年判例は、その当時の社会の受け止め方などを考慮しつつ、強制わいせつ罪の処罰範囲を画するものとして、同罪の成立要件として、行為の性質及び内容にかかわらず、犯人の性欲を刺激興奮させ満足させるという性的意図のもとに行われることを一律に求めたものと理解できるが、その解釈を確として揺るぎないものとみることはできない。」

　そして、近年の性犯罪に関する一連の法改正（法定刑の引き上げ、強制性交等罪の新設、監護者わいせつ罪及び監護者性交等罪の新設等）が、「性的な被害に係る犯罪やその被害の実態に対する社会の一般的な受け止め方の変化を反映したものであることは明らかである。」

　「以上を踏まえると、今日では、強制わいせつ罪の成立要件の解釈をするに当たっては、被害者の受けた性的な被害の有無やその内容、程度にこそ目を向けるべきであって、行為者の性的意図を同罪の成立要件とする昭和45年判例の解釈は、その正当性を支える実質的な根拠を見いだすことが一層難しくなっているといわざるを得ず、もはや維持し難い。」

　「もっとも、刑法176条にいうわいせつな行為と評価されるべき行為の中には、強姦罪に連なる行為のように、行為そのものが持つ性的性質が明確で、当該行為が行われた際の具体的状況等如何にかかわらず当然に性的な意味があると認められるため、直ちにわいせつな行為と評価できる行為がある一方、行為そのものが持つ性的性質が不明確で、当該行為が行われた際の具体的状況等をも考慮に入れなければ当該行為に性的な意味があるかどうかが評価し難いような行為もある。その上、同条の法定刑の重さに照らすと、性的な意味を帯びているとみられる行為の全てが同条にいうわいせつな行為として処罰に値すると評価すべきものではない。そして、いかなる行為に性的な意味があり、同条による処罰に値する行為とみるべきかは、規範的評価として、

その時代の性的な被害に係る犯罪に対する社会の一般的な受け止め方を考慮
しつつ客観的に判断されるべき事柄であると考えられる。

　そうすると、刑法176条にいうわいせつな行為に当たるか否かの判断を行
うためには、行為そのものが持つ性的性質の有無及び程度を十分に踏まえた
上で、事案によっては、当該行為が行われた際の具体的状況等の諸般の事情
をも総合考慮し、社会通念に照らし、その行為に性的な意味があるといえる
か否かや、その性的な意味合いの強さを個別事案に応じた具体的事実関係に
基づいて判断せざるを得ないことになる。したがって、そのような個別具体
的な事情の一つとして、行為者の目的等の主観的事情を判断要素として考慮
すべき場合があり得ることは否定し難い。しかし、そのような場合があると
しても、故意以外の行為者の性的意図を一律に強制わいせつ罪の成立要件と
することは相当でなく、昭和45年判例の解釈は変更されるべきである。」

　本件行為は、「当該行為そのものが持つ性的性質が明確な行為であるから、
その他の事情を考慮するまでもなく、性的な意味の強い行為として、客観的
にわいせつな行為であることが明らかであり、強制わいせつ罪の成立を認め
た第1審判決を是認した原判決の結論は相当である。」

Ⅲ　解　説

1　問題の所在

　本件では、強制わいせつ罪の主観的要件として、故意とは別に、自らの性
欲を刺激・興奮または満足させるという意味での性的意図を要求すべきかど
うかが問題となった。この点について、昭和45年判例は、性的意図を必須と
し、専ら報復や侮辱といった目的で行為に出た場合には、強制わいせつ罪の
成立が否定されるとの理解を示していた。これに対して、本判決は、性犯罪
に対する「社会の受け止め方」の変化を踏まえつつ、今日においては、被害
者の受けた性的な被害そのものに目を向けるべきであるとして、性的意図を
一律に求める立場を維持することはできないとし、判例変更という形で、昭

和 45 年判例との決別を果たしたものである。

　もっとも、本判決は、強制わいせつ罪の成否の検討において、性的意図の考慮がおよそ否定されるとはしておらず、事案によっては、わいせつな行為に当たるか否かの判断のための考慮要素として、性的意図を含めた行為者の主観的事情が意味をもつ場合がありうるとしている。その意味で、本判決は、「一律必要」説でも「一律不要」説でもない、「場合によっては考慮」説とでも呼ぶべき新たな方向性を示したものといえる。しかし、本判決が、一方では、被害者側に生じた性的な被害を向けるべきであるとして必要説を排除しながら、他方では、行為者側の事情である性的意図を、事案によって考慮する余地を残していることに、果たして理論的な整合性があるのかは、検討の余地が残される。以下では、本判決が登場するに至るまでの議論状況と、本判決の意義について確認したうえで、「場合によっては考慮」説の理論的な正当性について検討を加える。

2　昭和 45 年判例とその後の実務・学説

　すでに述べたように、かつての最高裁判例は、強制わいせつ罪の成立に、性的意図を必須としていた。昭和 45 年判例は、被告人が、自らの内妻の出奔を手助けした疑いのある被害者をアパートの自室に呼び出し、2 時間にわたる脅迫の後、仕返しの目的で、被害者を裸体にさせて写真撮影をしたという事案で、「強制わいせつ罪が成立するためには、その行為が犯人の性欲を刺戟興奮させまたは満足させるという性的意図のもとに行われることを要」するとして、第 1 審による強制わいせつ罪の成立を認めた判断を破棄したうえ、高裁に差し戻したものである。同判例には、行為者がいかなる目的・意図で行為に出たかは、本罪の保護法益であるところの、個人のプライバシーに属する性的自由とは無関係であるとする入江裁判官の反対意見（長部裁判官が同調）が付されており、法廷意見は 3 対 2 でかろうじて多数となったものであるが、同判例が、最高裁の立場として性的意図必要説の採用を示したことにより、その後の実務では、性的意図が必須の要件とされてきた。

　もっとも、その後の下級審裁判例の中にも、昭和 45 年判例に実質的に反す

るような判断が見受けられることは注目に値する。例えば、東京地判昭和 62
年 9 月 16 日（判タ 670 号 254 頁）は、被告人が、被害者を女性下着販売業の従
業員として働かせようという目的で、被害者の全裸写真を強制的に撮影しよ
うと暴行を加え、傷害を負わせたという事案で、被告人には、被害者を「男
性の性的興味の対象として扱い、同女に性的羞恥心を与えるという明らかに
性的な意味のある行為」であるとの認識があることから、性的意図を有して
いるとして、強制わいせつ致傷罪の成立を認めている。この判決は、昭和 45
年判例との整合性をとりつつも、性的意味のある行為の認識を性的意図に含
めることで、事案の妥当な解決を図ったものといえるが、このような認識は、
「わいせつな行為」の意味の認識として、本罪の故意の内容にもともと含まれ
るものであり、昭和 45 年判例が、故意とは別に要求した性的意図の認定は、
実質的に放棄されている。

　さらに、東京高判平成 26 年 2 月 13 日（高刑速（平 26）45 頁）は、被告人が、
ともにバンド活動を行い、一方的に好意を寄せていた被害者から、バンドを
脱退して絶交されたことで報復感情を抱き、被害者を暴行し、膣内に手指と
バイブレーターを挿入したという事案で、「被告人の意図がいかなるもので
あれ、本件犯行によって、被害者の性的自由が侵害されたことに変わりはな
いのであり……性的意図の有無は、上記のような法益侵害とは関係を有しな
いものというべき」としている。本件では、被告人に性的意図があったとす
る原判決の事実認定が是認されていることから、傍論にとどまるものの、昭
和 45 年判例とは真っ向から対立する理解があえて示されていたことは注目
に値する。

　他方で、学説においては、昭和 45 年判例の出現以降、性的意図の要否に関
する議論が活発化したが、強制わいせつ罪の保護法益が、個人の性的自由な
いし性的自己決定であるという理解のもと、行為者側の性的意図の有無は、
法益侵害性とは何ら関係を有しないとする（一律）不要説[1]が、その理論的な明

---

　1)　平野・概説 180 頁、団藤 491 頁、平川 200 頁、香川 321 頁、町野 279 頁、堀内 68
　　　頁、林 90 頁、佐久間 115 頁、山口 108 頁、曽根 67 頁、山中 166 頁、橋本 119 頁、
　　　西田（橋爪補訂）100 頁、大谷 123 頁、浅田 123 頁、井田 124 頁、松原 92-3 頁等。

快さも相まって通説となった。

　これに対して、行為の客観面だけに着目するだけでは、当罰的な性犯罪の範囲を画定できないという問題意識のもと、必要説も有力に主張されてきた。もっとも、必要説の内容は決して一枚岩なものではなく、根拠・位置づけ・定義のいずれに関しても論者ごとにかなりのバリエーションがある。[2] 性的意図を必要とする根拠としては、例えば、行為無価値論の立場を前提に、「一定の猥褻傾向」が強制わいせつ罪としての「行為の法規範違反性」を基礎づけるとする説明や、[3] 強制わいせつ罪には、風俗環境を適正に維持するという目的もあり、このような風俗犯罪としての性格上、行為者の性的意図が必要であるとする説明、[4] 行為者が行った行為に「性的行為」としての意味づけを与えるために、性的意図を要求すべきとする説明などが主張されてきた。[5] また、性的意図の位置づけについては、「わいせつな行為」を基礎づける要素として、その内部に位置づける見解がある一方で、[6]「わいせつな行為」とは別個に要求される主観的超過要素とする見解も主張される。[7] さらに、性的意図の定義についても、誰の性欲の満足を問題とするかという点について、昭和45年判例がいうように、犯人（自身）の性欲を満足させる意図に限るものと、第三者の性欲を満足させる意図を含めるものに分かれている。[8]

---

2)　性的意図必要説の詳しい分析として、成瀬⑤（下）2頁以下参照。

3)　福田平＝大塚仁『対談刑法総論（上）』（1986年）337頁以下〔大塚仁発言〕。

4)　日髙義博「強制猥褻罪における主観的要件」植松正ほか『現代刑法論争Ⅱ〔第2版〕』（1997年）75頁（ただし、日髙140頁では、本罪を個人的法益に対する罪として捉え直し、不要説に改説された。）。

5)　園田⑥117頁以下。

6)　西原190頁、岡野光雄『刑法要説各論〔第5版〕』（2009年）67頁等。高橋則夫「判批」論ジュリ25号（2018年）120頁も、「わいせつな行為」とは主観的・客観的構成要件要素であるとして、性的意図をその内部に位置づけている。

7)　福田183頁、大塚100頁等。

8)　例えば、宮内裕『新訂刑法各論講義』（1962年）211頁では、「性的意図とは、行為者、被害者あるいは第三者の性欲を興奮させるか、これを満足させる目的である」とされている。

3　本判決の意義

（1）性的意図必要説の排斥

このような状況のなかで、性的意図必要説を採った昭和45年判例と決別を果たしたのが本判決である。本判決は、まず、昭和45年判例が、必要説の理由を明らかにしておらず、また、強制わいせつ罪の加重類型である強姦罪の成立においては、一貫して不要説がとられてきたこととの整合性も説明していない点で、理論的根拠が乏しいことを指摘する。そのうえで、本判決は、性犯罪の処罰対象が、その「社会の受け止め方」を踏まえなければ決することができないものであり、今日の社会では、被害者の受けた性的な被害の有無や内容、程度にこそ目を向けるべきであることから、行為者の性的意図を必須とする実質的な根拠を見いだすことが一層難しくなっていることを、最高裁判例としては「極めて異例」なまでに詳細な説明をしている。被害者に深刻な肉体的・精神的ダメージをもたらす性犯罪への対策が重要な課題とされる今日の社会的状況において、その被害に対する「社会の受け止め方」の変化に配慮していることをメッセージとして含んだ本判決には、相応の説得力を認めることができる。

　もっとも、性犯罪の解釈を全て「社会の受け止め方」に委ねてしまうことには、「理論的に整理されていない社会の当罰性感情を直接的に解釈に流入させる」危険があることに注意が必要である。そのような解釈では、社会が敏感な性被害に対しては性犯罪が認められやすくなる一方で、社会が鈍感な性被害に対しては性犯罪が成立しにくいということにもなりかねないが、そのような帰結は、性被害が被害者に与えるダメージの深刻さに着目する視点とも矛盾してしまうであろう。その意味で、後述するように、「被害者の受ける性的な被害」の実質を解明し、本罪の保護法益や「わいせつな行為」の意

9）　佐伯仁志「強制わいせつ罪における性的意図の要否を巡る判例の変更」法セ800号（2021年）41頁。

10）　佐伯・前掲注（9）42-3頁。

11）　成瀬⑤（下）24頁。

12）　小棚木公貴「判批」北法69巻3号（2019年）194頁。

義を理論的に明らかにすることは必須である。

(2)「場合によっては考慮」説の展開

本判決は、この必要説を排斥する論証に続けて、さらに、「場合によっては考慮」説とでも呼ぶべき新たな判断の枠組みを提示している。本判決によれば、本罪にいうわいせつな行為には、行為そのものが持つ性的性質が明確で、具体的状況を考慮することなく、直ちにわいせつ性を肯定できる類型（以下、「類型Ⅰ」とする。）と、行為そのものがもつ性的性質が不明確であり、当該行為が行われた際の具体的状況等をも考慮に入れなければわいせつ性を判断できない類型（以下、「類型Ⅱ」とする。）があり、類型Ⅱでは、わいせつ性を判断するための個別具体的事情の一つとして、性的意図を含む行為者の主観的事情が考慮要素になりうるとされる。

類型Ⅰにいう「行為そのものが持つ性的性質が明確」な行為として具体的にどのような行為が含まれるかについて、本判決は「強姦罪に連なるような行為」との例を挙げ、被告人による本件行為がこれに当たるとしている。本件行為の中には、「陰茎を口にくわえさせる」という、性器を他人の体内に侵入させる行為が含まれており、その点で、一義的に性的性質が明確であることから、これと前後する行為も含めて本件行為の全体が、類型Ⅰに当たると評価されたものと思われる。[13]もっとも、平成29年改正を経た現行法において、口腔性交や肛門性交は、強制性交等罪（刑法177条）に取り込まれたため、これを除いた場合に、類型Ⅰに当たるような行為がどこまで残されているかは検討を要する。陰部への接触がこれに当たるとの指摘[14]もあるが、このような行為さえも、親による乳児の陰部の洗浄や、医師による陰部の触診などの可能性を考えれば、性的性質が一義的に、すなわち、具体的な文脈を考慮せずとも明らかであるとはいえないのであって、実際には多くの行為が類型Ⅱに当たるように思われる。[15]

---

13)　仲道④ 190 頁。
14)　塩見淳「強制わいせつ罪における『性的意図』」刑ジャ 56 号（2018 年）36-7 頁。
15)　向井① 206 頁は、類型Ⅰに当たりうる行為として、濃密な性器接触行為や性器への異物挿入行為を挙げている。

　もちろん、類型Ⅱに当たる場合でも、性的意図が常に必須とされるわけではなく、あくまでも行為のわいせつ性を判断するための1つの考慮要素とされるにすぎない。しかし、わいせつ性の有無が争われるような「境界線上の」事案においては、事実上、性的意図の有無が本罪の成否を決定づける要素にもなりうる。その意味では、今後の実務においても、弁護側から被告人の性的意図の存在を否定する主張がなされ、これが争点となる可能性は広く残されているといえよう。

　最高裁が、このように性的意図の考慮の余地を残した背景には、行為そのものが持つ性的性質が不明確な行為について、行為者の主観的事情も含めた多様な事情を考慮しないことには、その性犯罪としての当罰性の有無や程度を判断することが困難であるという実践的な問題意識が存在するものと考えられる。これに対して、学説からは、性的意図の考慮の余地を残す本判例は不徹底であるとして、わいせつ性の判断を専ら客観的事情のみで行うべきとの批判もある。しかし、上述したような、親が自分の子供の陰部に接触するケースや、医師が患者の陰部に触るケースにおいて、行為者の主観面を一切考慮せずに、その行為の性的性質を適切に判定できるかは、疑問が残るところである。性的意図の考慮を否定する見解は、これらのケースについても、行為の外形からわいせつ性を認めて構成要件該当性を肯定したうえで、育児や診察という正当業務行為（刑法35条）として違法性阻却の余地を認めたり、あるいは、客観的な育児・医療上の適切性から、行為の性的性質を評価し、本罪の構成要件該当性を否定したりすることで、妥当な処罰範囲を導くことができると解しているようである。しかし、前者の考え方によると、違法性が阻却されるとはいえ、乳児の親や医師は日常的に「わいせつな行為」を行っていることになってしまう。このような理解は、「わいせつな行為」の概念を広げすぎであろう。また、後者の考え方による場合も、育児や診療行為として客観的に何らかの不適切な振舞いがあれば、それだけでわいせつ性（やその

---

16)　伊藤⑧48頁。
17)　小林憲太郎「判批」判時2366号（2018年）140-1頁、谷脇真渡「判批」桐蔭法学25巻1号（2018年）92頁以下、小棚木・前掲注(12)208頁、伊藤⑧67頁。

認識）が肯定されてしまいかねないが、真に育児や治療の目的でなされた場合にまで、性犯罪としての処罰を認めることには疑問が残る[18]。無論、こうしたケースにおいて、行為者の性的意図をどのように認定し、わいせつ性の判断においてどこまでの重みづけを与えるかという課題は残されているといえるが、本判決が、性的意図の考慮の余地を残したことには十分な理由がある[19]。

4　考慮の理論的根拠とわいせつ行為の定義

　もっとも、行為者の性的意図が、わいせつ性の有無や程度に影響を与えることの理論的根拠は必ずしも明らかではない。本判決は、性的意図必要説を排斥する根拠として、被害者側に生じた性的なダメージに目を向けるべきであるとしているが、行為者側の性的意図を考慮してわいせつ性を判断することは、この前提と矛盾してしまうようにも思われる。これに答えるためには、本罪にいう「わいせつな行為」の定義を、本罪の保護法益の内実に立ち返って明らかにする必要があろう。

　ところが、本判決は、「わいせつな行為」の定義づけを回避している。これは、「『わいせつな行為』該当性を安定的に解釈していくためには、これをどのように定義づけるかよりも、どのような考慮要素をどのような判断基準で判断していくべきなのかという判断方法が重要であり」[20]、抽象的な定義を示すことはかえって混乱を招きかねないという問題意識に基づくものとされる。しかし、個別具体的な判断を適切に方向づけるために、定義づけは避けて通れないはずである。そうした指針もなく、ただ具体的な判断を積み重ね

---

18)　京都地判平成 18 年 12 月 18 日（LEX/DB 28135092）も、臨床検査技師である被告人が、女性患者に対し、検査器具を肛門部ないし会陰部に押し当て、会陰部の範囲内で往復させた事案で、被告人には女性患者に対する配慮に欠ける、あるいは不十分な行動がいくつも見られるとしつつも、「被告人にわいせつ目的があったと認定するにはなお合理的な疑いが残る」として、準強制わいせつ罪につき無罪を言い渡している。

19)　本判決以後の裁判例で、ベビーシッターである被告人が、全裸または半裸の乳幼児の姿態を写真撮影した行為のわいせつ行為性を判断するに際し、性的意図を考慮要素とする意義が存するとしたものとして、東京高判平成 30 年 1 月 30 日（高刑速（平 30）80 頁）。

20)　向井① 198 頁。

ていけばよいというのでは、羅針盤のない航海も続けていればいずれは目的地にたどり着くといっているに等しいであろう[21]。

　他方、伝統的な理解によれば、「わいせつ」とは、「徒に性欲を興奮又は刺激せしめ且つ普通人の正常な性的羞恥心を害し善良な性的道義観念に反すること」とされ、刑法176条にいうわいせつな行為の定義も基本的には同様と解されてきた[22]。しかし、ここでいう「性欲」や「性的羞恥心」が誰のどのようなものをいうのかは、必ずしも明らかではない。もし、犯人自身の性欲を指すのであれば、本罪の成立に犯人の性的意図が必須ということになってしまい、本判決と矛盾してしまうであろう。「わいせつな行為」の定義に、犯人の性欲の発散を読み込むような理解は、本罪の本質を犯人の「性欲統制義務違反」に求めるに等しいものであり[23]、被害者側に生じた性的な被害に着目する理解とは相いれない。また、被害者の「性的羞恥心」を必須とすれば、意識喪失状態にある者や、性的羞恥心を感じない乳児に対する性的侵襲も本罪に当たりうることを説明できなくなってしまう。その意味で、「わいせつな行為」を正しく定義するためには、犯人の性欲とも被害者の性的羞恥心とも切り離された、わいせつ行為による侵害性の本質を言語化する必要がある。

　こうした問題意識を受けて、わいせつな行為を「被害者の立場に立った一般人が羞恥心を抱くに足りる行為」と定義するものもある[24]。しかし、例えば乳児が性的被害に遭っているケースで、わざわざ一般人が乳児の立場へと感情移入をし、そこで生じるであろう仮定的な羞恥心を問題にすることの意義は乏しい。このような定義は、結局のところ、「わいせつ＝性的羞恥心」とする旧来的な定義の呪縛から逃れられていないように思われる。また、学説上

---

21)　松宮・先端60頁は、「判断対象の定義を明らかにしないまま、判断方法を論じることは、何を判断するか不明のままどのように判断するかを考えるという非論理的な思考方法である」とする。

22)　このような定義を示すものとして、名古屋高金沢支判昭和36年5月2日（下刑集3巻5＝6号399頁）。

23)　内田160頁参照。

24)　伊藤⑧54頁等。福岡高判平成31年3月15日（LEX/DB 25562714）も、わいせつな行為とは「被害者の立場に立った一般人から見て、客体とされることにつき一定程度以上の性的羞恥心の対象となる行為をいう」とする。

は、端的に「性的自由を侵害する行為[25]」や「性的性質を有する一定の重大な侵襲[26]」とする定義も唱えられているが、わいせつな行為の判断を方向づけるためには、性被害の実態に踏み込むような、より一歩進んだ言語化が求められるところである。

　この点で、性被害の本質を「人をその意思に反して性的興味・性的欲求の対象として扱う[27]」こと、すなわち、他人を性欲の客体（玩具）として一方的に利用するという性的収奪性に求める発想が注目される。この意味での「性的自由」の侵害は、被害者が意識喪失者や乳児である場合にも肯定できるであろう。また、こうした人格否認を中核にもつ性被害は、被害者側の視点からの物的（客観的）な把握だけで語り尽くせるものではなく、行為者側の視点も無視できない。その意味で、「わいせつな行為」というためには、「行為に被害者の（性交渉の相手としての）人格を否認する意味が必要で、『性的意図』はそれを認定する重要な資料だといえる[28]」ように思われる。

　さらに、このような理解を推し進めれば、以上の意味での性被害の発生にとっては、行為者の性的（収奪）意図がやはり必須であると解する余地がある[29]。もっとも、ここでいう性的（収奪）意図は、犯人自身の性欲の発散に向けられている必要はなく、犯人を含む誰かの性的興味・性欲の対象として扱う意図を広く含めることができる。したがって、類型Ⅰに当たる場合のように、一義的に性的性質が明確な行為を、被害者の意思に反して強いるケースでは、その認識（故意）があれば、ここでいう性的（収奪）意図もほぼ自動的に認められるため、あえて独立に検討する意義は乏しい。本件でも、この意味での性的（収奪）意図は（撮影されたデータを介して「誰か」の性欲を満足させるということも含めて）十分に肯定する余地があった。それゆえ、以上のような理解は、判例

25)　内田158頁、中森65頁、高橋128頁等参照。
26)　佐藤陽子「強制わいせつ罪におけるわいせつ概念について」法時88巻11号（2016年）62頁。
27)　成瀬⑤（下）29頁。
28)　小田直樹「判批」百選5版28頁。
29)　成瀬⑤（下）30頁参照。なお、このように考えれば、性的意図は強制わいせつ罪だけではなく、同じく性的収奪による人格否認を処罰根拠とする強制性交等罪でも必要と解する余地があろう。

の枠組みと結論において大差ないものであるが、「不要」だが考慮はできるのではなく、むしろ「必要」だからこそ（その程度を）考慮もできるとした方が、理論的に筋が通るように思われる。

5 客観的におよそ性的性質を有しない行為の取扱い

性的意図の考慮を認めるとした場合、客観的にはおよそ性的性質のある行為とはいえないが、行為者本人は強い性的意図を有していたという場合にも、わいせつ性を肯定してよいかも問題となるが、この点は否定的に解すべきである[30]。本判決がいうように、本罪の法定刑の重さに照らせば、性的な意味を帯びているとみられる行為のすべてが本罪にいうわいせつな行為となるのではなく、処罰に値する行為のスクリーニングが必要である。この点で、客観的におよそ性的性質がない行為がいかに性的（収奪）意図でなされたとしても、当罰的な性被害が生じているとは評価しえない。

具体的に問題となるのは、行為者の特殊な性癖（フェティシズム）による行為である。裁判例の中には、女性が嘔吐する姿に性的興奮を覚える者が、女性の口に指を入れて嘔吐させる行為について、暴行罪の成立にとどめているものがある（青森地判平成18年3月16日裁判所HP）。嘔吐させる行為が、客観的におよそ性的性質を持たないとすれば、こうしたケースに強制わいせつ罪の成立を認めるべきではないだろう。もっとも、こうしたフェティシズムが一つの性癖として社会的に認知され、これを扱うアダルトビデオが流通していることに鑑みれば、客観的におよそ性的性質を持たないと断定してよいかは、なお議論の余地がありうる[31]。

【参考文献】
　本件の主な解説・評釈として
　　①向井香津子「判解」最判解平成29年度
　　②和田俊憲「判批」百選8版30頁
　　③木村光江「判批」平成29年度重判解
　　④仲道祐樹「判批」論ジュリ28号（2019年）

---

30)　向井①204頁、仲道④193頁。
31)　佐藤拓磨「判批」判時2366号（2018年）145頁参照。

強制わいせつ罪における性的意図について

⑤成瀬幸典「強制わいせつ罪に関する一考察（上）（下・完）」法学 80 巻 5 号（2016 年）、同 82 巻 6 号（2018 年）

⑥園田寿「強制わいせつ罪における＜性的意図＞について」山中古稀（下）

⑦神元隆賢「強制わいせつ罪における性的意図の法的性質と要否」法政論叢 54 巻 2 号（2018 年）

⑧伊藤亮吉「強制わいせつ罪における性的意図」名城 69 巻 1 ＝ 2 号（2019 年）

4

住居侵入罪
——立川宿舎事件——

最高最判所平成 20 年 4 月 11 日第二小法廷判決
平成 17 年（あ）第 2652 号 住居侵入被告事件
刑集 62 巻 5 号 1217 頁／判時 2033 号 142 頁／判タ 1289 号 90 頁

福 山 好 典

I 事 案

　被告人 X、Y および Z は、自衛隊の米軍立川基地移駐に際して結成された団体である立川自衛隊監視テント村（以下「テント村」という。）の構成員であるが、共謀のうえ、テント村の活動の一環として、自衛隊のイラク派遣に反対する内容のビラを、防衛庁の職員およびその家族が居住し陸上自衛隊東立川駐屯地業務隊長らが管理する東京都立川市所在の防衛庁（当時）立川宿舎（以下「立川宿舎」という。）の各号棟の各室玄関ドアの新聞受けに投かんする目的で、平成 16 年 1 月 17 日午前 11 時 30 分過ぎころから午後 0 時ころまでの間、立川宿舎の敷地内に 3 名とも立ち入ったうえ、分担して、3 号棟東側階段、同棟中央階段、5 号棟東側階段、6 号棟東側階段および 7 号棟西側階段に通じる各 1 階出入口からそれぞれ 4 階の各室玄関前まで立ち入り、各室玄関ドアの新聞受けに上記ビラを投かんするなどした。また、被告人 X および Y は、共謀のうえ、テント村の活動の一環として、同様の内容のビラを、立川宿舎の各号棟の各室玄関ドアの新聞受けに投かんする目的で、平成 16 年 2 月 22 日午前 11 時 30 分過ぎころから午後 0 時過ぎころまでの間、立川宿舎の敷地内に 2 名とも立ち入ったうえ、分担して、3 号棟西側階段、5 号棟西側階段および 7 号棟西側階段に通じる各 1 階出入口からそれぞれ 4 階の各室玄関前まで

立ち入り、各室玄関ドアの新聞受けに上記ビラを投かんするなどした。

　第1審の東京地八王子支判平成 16 年 12 月 16 日（判時 1892 号 150 頁）は、被告人らの立入りは「住居侵入罪の構成要件に該当する」が、「法秩序全体の見地からして、刑事罰に処するに値する程度の違法性があるものとは認められない」として、無罪を言い渡した。控訴審の東京高判平成 17 年 12 月 9 日（判時 1949 号 169 頁）はこれを破棄・自判し、被告人らの立入りは「人の看守する邸宅に侵入する行為に該当」し、「可罰的違法性を欠くとして違法性が阻却されるとはいえない」として、罰金刑を言い渡した。これに対して、弁護人は、被告人らの立入りを刑法 130 条前段の罪に問うことは憲法 21 条 1 項に違反するなどと主張して上告した。

II　判　旨

上告棄却

　①「立川宿舎の各号棟の構造及び出入口の状況、その敷地と周辺土地や道路との囲障等の状況、その管理の状況等によれば、㋐各号棟の 1 階出入口から各室玄関前までの部分は、Ⓐ居住用の建物である宿舎の各号棟の建物の一部であり、Ⓑ宿舎管理者の管理に係るものであるから、Ⓒ居住用の建物の一部として刑法 130 条にいう『人の看守する邸宅』に当たるものと解され、また、㋑各号棟の敷地のうち建築物が建築されている部分を除く部分は、各号棟の建物に接してその周辺に存在し、かつ、管理者が外部との境界に門塀等の囲障を設置することにより、これが各号棟の建物の付属地として建物利用のために供されるものであることを明示していると認められるから、上記部分は、『人の看守する邸宅』の囲にょう地として、邸宅侵入罪の客体になるものというべきである（最高裁昭和 49 年（あ）第 736 号同 51 年 3 月 4 日第一小法廷判決・刑集 30 巻 2 号 79 頁参照）」。

　②「刑法 130 条前段にいう『侵入し』とは、他人の看守する邸宅等に管理権者の意思に反して立ち入ることをいうものであるところ（最高裁昭和 55 年（あ）第 906 号同 58 年 4 月 8 日第二小法廷判決・刑集 37 巻 3 号 215 頁参照）、立川宿舎の管

理権者は、前記……のとおりであり、被告人らの立入りがこれらの管理権者の意思に反するものであったことは、……明らかである」。

③「そうすると、被告人らの本件立川宿舎の敷地及び各号棟の1階出入口から各室玄関前までへの立入りは、刑法130条前段に該当するものと解すべきである。なお、本件被告人らの立入りの態様、程度は前記……の事実関係のとおりであって、管理者からその都度被害届が提出されていることなどに照らすと、……法益侵害の程度が極めて軽微なものであったなどということもできない」。

④「㋐確かに、表現の自由は、民主主義社会において特に重要な権利として尊重されなければならず、被告人らによるその政治的意見を記載したビラの配布は、表現の自由の行使ということができる。しかしながら、憲法21条1項も、表現の自由を絶対無制限に保障したものではなく、公共の福祉のため必要かつ合理的な制限を是認するものであって、たとえ思想を外部に発表するための手段であっても、その手段が他人の権利を不当に害するようなものは許されないというべきである（最高裁昭和59年（あ）第206号同年12月18日第三小法廷判決・刑集38巻12号3026頁参照）。㋑本件では、表現そのものを処罰することの憲法適合性が問われているのではなく、表現の手段すなわちビラの配布のために『人の看守する邸宅』に管理権者の承諾なく立ち入ったことを処罰することの憲法適合性が問われているところ、㋒Ⓐ本件で被告人らが立ち入った場所は、防衛庁の職員及びその家族が私的生活を営む場所である集合住宅の共用部分及びその敷地であり、自衛隊・防衛庁当局がそのような場所として管理していたもので、一般に人が自由に出入りすることのできる場所ではない。Ⓑたとえ表現の自由の行使のためとはいっても、このような場所に管理権者の意思に反して立ち入ることは、管理権者の管理権を侵害するのみならず、そこで私的生活を営む者の私生活の平穏を侵害するものといわざるを得ない。Ⓒしたがって、本件被告人らの行為をもって刑法130条前段の罪に問うことは、憲法21条1項に違反するものではない。このように解することができることは、当裁判所の判例（昭和41年（あ）第536号同43年12月18日大法廷判決・刑集22巻13号1549頁、昭和42年（あ）第1626号同45年6月17日大法

廷判決・刑集 24 巻 6 号 280 頁）の趣旨に徴して明らかである」。

（○付数字・記号は引用者）

Ⅲ　解　説

1　問題の所在

　本件（以下「立川事件」ともいう。）は、政治的ビラを投函する目的で、立川宿舎の敷地および各号棟の 1 階出入口から各室玄関前までの部分（建物共用部分）に立ち入った行為が刑法 130 条前段の罪に問われた事件であり、後述の葛飾事件とともに社会的にも注目を集めた。本件の主要な争点は、被告人らの立入りを刑法 130 条前段の罪に問うことが憲法 21 条 1 項に違反するかという憲法上の問題であるが（判旨④）、その前提として、被告人らの立入りが刑法 130 条前段に該当するかという刑法解釈が問われた（判旨③）。具体的には、被告人らが立ち入った立川宿舎の敷地および建物共用部分が刑法 130 条の客体（住居・邸宅・建造物）のいずれに当たるか（判旨①）、被告人らの立入りが「侵入」に当たるか（判旨②）である。

2　判旨①：客体

　一般的な整理によれば、「住居」については、人の起臥寝食に使用される場所とする立場[1]と日常生活に使用するために人が占拠する場所とする立場[2]が対立するが、「邸宅」は居住用の建造物で住居以外のもの、「建造物」は住居、邸宅以外の建造物を指すとされる[3]。

　また、これらに附属する囲繞地について、通説は、「住居」、「邸宅」、「建造物」はそれぞれその囲繞地を含むとする[4]が、判例は異なる立場に立つ。すな

---

　1)　学説として、団藤 503 頁など。裁判例として、東京高判昭和 30 年 8 月 16 日（高刑特 2 巻 16＝17 号 849 頁）のほか、本件の第 1 審および控訴審もこれに属する。
　2)　学説として、大塚（仁）112 頁など。裁判例として、名古屋地判平成 7 年 10 月 31 日（判時 1552 号 153 頁）など。
　3)　注釈（2）300 頁〔小林憲太郎〕・301 頁〔同〕。

わち、大判昭和 7 年 4 月 21 日（刑集 11 巻 6 号 407 頁＝**判例 1**）は、「刑法第 130 条に所謂邸宅とは人の住居の用に供せらるる家屋に附属し主として住居者の利用に供せらるべき区劃せる場所を謂う」とする。これは、住居の囲繞地を「邸宅」に含める立場とみられる。その一方で、最判昭和 25 年 9 月 27 日（刑集 4 巻 9 号 1783 頁＝**判例 2**）は、「刑法 130 条に所謂建造物とは、単に家屋を指すばかりでなく、その囲繞地を包含する」とし、建造物の囲繞地を「建造物」に含める（さらに、最判昭和 51 年 3 月 4 日刑集 30 巻 2 号 79 頁＝**判例 3** は、**判例 2** を引用して同旨を述べたうえで、「このような囲繞地であるためには、その土地が、建物に接してその周辺に存在し、かつ、管理者が外部との境界に門塀等の囲障を設置することにより、建物の附属地として、建物利用のために供されるものであることが明示されれば足りる」とし、建造物の囲繞地の要件を具体化する。）。もっとも、下級審では、住居の囲繞地を「住居」に含める裁判例も散見されるが、本件のような集合住宅の敷地に係る事案ではない。

　一方、集合住宅の建物共用部分について、下級審は、「住居」に当たるとする立場と「邸宅」に当たるとする立場に分かれる。前者として、例えば、東京高判昭和 38 年 4 月 9 日（東時 14 巻 4 号 64 頁）は、アパート内の廊下について、「その構造上その居住者のみの共用にあてるため設けられている」として「各居住者の住居の一部」とする。これに対し、後者として、広島高判昭和 63 年 12 月 15 日（判タ 709 号 269 頁）は、アパートの通路部分について、「専ら……〔その〕アパート住人のみが利用し、あるいは同人らのためにのみ利用されている」としつつも、「通路部分の場所によっては、各入居者らによる利用が一部重複したり、あるいはほとんど専用的になったりして、必ずしもその利用形態が一様ではないので、右通路部分をもって各入居者それぞれの

---

4)　団藤 503 頁・504 頁、大塚（仁）113 頁・114 頁。

5)　ただし、山口⑥ 237 頁は、「判例が一戸建て住宅……の庭をもって『邸宅』としているとは考え難」く、「むしろ住居の一部とみているのではないか」とする。

6)　例えば、東京高判昭和 30 年 8 月 16 日（高刑特 2 巻 16＝17 号 849 頁）、福岡高判昭和 57 年 12 月 16 日（判タ 494 号 140 頁）、東京高判平成 18 年 3 月 23 日（高刑速（平 18）79 頁）。

7)　その他の裁判例として、広島高判昭和 51 年 4 月 1 日（高刑集 29 巻 2 号 240 頁）、福岡高判昭和 59 年 5 月 7 日（高刑速（昭 59）500 頁）。

住居の一部ないしその延長と見ることはできないにしても、これを全体として住居に使用されているアパート建物に附属する施設と見ることによって、これが刑法130条にいう邸宅に該ると解することは差支えない」とする（〔〕内は引用者。以下同じ。）。ここで重要なのは、両裁判例が集合住宅の建物共用部分が刑法130条のいずれの客体に当たるかについて結論を異にするにもかかわらず、上記の「住居」および「邸宅」の定義への形式的なあてはめから直ちに結論を導くのではなく、「住居」である居室部分との一体性に影響する具体的事情を踏まえて結論を導いていることである。

　本件の第1審もこのような判断方法を共有する。すなわち、「『住居』とは『人の起臥寝食に使用される場所』を指し、立川宿舎の各居室がこれにあたる」としたうえで、立川宿舎の敷地が鉄製フェンス等で囲まれ、「外部から明確に区画されていること」、敷地および通路部分が「外界と各居室を結ぶ道などとして同宿舎の居住者らの日常生活上不可欠なものといえ、また、専ら同人らやその関係者らの用に供されていると推認できること」から、「同宿舎居室と一体をなして『住居』に該当すると評価すべきであ」り、「必ずしもその利用形態は一様ではない」が、そのことはこの「評価を妨げるものではない」とする。

　これに対し、控訴審は、「敷地は、隣接の土地又は道路と明確に区画され、道路との開口部を除いてはフェンス等で囲繞されているから、住居である各号棟の各居室に付属し、主として居住者の利用に供されるために区画された場所というべきである。敷地のみならず建物共用部分についても、同様の場所であると解するのが相当である」とする。これは、**判例1**の邸宅の定義に依拠して、立川宿舎の敷地さらに建物共用部分を、「住居」である各居室の囲繞地ないしそれと同様の場所として「邸宅」に当たるとするものである。

　最高裁も、立川宿舎の敷地および建物共用部分について、控訴審と同様にいずれも「人の看守する邸宅」に当たるとする。しかし、その理論構成は控訴審のそれと異なる。すなわち、最高裁は、㋐建物共用部分について、「Ⓐ居住用の建物である宿舎の各号棟の建物の一部であり、Ⓑ宿舎管理者の管理に係るものであるから、Ⓒ居住用建物の一部として刑法130条にいう『人の看守

する邸宅』に当たる」としたうえで、①敷地について、そのような「『人の看守する邸宅』の囲にょう地として、邸宅侵入罪の客体になる」とするのである。敷衍すると、最高裁は、⑦建物共用部分について、Ⓐにより「建造物（居住用の建物以外）」に当たることを否定し、Ⓑにより「住居」に当たることを否定し、Ⓒ「邸宅」に当たるとする結論を導く。建物共用部分は、控訴審のように各居室に附属する場所とは位置づけられていない。また、①敷地について、控訴審とは異なり、「邸宅」である各号棟の囲繞地として位置づけ、これを「邸宅」に含める。ここでは、邸宅の囲繞地は「邸宅」に当たるとする解釈が前提とされている。実際、最高裁は、建造物の囲繞地を「建造物」に含める**判例2**に従ったうえで囲繞地の要件を具体化した**判例3**をここで引用する[8]。

　本件の調査官解説によれば、この最高裁の解釈の前提には、次のような考え方があるとされる。すなわち、「賃貸（貸与）の集合住宅の場合、建ち上がってまだ誰にも貸し渡されていない時点のことを想定すると、集合住宅全体が（各号室のみならず、各号室外の階段や通路といった共用部分を含めて）『邸宅』に当たる」。そして、その各号室が貸し渡されて人が住み始めていくと、貸し渡されて人が住み始めた号室部分は、「賃貸（貸与）主体・管理主体の管理権がいわば引っ込んで居住者のそれが立ち現れるに至」り、「住居」になる。これに対し、各号室外の階段や通路といった共用部分については、「あくまでそれらが共用の部分であることからすると、その管理権を各号室の居住者に渡してしまうというのが合理的な意思解釈とは思われない……。これらの部分は依然として『邸宅』のまま残ると考えるのが合理的ではないか[9]」。宿舎の敷地についても、各居室が貸し渡された後も「その管理権は宿舎の管理者に留保され、依然として『邸宅』のまま残る[10]」、と。

　では、最高裁が控訴審とは異なる理論構成をとったのはなぜだろうか。それは控訴審のような理論構成に問題があると考えたからであろうが、具体的には、次のような推測も可能であろう。すなわち、控訴審は、各号棟の各居

室を「住居」とし、敷地および建物共用部分を、「各号棟の各居室に付属し、主として居住者の利用に供されるために区画された場所」と位置づける。このように、各居室をいわば起点として、敷地および建物共用部分を位置づける場合、それらが「邸宅」に当たるとしても、それらの場所において保護されるべき利益は、究極的には起点としての「住居」である各居室において保護されるべき利益に由来するものと位置づけられやすくなる。その帰結として、意思侵害としての「侵入」（Ⅲ（3））に当たるかを判断する際にも、「居住者」の意思を重視する解釈が導かれやすくなると考えられる。これに対し、最高裁は、各号棟の建物全体を「邸宅」とし、各号棟の各居室をその一部として、また、敷地を（控訴審のように各居室の囲繞地ではなく）各号棟の囲繞地と位置づける。このように、建物全体をいわば起点として、各居室および敷地を位置づける場合、依然として「邸宅」として留保されるそれらの場所において保護されるべき利益は、「住居」である各居室において保護されるべき利益に還元されない独自性を有するものと位置づけられやすくなる。その帰結として、意思侵害としての「侵入」に当たるかを判断する際にも、管理者独自の意思を重視する解釈が導かれやすくなると考えられる。実際、最高裁は、Ⅲ（3）で述べるように、被告人らの立入りが「侵入」に当たるかを判断する際、居住者ではなくもっぱら管理者の意思に反するかを問題とするのである。

　もっとも、集合住宅のどの部分が「住居」になり、また「邸宅」として留保されるかは「合理的な意思解釈」によるとするだけでは、その判断過程はブラックボックスであり、本件のような集合住宅とは異なる形態の集合住宅の場合にどのように判断されるのかについて明確な指針が与えられない。この点、被告人らが分譲マンションの各住戸に政党のビラを配布するために、同マンションの玄関出入口を開けて玄関ホールに入り、さらに玄関内東側ドアを開け、1階廊下を経て、エレベーターに乗って7階に上がり、各住戸のドアポストに、ビラを投かんしながら7階から3階までの各階廊下と外階段を通って3階に至ったところを、住人に声をかけられて、ビラの投かんを中止したという葛飾事件で、第1審の東京地判平成18年8月28日（刑集63巻9号1846頁参照）および控訴審の東京高判平成19年12月11日（判タ1271号331頁）

が建物共用部分を「住居」に当たるとしたが、最判平成 21 年 11 月 30 日（刑集 63 巻 9 号 1765 頁：**判例 4**）は、それが刑法 130 条のいずれの客体に当たるのかについて判断を示さなかった[11]。そのため、集合住宅の建物共用部分については、不明瞭な部分が多分に残されている。

　ここで重要なのは、具体的にいかなる事情に基づいて建物共有部分が「住居」または「邸宅」に振り分けられるかである。この点について、立川事件のような集合住宅の建物共用部分は、「その使用方法について複数の居室の居住者が相互に制約を受けるもので、各居室と異なるから、この点に着目して、『住居』ではなく『邸宅』と解することにも理由がないわけではない[12]」という主張がなされている。しかし、このような事情は、建物共用部分が「住居」であることを否定する理由にはならない。例えば、複数人が個室と共有スペースから成る居室をルームシェアする場合、共有スペースの使用方法は各個室居住者が相互に制約を受けるが、なお「住居」というべきであろう。むしろ、集合住宅の建物共用部分については、「建物の内部構造であって、敷地と比べて居室との空間的な一体性は強く、またそれだけに居住者のプライバシーが厚く保護される領域である[13]」から「住居」と考えるべきである。このことは、葛飾事件のような分譲マンションであるか本件のような賃貸であるかにかかわらず妥当する。

　これに対して、集合住宅の敷地については、住居の囲繞地を「邸宅」とす

---

11)　その背景については、西野⑨ 541 頁注(1)。ちなみに、立川事件の調査官解説である山口⑥ 241 頁注(36)は、分譲マンションについて、留保を付しつつも、「全戸完売・引渡し完了後は、共用部分共居住者に管理権が渡される（つまり、共用部分も含めて『住居』となる。）と考えるのが合理的であろう」とする。しかし、「合理的」とする判断を支える根拠こそが重要である。この点、上嶌⑦ 73 頁は、葛飾事件「は、分譲マンションに関するもので、住戸の居住者らが区分所有者として（管理組合を通じてではあるが）管理することが予定されていたものであり、貸与にかかる集合住宅とは違い、居住者とは異なる管理者が管理するものではないから、『邸宅』ではないとして、『住居』に当たるということが可能となるように思われる」とする。また、木村⑧ 37 頁も参照。この学説の基礎には、居住者の意思を基準にして「侵入」に当たるかが判断される場所が「住居」であるとする理解があるように思われるが、Ⅲ（3）で述べるように、「邸宅」であっても居住者の意思を基準とするべきである。
12)　上嶌② 161 頁。「邸宅」という結論を支持する学説として、十河④ 89 頁、松尾⑤ 35 頁。
13)　安達① 14 頁。

る**判例 1** によれば、「邸宅」に当たると考えることができる。実質的にも、敷地は建物の外部に位置し、居住者のプライバシー保護の必要性が相対的に低下し、「看守」という要件¹⁴⁾を満たしてはじめて保護すれば足りると解されるから、「邸宅」に位置づけることができよう。

3　判旨②：侵入

　「侵入」の意義について、学説は、住居等への平穏を害する態様の立入りとする平穏侵害説と居住者等の意思に反する立入りとする意思侵害説に分かれているが、現在の判例は意思侵害説の立場に立つ。すなわち、最判昭和 58 年 4 月 8 日（刑集 37 巻 3 号 215 頁＝**判例 5**）は、「刑法 130 条前段にいう『侵入シ』とは、他人の看守する建造物等に管理権者の意思に反して立ち入ることをいうと解すべきであるから、管理権者が予め立入り拒否の意思を積極的に明示していない場合であっても、該建物の性質、使用目的、管理状況、管理権者の態度、立入りの目的などからみて、現に行われた立入り行為を管理権者が容認していないと合理的に判断されるときは、他に犯罪の成立を阻却すべき事情が認められない以上、同条の罪の成立を免れないというべきである」とする。本件の第 1 審、控訴審、最高裁のいずれも、このような意思侵害説の立場から被告人らの立入りが「侵入」に当たると結論づけている。実際、最高裁はここで**判例 5** を引用する。

　もっとも、第 1 審と控訴審・最高裁とは、立川宿舎の敷地および建物共用部分が刑法 130 条の客体のいずれに当たるかについて異なる解釈をとったこともあり、誰の意思を基準として「侵入」に当たるかを判断するかに関して立場を異にする。すなわち、第 1 審は、敷地および建物共用部分を「住居」に当たるとの前提のもとに、立川「宿舎への『侵入』とは、同宿舎の居住者及び管理者の意思に反して立ち入ることをいう」とし、「郵便や宅配便の配達

---

14)　本件最高裁判決のように建物共用部分および敷地を「邸宅」に当たるとする場合、また、私見のように敷地を「邸宅」に当たるとする場合、「看守」という要件が満たされるかも問題となる。この点、立川宿舎について「看守」を否定する学説（安達①13頁、曽根威彦『現代社会と刑法』（2013 年）164 頁など）もあるが、「看守」の判断は「侵入」の判断と事実上重なる部分が多いため、詳細は割愛する。

員、電気会社やガス会社の検針担当者等、いわば定型的に他人の住居への立ち入りが許容されているとみられる者以外、立川宿舎と関係のない者が無断で同宿舎の敷地内に立ち入ること自体、居住者及び管理者の意思に反するというべきである」とする。

これに対し、控訴審は、「立川宿舎の敷地及び建物共用部分を『人の看守する邸宅』と解するので、『侵入』に該当するためには、管理権者の意思に反した立入りであることが認められればよいことになる」とし、「立川宿舎の当時の管理状況及び被告人らの立入りの目的などに照らすと、被告人らの立川宿舎敷地及び各号棟建物共用部分への各立入り行為は、その管理権者である陸上自衛隊東立川駐屯地業務隊長及び航空自衛隊第一補給処立川支処長の意思に反するものであることが明らかである」とする。最高裁も、もっぱら「管理権者」の意思を問題としており、控訴審と同様の判断であると考えられる。¹⁵⁾

この点について、立川宿舎の敷地および建物共用部分を「住居」に当たるとする立場からは、「居住者」の意思を基準として「侵入」に当たるかを判断するのが論理的な帰結であり、管理者の意思は、せいぜい居住者の意思を推認させる間接事実の1つとして位置づけられるにとどまると考えられる。¹⁶⁾逆に、立川宿舎の敷地および建物共用部分を「邸宅」と位置づける立場からは、控訴審および最高裁がそうであるように、もっぱら「管理者」の意思を基準として「侵入」に当たるかを判断することになるようにも思われる。

しかし、このような単純な図式化には学説上異論がある。例えば、(a)「集合住宅における建物共用部分や敷地は住居ではなく邸宅であるとの前提に立てば、『侵入』に当たるかどうかの判断においては管理者の意思を問題とすれ

---

15)　**判例4**も、「本件マンションの構造及び管理状況、玄関ホール内の状況、上記はり紙の記載内容、本件立入りの目的などからみて、本件立入り行為が本件管理組合の意思に反するものであることは明らかであ」るとしており、本文のような立場を受け継いでいる。

16)　第1審は、立川「宿舎では管理者が所管科を通じて同宿舎の維持管理に当たっており、また、同宿舎の居住者の意思は、通常、管理者を通じて外部に示されると考えられることに照らせば、『侵入』の意義につき居住者のみならず管理者の意思を考慮することも、住居侵入罪の趣旨に沿うものであると思料される」と述べるが、本文のような趣旨かは明らかではない。

ば足りる」としつつも、「管理者は、各居住者の意思を考慮しつつも最終的に
は居住者の多数意見をもとに合理的と思われる管理を行うほかない。そうだ
とすれば、管理者が居住者の意思を斟酌した結果、立入りを拒絶した場合に
は、そのような管理者の意思に反する立入りは『侵入』に当たると解される」
とする立場[17]、(b)「集合住宅の管理権者といえども、客観化・標準化された住
居権行使からみて、居住者の総意を代表しない場合には、共用部分への通常
の態様の立入りを禁止できないので、管理者の内心的意思に反することを理
由として、本件〔＝立川事件〕被告人らの立入りを『侵入』とみなすことは
できない」とする立場[18]、(c)「当該領域は『邸宅』であるので管理者・看守者
の意思が基準とされるべきだという帰結は、論理必然的なものではない。む
しろ、本罪の保護法益は事実上の占拠・支配の状態に依拠し、集合住宅にお
いても、一般に管理者の権限は居住者の権利にその基盤がある以上、管理者
ではなく居住者の意思が基準とされるべきである」としたうえで、「集合住宅
における共用部分・敷地は複数の居住者らが共同利用する領域であり、そこ
には相互に制約しあった利益が存在しているため、1人の居住者の承諾があ
れば、他の居住者が立入りを拒絶しても本罪は成立しない」とする立場[19]など
がある。ここでは、集合住宅の建物共用部分および敷地が「邸宅」に当たる
としても、居住者の意思から切り離された管理権者の意思を基準とすること
が否定的に解されており、住居等侵入罪による処罰を無制約にしないという
意味で、妥当な方向性が示されている。

　私見によれば、立川事件・葛飾事件のような集合住宅の建物共用部分は「住
居」であるから、居住者の意思を基準として「侵入」に当たるかを判断すべ
きである。これに対し、その敷地（囲繞地の要件を満たすもの）は「邸宅」である
から、管理権者の意思を基準としつつ、(a) 説や (b) 説のように、それに居
住者の意思（多数意見または総意）の観点から一定の制約をかけるという立場も

17）　十河④ 90 頁。管理者の意思を基準とするその他の見解として、松尾⑤ 35 頁。
18）　松宮孝明「ポスティングと住居侵入罪」立命 297 号（2004 年）14 頁。類似の見解
　　として、安達① 32 頁。
19）　関③ 187 頁。

ありうるところである。しかし、**判例3**が、建造物の囲繞地を「建造物」に含める理由について、「建物の囲繞地を刑法130条の客体とするゆえんは、まさに右部分への侵入によつて建造物自体への侵入若しくはこれに準ずる程度に建造物利用の平穏が害され又は脅かされることからこれを保護しようとする趣旨にほかならないと解されるからである」と説明していたことに留意するべきである。すなわち、囲繞地への侵入は建造物自体への侵入に少なくとも準ずる程度の法益侵害（の危険）性を有すると考えられるのである。このことは、住居や邸宅の囲繞地についても等しく妥当する。したがって、囲繞地において保護されるべき法益は、それが附属するところの建物自体（住居、邸宅、建造物）において保護されるべき法益に依存する関係にあるから、その建物自体が「住居」であり、その法益の主体が居住者である場合、その囲繞地が「邸宅」に当たるとしても、(c)説のいうように、居住者の意思を基準としてその囲繞地への「侵入」に当たるかを判断するべきである。

　そうすると、立川宿舎のような集合住宅内には政治的ビラの配布目的の立入りを許諾する人も拒否する人もいると想定されることから、ここでは、居住者間の意思の不一致をどう解決するかという問題が生じるようにも思われ、これについて、(c)説のように1人許諾説を採用することで解決することも考えられる。[20]しかしながら、例えば、立川宿舎における1号棟の居住者が5号棟の建物共用部分やそれに通ずる敷地部分への立入りを許諾する権限をもたないことからも明らかなように、この1人許諾説による解決から導けるのは、せいぜい、立入りを許諾する居住者へのビラ配布に必要な範囲で、他の居住者の住居権が競合する領域（建物共用部分・敷地）に立ち入っても「侵入」に当たらないということまでであり、それ以外の領域（建物共用部分・敷地）への立入りまでもが「侵入」に当たらないという帰結を導くことはできない。[21]したがって、本件のような集合住宅の建物共用部分および敷地の少なからぬ部分に被告人らが立ち入った行為を「侵入」に当たらないとするためには、立入りを許諾する居住者が宿舎全体に遍在していることが必要になる。その

---

20)　居住者全員の許諾を要すると解するのは現実的ではない。松原130頁注(41)参照。
21)　上嶌②162頁、十河④91頁、松尾⑤35頁。

ような居住者が遍在するかは、立ち入った場所の性質・使用目的・管理状況、居住者の態度、立入りの態様・目的などを考慮して判断されることになろう。

　そこで考えると、まず、❶立川宿舎は防衛庁の職員およびその家族が私生活を営む場所であり、陸上自衛隊東立川駐屯地業務隊長らによる宿舎管理はその居住者のために行われる。そして、❷被告人らの立入りに先立ち、宿舎管理者らが、禁止事項表示板・表示物を設置・掲示し、居住者にも注意を喚起するなどの対策をとっていたという事情は認められるが、そのような管理者の行動から直ちに「居住者」の態度を即断することはできない、いいかえれば圧倒的多数の居住者が政治的ビラの配布目的の立入りを拒否していたと即断することはできない。しかも、❸被告人らの立入りの外観は、「郵便や宅配便の配達員、電気会社やガス会社の検針担当者等、いわば定型的に他人の住居への立ち入りが許容されているとみられる者」（第1審）と異なるものではなかったこと、❹敷地内には一般の歩行者が通行していた領域があり、禁止事項の掲示後も商業的ビラの投函や宗教勧誘の目的で玄関前まで立ち入る者がいたが、それらは事実上黙認されていたこと、❺被告人らの立入り目的は、窃盗や自衛隊員への嫌がらせなどの違法ないし不当な目的ではなく、政治的意見の表明という正当な目的であったことが認められる。これらの事情からして、被告人らのような政治的ビラの配布目的の立入りを含めて、包括的に許諾を与えている居住者が宿舎全体に遍在していた可能性は排除しえない。なお、仮に、被告人らの立入りを許諾している居住者がまったくいない領域があり、そこに被告人らが立ち入っていたとしても、被告人らはそのことを認識しえないから、「侵入」の故意を欠くと考えられる場合もあろう。

22）　なお、ATM利用客のカードの暗証番号等を盗撮する目的で営業中の銀行支店出張所へ立ち入った事案について、最決平成19年7月2日（刑集61巻5号379頁）は、「そのような立入りが同所の管理権者である銀行支店長の意思に反するものであることは明らかであるから、その立入りの外観が一般の現金自動預払機利用客のそれと特に異なるものでなくても、建造物侵入罪が成立するものというべきである」とするが、これは、「立入りの外観」を考慮することを一切否定したのではなく、たとえそのような事情を考慮したとしても、当該事案では、管理権者の意思に反する「侵入」であるという結論が揺るがないという趣旨に理解することもできよう。いいかえれば、「管理権者の意思」を判断する1つの要素として「立入りの外観」を考慮することまでは否定されていないと思われる。

　以上より、本件の被告人らの立入りは「侵入」に当たらない（場合によりその故意がない）と解される。

4　判旨④：憲法 21 条 1 項適合性

　第 1 審は、ⓐ動機の正当性、ⓑ行為態様の相当性、ⓒ法益侵害の軽微性にくわえて、ⓓ「被告人らによるビラの投函自体は、憲法 21 条 1 項の保障する政治的表現活動の一態様であり、民主主義社会の根幹を成すものとして、同法 22 条 1 項により保障されると解される営業活動の一類型である商業的宣伝ビラの投函に比して、いわゆる優越的地位が認められている。そして、立川宿舎への商業的宣伝ビラの投函に伴う立ち入り行為が何ら刑事責任を問われずに放置されていることに照らすと、被告人らの各立ち入り行為につき、従前長きにわたり同種の行為を不問に付してきた経緯がありながら、防衛庁ないし自衛隊又は警察からテント村に対する正式な抗議や警告といった事前連絡なしに、いきなり検挙して刑事責任を問うことは、憲法 21 条 1 項の趣旨に照らして疑問の余地なしとしない」ことを考慮して、被告人らの立入りの可罰的違法性が阻却されるとする。これに対し、控訴審は、ⓐⓑⓒⓓをすべて否定し、可罰的違法性阻却を否定する。とくにⓐを否定する文脈で、「何人も、他人が管理する場所に無断で侵入して勝手に自己の政治的意見等を発表する権利はないというべきである。したがって、本件各立ち入り行為について刑法 130 条を適用してこれを処罰しても憲法 21 条に違反するということにもならないと解される」と述べていることが注目される。

　最高裁も、ⓒを否定し（判旨③のなお書き）、さらに 3 つ先例を引用しつつ憲法 21 条 1 項違反の主張を斥ける。すなわち、最高裁は、⑦「たとえ思想を外部に発表するための<u>手段</u>であっても……他人の権利を不当に害するようなものは許されない」としたうえで、⑦本件の憲法問題を、「表現そのもの……ではなく表現の<u>手段</u>……を処罰することの憲法適合性」と位置づける（下線は引用者）。これにより本件に引用判例と同様の違憲審査の枠組みが適用されるこ

---

23)　上嶌⑦ 75 頁。

とが理由づけられる。そして、⑰Ⓐ被告人らが立ち入った場所は防衛庁職員等が「私生活を営む場所」であり、自衛隊等がそのような場所として「管理」していたなどと述べ、⑰Ⓑそれに基づいて「管理権」および「私生活の平穏」の侵害を根拠づける。かくして「思想を外部に表明するための手段」である被告人らの立入りは「他人の権利を不当に害するもの」と評価され、⑰Ⓒそれを刑法 130 条で処罰しても憲法 21 条 1 項には違反しないという結論が導かれるのである。同旨の合憲判断は、**判例 4** でも示された[24]。

　これに対して、学説からは、「表現そのもの」と「表現の手段」の区別（判旨③④）は困難であるとの批判がある。すなわち、集合住宅の構造上、各居室へのビラ配布のためには敷地・建物共用部分への立入りが不可避であり、表現手段の規制は表現そのものの規制に直結する、また、政治的ビラ配布のための立入りは認められないが、商業的ビラ配布のための立入りは認められるとするなら、それは表現の手段でなく表現の内容を規制することになる、というのである[25]。もっとも、後者の商業的ビラ配布のための立入りについて、「恐らく、一般的に容認されず……邸宅侵入罪の成立は免れ難いものの、特に実害がない場合は放置されていると考えるのが相当と思われる」[26]という指摘もある。これは、立川・葛飾事件の最高裁判決に対する批判を逆手にとるような議論である。たしかに、政治的表現活動（政治的ビラ配布のための立入り）は営業活動（商業的ビラ配布のための立入り）とくらべて優越的地位が認められるから、前者が合憲的に処罰されうるなら、バランス論からいって、後者も合憲的に処罰されうるという帰結は避けがたい。しかし、ある基本的人権の行使（政治的表現活動）に対する刑罰法規（刑法 130 条前段）の適用に向けられる違憲の疑いを払拭するために、別の基本的人権の行使（営業活動）にまで処罰範囲を拡大せざるをえなくなるとすれば、それは、最高裁の立場に対する憲法

---

24)　西野⑨ 549 頁は、立川事件と葛飾事件を比較し、「民間の分譲マンションの管理組合の意思の方が、公務員宿舎の管理権者の意思よりも、表現の自由に対して譲歩しなければならないなどといえない」とする。

25)　曽根・前掲注(14)161 頁・162 頁。また、同 167 頁は、最高裁のいう私生活の平穏が「不快感・不安感」といった「心理的な内心の平穏」を意味するなら、「侵害原理」により説明できないとも批判する。

26)　山口⑥ 272 頁。

上の疑念を増幅させるものであるように思われる。

　なお、第1審および控訴審が可罰的違法性阻却の可否を判断する際に、被告人らによるビラ投函が政治的意見の表明の一態様であることを考慮に入れたことからわかるように、憲法21条1項適合性の問題は可罰的違法性の問題と密接に関連する。可罰的違法性は、法益侵害が軽微であるがゆえに否定される場合（絶対的軽微類型）と、法益侵害は軽微ではないが保全法益との比較衡量の結果として否定される場合（相対的軽微類型）がある。第1審および控訴審は、本件を相対的軽微類型として位置づけ、可罰的違法性阻却の可否を判断した。被告人らの立入りについて可罰的違法性が否定されるとすれば、被[27]告人らの立入りを処罰することは憲法31条に（も）違反すると解する余地があろう。[28]

【参考文献】
　　立川事件の解説・評釈として
　　①安達光治「立川自衛隊宿舎反戦ビラ入れ事件——刑法の立場から——」立命310号
　　　（2006年）
　　②上嶌一高「判批」ジュリ1431号（2011年）
　　③関哲夫「判批」平成20年度重判解
　　④十河太朗「判批」刑ジャ14号（2009年）
　　⑤松尾誠紀「判批」セレクト2008年
　　⑥山口裕之「判解」最判解平成20年度

　　葛飾事件の解説・評釈として
　　⑦上嶌一高「判批」刑ジャ23号（2010年）
　　⑧木村光江「判批」百選8版
　　⑨西野吾一「判解」最判解平成21年度

　　集合住宅における住居等侵入罪について
　　⑩関哲夫『続々・住居侵入罪の研究』（2012年）

　27）　本件で可罰的違法性を否定する学説として、関⑩155頁・158頁。肯定する学説
　　　　として、十河④92頁。
　28）　これについては、曽根・前掲注(14)158頁以下参照。

5

名誉毀損罪における真実性の錯誤
——ラーメンチェーン店事件——

最高裁判所平成 22 年 3 月 15 日第 1 小法廷決定
平成 21 年（あ）第 360 号 名誉毀損被告事件
刑集 64 巻 2 号 1 頁／判時 2075 号 160 頁／判タ 1321 号 93 頁

西 貝 吉 晃

I 事 案

　最高裁の摘示する名誉毀損罪の犯罪事実の要旨は以下の通りである。

　被告人は、フランチャイズによる飲食店「ラーメン甲」の加盟店等の募集
及び経営指導等を業とする乙株式会社の名誉を毀損しようと企て、1 か月弱
の間、自身が開設した「丙観察会逝き逝きて丙」と題するホームページ（以下
「HP」）内のトップページにおいて、①「インチキ FC 甲粉砕！」、「貴方が『甲』
で食事をすると、飲食代の 4～5％がカルト集団の収入になります。」などと、
同社がカルト集団である旨の虚偽の内容を記載した文章を掲載し、また、②
同 HP の同社の会社説明会の広告を引用したページにおいて、その下段に「お
いおい、まともな企業のふりしてんじゃねえよ。この手の就職情報誌には、
給料のサバ読みはよくあることですが、ここまで実態とかけ離れているのも
珍しい。教祖が宗教法人のブローカーをやっていた右翼系カルト『丙』が母
体だということも、FC 店を開くときに、自宅を無理矢理担保に入れられる
なんてことも、この広告には全く書かれず、『店が持てる、店長になれる』と
調子のいいことばかり。」と、同社が虚偽の広告をしているがごとき内容を記
載した文章等を掲載し続け、これらを不特定多数の者の閲覧可能な状態に置
き、もって、公然と事実を摘示して乙の名誉を毀損した（以下、被告人の上記行

為を「本件表現行為」という。）。なお、第1審の認定事実によれば、本件表現行為
に至るまでに激しい議論の応酬が被告人と丙の構成員と思われる者たちとの
間に長期間あった。

　第1審（東京地判平成20年2月29日刑集64巻2号59頁参照）は、不特定多数人
が容易に閲読することのできるインターネット上でなされたものであること
を理由に公然性を認め、さらに名誉の毀損（社会的評価の低下の危険）について、
摘示事実①は、乙社が丙といわば実在的な一体関係にあるにもかかわらず同
社はそのような実態を秘匿して事業を展開しているとの印象、及び摘示事実
②は、乙社が丙（母体）のいわば悪辣なフロント企業のようになっているのに
同社はそのような実態を秘匿して事業を展開しているとの印象を抱かせるも
のであって、事実を摘示して名誉を毀損したものと評価した。

　その上で、刑法230条の2第1項について、事実の公共性及び目的の公益
性を認めたうえで、摘示事実の真実性の証明については、乙が丙と実在的一
体性を有するとは認められない、乙が丙といわばフロント企業のような緊密
な関係にあると認めることはできず、被告人が本件表現行為において摘示し
た事実の重要部分が真実であるとの証明があったとみることはできない、と
した。そして、真実性の錯誤に関し、最大判昭和44年6月25日（刑集23巻7
号975頁＝**判例1**）の定立した「行為者が摘示した事実を真実であると誤信した
ことについて、確実な資料、根拠に照らして相当の理由があると認められる
ときに限り、名誉毀損罪は成立しない」という基準（相当性の基準）にあては
め、上記基準に照らすと相当の理由はないとした。しかし、刑法230条の2
第1項の解釈として「インターネットの利用者は相互に情報の発受信に関し
て対等の地位に立ち言論を応酬し合える」ことや、「インターネットを利用す
る個人利用者に対し、これまでのマスコミなどに対するような高い取材能力
や綿密な情報収集、分析活動が期待できないことは、インターネットの利用
者一般が知悉している」点を指摘した上で、「被害者が自ら進んで加害者の名
誉毀損的な表現を誘発する情報をインターネット上で先に発信したり、名誉
毀損的な表現がなされた前後の経緯に照らして、当該表現に対する被害者に
よる情報発信を期待してもおかしくないといえるような特段の事情がある場

合には、加害者が、摘示した事実が真実でないと知りながら発信したか、イ
ンターネットの個人利用者に対して要求される水準を満たす調査を行わず真
実かどうか確かめないで発信したといえるときに限って同罪に問擬する」とい
う基準をたて、ホームページを持つ乙に対して、本件表現行為によって丙と
の一体性ないし緊密な関係性を指摘されたことに対する反論を行うことを
要求しても不当とはいえない状況があったとして、被告人に無罪を言い渡し
た。これに対して第2審（東京高判平成21年1月30日刑集64巻2号93頁参照）は、
第1審の定立した新たな基準を採用せず、被告人に罰金30万円の有罪判決
を言い渡した。

Ⅱ　決定要旨

上告棄却

　最高裁は、上告趣意は、刑訴法405条の上告理由に当たらないとしつつ、
職権で名誉毀損罪の成否について次のように判断した。

　「個人利用者がインターネット上に掲載したものであるからといって、お
しなべて、閲覧者において信頼性の低い情報として受け取るとは限らないの
であって、相当の理由の存否を判断するに際し、これを一律に、個人が他の
表現手段を利用した場合と区別して考えるべき根拠はない。そして、インター
ネット上に載せた情報は、不特定多数のインターネット利用者が瞬時に閲覧
可能であり、これによる名誉毀損の被害は時として深刻なものとなり得るこ
と、一度損なわれた名誉の回復は容易ではなく、インターネット上での反論
によって十分にその回復が図られる保証があるわけでもないことなどを考慮
すると、インターネットの個人利用者による表現行為の場合においても、他
の場合と同様に、行為者が摘示した事実を真実であると誤信したことについ
て、確実な資料、根拠に照らして相当の理由があると認められるときに限り、
名誉毀損罪は成立しないものと解するのが相当であって、より緩やかな要件
で同罪の成立を否定すべきものとは解されない（最高裁昭和41年（あ）第2472号
同44年6月25日大法廷判決・刑集23巻7号975頁参照）。」

「原判決の認定によれば、被告人は、商業登記簿謄本、市販の雑誌記事、インターネット上の書き込み、加盟店の店長であった者から受信したメール等の資料に基づいて、摘示した事実を真実であると誤信して本件表現行為を行ったものであるが、このような資料の中には一方的立場から作成されたにすぎないものもあること、フランチャイズシステムについて記載された資料に対する被告人の理解が不正確であったこと、被告人が乙株式会社の関係者に事実関係を確認することも一切なかったことなどの事情が認められるというのである。以上の事実関係の下においては、被告人が摘示した事実を真実であると誤信したことについて、確実な資料、根拠に照らして相当の理由があるとはいえない」。

Ⅲ　解　説

1　検討方法

デジタルデータをネットワーク上でやりとりするインターネットにおける表現の特徴として、情報の拡散容易性や匿名性に基づく悪質な表現に対する誘引性（心理的障壁の低さ）が指摘される[1]。本決定は、そのようなインターネットを個人で利用する者に対して、真実性の錯誤（刑法230条の2第1項）に関する法解釈・適用を行った。もっとも、構成要件該当性の判断も重要である。刑法230条の2第1項では裁判所にとっての摘示事実の信用性が問題になるのに対し、構成要件該当性では公衆にとっての摘示事実の信頼性が問題になる点で判断主体が異なるからである。本決定に対しては、全体的文脈を考慮しながら構成要件該当性を慎重に判断すべきだったとの批判もある[2]。それゆえ、両者の検討を行うことにする。

---

1) 潮見直之「情報社会と名誉毀損」竹田稔ほか編『新・裁判実務大系 第9巻 名誉・プライバシー関係訴訟法』（2001年）59-60頁等。さらに、侮辱やいじめの文脈において西貝吉晃「サイバーいじめと侮辱罪」法時1168号（2021年）1頁も参照。
2) 渡辺康行＝宍戸常寿＝松本和彦＝工藤達朗『憲法Ⅰ基本権』（2016年）258頁。

2 構成要件該当性

摘示事実が社会的評価を低下させるか否かの判断は、当該表現についての一般の読者の普通の注意と読み方を基準としてその意味内容を解釈してなされる（最判昭和31年7月20日民集10巻8号1059頁〔新聞記事〕、最判平成24年3月23日判タ1369号121頁〔フリーのジャーナリストによるインターネット上の誰でも閲覧可能なウェブサイトへの記事の投稿事例〕）。

そして、表現の内容自体が社会的評価において問題となることに加え、公衆にとっての当該表現内容に対する信頼性（信憑性）の存在も名誉毀損の要件だと考えられる。名誉毀損罪は抽象的危険犯だと解されているが、同罪は名誉の毀損という形で法益侵害の危険が類型的に存在する行為に限って処罰しているから、一般の閲覧者が全く信頼しない事実には社会的評価の低下の危険が認められない。

ここで、事実摘示に至るプロセスは証拠の収集・選別（信用性及び証明力の吟味）と事実摘示とに分けることができるが、摘示事実の内容を吟味しつつ、証拠収集等のプロセスの観点から表現内容の信頼性の低下要因を探ることが可能である。証拠の収集・選別・利用の過程が一般人からみえないからといって信頼性がゼロ（⇒社会的評価の低下の危険がゼロ）になるわけではない。ある程度信頼性のある状態が基準値となる。本件の第2審も「全体的には信頼性が低いものと受け止められる情報であっても、それを閲覧する者としては、全く根も葉もない情報であると認識するとは限らないのであり、むしろその情報の中にも幾分かの真実が含まれているのではないかと考えるのが通常」と指摘する。常に証拠を摘示しつつコミュニケーションが行われるわけではな

---

3) 金澤真理「インターネット上の名誉毀損に対する刑法的規制」法時82巻9号（2010年）17頁。

4) 建部雅「判批」判例セレクト2012〔I〕25頁。ただし、小島慎司「判批」Journalism 2010年7月号53頁は人々が（インターネット上の）情報の信用性を低いと受け止めているか否かは名誉毀損罪の成否とは無関係だとしている。

5) 摘示事実自体は必ずしも時期場所手段等を特定して表現される必要はない（大判昭和7年7月11日刑集11巻1250頁）。本件の摘示内容は相当程度具体的であったから、法益侵害性は相対的に大きい。

いし、取材源を秘匿した報道も行われることを踏まえると妥当であろう。問題となる事実が存在しないことが直接かつ容易に公衆に理解できる場合以外は基準値を超え得る。例えば、最決昭和43年1月18日（刑集22巻1号7頁）の事案のように「人の噂であるから真偽のほどはともかくとして」という節を付加した叙述は、存在しない事実である、と述べるのを避けている点で積極方向に評価され得る。

　発信主体の属性も信頼性に影響を与え得る。ただし、本件のインターネットの個人利用者という属性がそれ自体、信頼性の低い主体だとされるわけではない。本決定も「おしなべて・・・」のくだりで述べるように、個人利用者であってもその証拠収集能力はまちまちだと思われているから、その事実自体から本件の被告人の証拠収集能力が低いとは断定できず、信頼性の基準値が採用される。

　さらに、事実摘示に至った経過等も一般の受け手が得る情報（印象）を左右する。言論の応酬の存在を公衆が容易に覚知できる中で表現がなされる等して、当該表現の信頼性が乏しいことが公衆に明白な場合には、社会的評価の低下につながりにくい。例えば、インターネットにおいては、高速なレスポンスが要求されるような論争場面もあり得[6]、要求される即時性と証拠の質・量は反比例することになるので、そうしたレスポンスの内容の信頼性は乏しくなりがちである。ただし、その場を見る公衆の評価が問題になる以上、場の性質がそうだったというだけでは足りず、場の性質に対する理解を公衆が共有していることが必要であり、実行行為性を否定するためのハードルは高い。ましてや、オフラインの論争場面は公衆がそれを覚知しにくいので、ここでの議論を用いて名誉毀損該当性を否定する立論を定立しにくい。

　本件では被告人自身も長時間にわたって脅迫等を受けており、また、本件の評価としても、対等な両者の「言論による対抗」の渦中で生じた議論の応酬として本件表現行為が行われたという側面が強いとも指摘されている[7]。し

---

6)　前田聡「判批」流経法学10巻2号（2010年）93頁、108頁注(16)、山口茂樹「判批」堀部政男ほか『メディア判例百選』（2005年）227頁の指摘も参照。
7)　三宅裕一郎「判批」法セ668号（2010年）126頁。

かし、被告人の表現は自身の HP 上で公衆の閲覧に供されており、高速なレスポンスが要求されるような論争場面ではないと思われる。

以上の点からすると各審級が構成要件該当性を認めた点は納得できる。

3 阻却事由該当性

(1) 判例学説の概観

刑法 230 条の 2 第 1 項は行為者に摘示事実の真実性の証明を要求しており、それだけを見ると、真実性の証明に失敗した場合には名誉毀損罪が成立すると解するのも素直な解釈である（処罰阻却事由説）[8]。しかし、これでは真実性の証明の失敗をおそれて表現を差し控えてしまう点で萎縮効果が残る[9]。他方、事実を真実だと誤信した場合には、軽率にそう信じたとしても故意を阻却する学説もあったが[10]、処罰範囲が狭すぎると批判された。

そこで、多くの学説は、真実の表現の流通に憲法上の価値を見いだし、情報発信へインセンティブを与えるという観点から、真実が証明された場合のほか、その証明に失敗したとしても、真実の摘示を目指して相当の努力を行った場合に不可罰にしようとする。

大きく分けると学説は、違法論で解決するか過失論で解決するかに分かれる。違法論の基礎には刑法 35 条に基づいた解決がある[11]。違法論を基礎にする解決は、相当な理由に基づいた事実の摘示を表現の自由に関する権利の行使として刑法 35 条で正当化しようとするものである。もっとも、この立場に立つ場合、刑法 35 条と刑法 230 条の 2 の関係が問題になる。さらに、過失論からは、名誉毀損罪は不実の事実の摘示の場合には過失犯も処罰するとして、真実性の錯誤についての過失がないときに限って不処罰とする説も提唱され[12]

8) 立法担当者（第 1 回国会衆議院司法委員会議録 19 号 205 頁（昭和 22 年 8 月 12 日））及び旧判例（最判昭和 34 年 5 月 7 日刑集 13 巻 5 号 641 頁）参照。
9) 宍戸常寿「言論空間への認識は妥当か」新聞研究 707 号（2010 年）69 頁、西土彰一郎「判批」平成 22 年度重判解 24 頁。
10) 牧野英一『刑法各論 下巻』（1951 年）513 頁。
11) 藤木英雄「事実の真実性の誤信と名誉毀損罪」法協 86 巻 10 号（1969 年）1103 頁。違法の判断の中に過失の判断も入っていることに注意（同 1121 頁以下参照）。
12) 西田（橋爪補訂）131-2 頁。

る。

判例を見てみると、**判例1**は、表現の自由との調和の観点から、確実な資料・根拠を要求する基準（相当性の基準）をたてた。違法論で違法性阻却を限定するために、また過失論において過失の内容を限定するために、確実な資料・根拠を要求すれば、判例と同様の帰結になり得る[13]。

(2) 判例理論を基礎にした表現の自由との調和についての理論的検討

判例1は相当な理由がある場合に故意がないとしていたが、その後の刑事判例は、本決定も含め、故意の文言を使わない[14]。刑法総論の体系的な位置付けにあえてコミットしていないとも評価できる[15]。とすると、実務的に重要なのは相当の理由の判断基準である[16]。

現在では、刑法230条の2が、表現の自由の保障との関係で、処罰範囲を調整するための規定であると捉えられていることには異論がない。では、憲法21条の保護対象は真実の言論に限られるのか、あるいはこれに真実の言論を目指す一定の行為も含まれるのか。自由な討論においては誤った発言は不可避であり、表現の自由が生き残るために息継ぎの空間（breathing space）が必要なのだとすれば[17]、真実の証明に失敗した場合を全て処罰すると萎縮効果が懸念されるから、両者が憲法上保護され、刑法上も不可罰になる、と解すべきである。

そのうえで憲法上保護される行為の刑法での論じ方が問題となる。まず、真実性の誤信の議論においては、摘示事実について結局は真実の証明がないから、法益侵害はある。

では違法性はどうか。憲法で保護されるのに違法だとすることへの抵抗感はある[18]。違法ではあるが責任がないという構成を採用すると、第三者による

---

13)　刑法総論の体系的整理それ自体は、刑法各論の議論（個別の刑罰規定の解釈）における基準の厳格性には直結しない。

14)　最決昭和51年3月23日（刑集30巻2号229頁）。

15)　小林・理論と実務437頁。

16)　橋爪隆「判批」長谷部恭男ほか『メディア判例百選〔第2版〕』（2018年）55頁。

17)　New York Times Co. v. Sullivan, 376 U.S. 254, 271-272（1964）.

18)　専田泰孝「名誉毀損罪と相当の理由ある表現活動」曽根・田口古稀（下）（2014年）54頁。

差止めを認める余地が出てくるが、それは表現の自由に対する過剰な干渉になり得る。この点、行為無価値論からは行為規範に違反しないものとして違法阻却が可能となるが、(本稿が依拠する) 結果無価値論からも実質的な違法性阻却の議論が可能かもしれない。相当な資料に基づく発言は客観的に価値が高いとする考え方もあり、価値の高さを具体化することで、真実性の証明ができる場合と規範的に見て同程度になる要素を探すべきである。すなわち、行為の目的を利益衡量の一要素にいれ、それに表現の自由の観点からの価値を入れ込むことで、法益侵害を止揚できないかを考察すべきである。真実性の証明は裁判所における審理に依るのに対して、名誉の毀損の有無が公衆による社会的評価を問題にすることからすれば、上記の法益侵害を止揚することが可能なレベルでの証拠というのは、一般人においてその事実を真実だという心証を得られる証拠が行為当時に客観的に存在することを要求することで必要十分ではないか、と考える。上記の一般人が有すべき心証についても、民事訴訟の場で行われる言論ではないから、我が国の民事訴訟で想定される証明度よりも低く設定される。その具体化として判例が確実な資料・根拠を要求することも正当化され得る。行為当時の強力な反対証拠の不存在までは要求されない。上記のように構成された「十分な証拠に基づいた言論」は、真実の言論を目指している点で憲法上の価値を擁護するために必要な行為であり、「許された危険」と整理できるかもしれない。

(3) 動的に捉えられるべき**判例1**の基準

ただし、**判例1**の基準は、事実の公共性及び目的の公益性のみが充たされた場合のいわばデフォルトルールであり、事案類型によって変わり得る。そもそも刑法230条の2が憲法21条で保護されるべき行為の全てを捕捉しているとはいえないことからすれば、刑法230条の2以外にもさらに憲法21

19) 正当な目的で相当な行為を行った場合に違法性が阻却されるという理解を踏まえると、真実の言論を目指す相当な行為を違法阻却し得る。
20) 前田雅英「判批」警論63巻6号 (2010年) 148頁。
21) これを要求すると、確実な資料・根拠の提出と真実性の証明ができる場合が一致し (確実な資料・根拠によって真実性の証明ができてしまい)、別の法理を認める意味がなくなる。
22) 宍戸・前掲注(9)69頁。

条の保障の観点から、上記の判例の基準を緩めることが可能な事案類型があり得る。刑法の違法論における利益衡量の見地からも、法益の保護の必要性が小さい場合には、止揚されるべき保護利益が小さくなるから、例えば上記でいう確実な資料を証拠として要求しないでもよい場合があるといえる。

（4） インターネット上での名誉毀損の考え方

① インターネット上での言論の類型的危険性に影響を与える要素

本決定の説示と同様に、個人のインターネット上の議論に限って基準を緩和することは妥当でないという見解もある[23]。これに対し、従来の法理は、職業専門家としての記者が記事を書く前に確認すべき裏付け取材や本人取材の必要性を前提として組み立てられており、確実な資料・根拠を一般のネットユーザに要求することはインターネット上での表現の禁止と同じ効果をもたらすという批判がある[24]。裁判当時も含め、今や既に、マスメディアだけが表現手段を有していた時代は終わり、誰でも SNS 等で表現を容易に行うことができるようになった[25]。こうした場を提供しているインターネットの特徴を整理してこの論争を検討したい。

まず、サイバー空間の有する表現の高度な伝播性は被害の拡大に寄与する。さらに、TV やラジオにおける口頭の言論等と異なり、ネット上の表現はそこにデータがある限り、それが持続的に残って、ずっと公衆の目にさらされる[26]。反論が可能だとしても、一方の言論だけ見て反論を見ない閲覧者もいるだろうし[27]、延々と続く議論に付き合わされること自体を弊害とも捉え得る[28]。

---

23) 西田（橋爪補訂）133 頁、山中 222 頁、成瀬③ 239 頁、田寺さおり「判批」法政理論 43 巻 3・4 号（2011 年）126 頁、平川④ 99 頁。

24) 松井茂記『インターネットの憲法学』（2014 年）228 頁、松尾剛行＝山田悠一郎『最新判例にみるインターネット上の名誉毀損の理論と実務〔第 2 版〕』（2019 年）203 頁、250 頁も参照。判例の要求を現実的なものではないと評価するものに曽我部真裕ほか『情報法概説〔第 2 版〕』（2019 年）311 頁〔栗田昌裕〕。

25) 松井・前掲注(24)227-8 頁参照。

26) 紙媒体も持続的な存在だといい得るものの、それが公衆の目にさらされているというためには、多数の紙媒体それ自体を持続的に存在させる必要がある点で、やはりある一か所にデータがあるだけで公衆の目にさらされ続けるインターネット上の表現の方が名誉の侵害性が高い。

27) 髙部眞規子「判批」法の支配 160 号（2011 年）57 頁、佃克彦『名誉毀損の法律実務 第 3 版』（2017 年）202 頁参照。

以上の様相は、いわば「先に悪口を言ったもの勝ち」という状況を作り出す
危険のあるものだといえる。

　一方で、匿名でなされ得るサイバー空間における表現がチェック無しに情
報発信され得ること等から、インターネット上での表現の正確性は保障され
ないことが公知の事実である。また、インターネットを用いた多様な言論の
活性化自体に社会的価値を見いだすことも可能であろう。

②　裁判所の真意の推察と事案に応じた新たな法理の適用の可能性

　本決定は**判例 1** と同様の基準を採用したが、従来のメディアと比較してイ
ンターネットの場合にも同じ法理を採用すべき根拠を積極的に論証したわけ
ではない。①の考慮要素も踏まえると、最高裁は、判断当時指摘されていた
インターネットの正負双方の局面を考慮した結果、インターネット上の言論
という抽象論においては別基準を立てるのが困難であったがゆえに前述のデ
フォルトルールを採用した、ないし採用せざるを得なかったとみるべきでは
ないだろうか。

　そうすると、本決定の射程は狭く、本決定では具体的な基準が定立されて
いるとはいえないことになる。それゆえ、個別具体的な事案の妥当な解決の
ために、インターネット上の表現の多様性及び有害表現の現実の存在を踏ま
え、従前の相当性の法理を文脈に応じて柔軟に運用することが志向されるべ
きである。もっとも、柔軟性を強調する説も「文脈に応じて」と述べている
が、ここでいう文脈も多面的に考察され得る。表現（能力・手段・態様）の多様
性を考慮すると、インターネットの個人利用者による場合に一律に従来の判

---

28)　進士英寛「判批」NBL927 号（2010 年）7 頁参照。
29)　三代川邦夫「判批」学習院大学大学院法学研究科法学論集 20・21 号（2014 年）26
　　頁参照。
30)　潮見・前掲注(1)63-4 頁参照。
31)　松井・前掲注(24)227 頁。
32)　厳しい要求をするとネット上での市民の貴重な情報提供を萎縮させる危険があ
　　る（松宮 167 頁）。インターネットではじめて可能となった議論の応酬というコン
　　テクストを背景に、表現の自由と人格的価値の調整が行われる必要がある（高橋和
　　之ほか『インターネットと法〔第 4 版〕』（2010 年）70 頁注(15)〔高橋和之〕）。
33)　松井茂記＝鈴木秀美＝山口いつ子編著『インターネット法』（2015 年）67 頁〔宍
　　戸常寿〕。相当性基準の枠組みの中で、インターネットの個人利用者であることが
　　考慮され得る（山本紘之「判批」新報 117 巻 5 号（2011 年）317 頁、丸山② 211 頁）。

例の基準を緩和することには慎重になるべきである。[35]

　以下では事実摘示に至るまでの事実状態、及び表現に使われる技術に注目して具体的な判断のための着眼点を抽出したい。

ア　一例としての正当防衛的な場合

　まず、先に攻撃的な言論をするものに対しては、インターネットにおいても慎重な対応（「確実な資料・根拠」）を要求してよい。一方で、攻撃的な言論を受けたことに対して、それが急速に広まるのを防止するために早期に反論する目的で名誉毀損をする場合には、正当防衛「的な」場面だといえ、確実な資料・根拠を要求する必要はないと解される。[36]インターネットにおいては事実摘示に至るまでの過激な論争が残存しやすい、という点で早期に反撃を加える必要性が特に大きい。

　この理解は、正当防衛的な事情を従来の基準の修正のために利用するものであり、当該事情がある場合に、緩和された基準に該当すれば当該行為は許された危険だといえる、とするものである。しかし、正当防衛的な視点からみるならば、急迫不正の侵害者以外への攻撃については上述の相当性の法理の緩和は妥当しない。本件では、被告人は攻撃的言論を受けていたものと評価できるが、攻撃していた者は客観的に被害会社の意思を体現する者とは評価できないように思われるから、被害会社に対する正当防衛的な反論として本件行為を法律構成することは難しく、それゆえ、基準を緩和できずに、結局、確実な資料・根拠が要求されることになる。

　なお、対抗言論の法理を主張する高橋和之も、名誉毀損的な攻撃が自己の発言に対する反撃としてなされた場合には、原則として対抗言論で応ずることを引き受けたものとして、名誉毀損の違法性阻却を認めようとする。[37]これを刑法学の観点から危険の引受けの理論で基礎付ける見解もあるが、[38]瑕疵な

---

34)　場の特性を考慮すべきだとするものに鈴木秀美「『ネット告発』と名誉毀損」ジュリ 1411 号（2010 年）29 頁、三代川・前掲注(29)32-3 頁、松尾ほか・前掲注(24)248 頁注(218)等も参照。

35)　早川真崇「判批」警察公論 2010 年 6 月号 110 頁参照。

36)　最判昭和 38 年 4 月 16 日（民集 17 巻 3 号 476 頁）参照。この民事判例の理解は正当防衛的だと評される（徳本鎮「判批」民商 49 巻 6 号（1964 年）893 頁）。

き自由意思に基づいて危険を認識しつつ場に入ることを要件とする危険の引受けではこれを説明できないとする批判もある。[39] 反論可能性ではなく現実の反論の存在と有効性を条件として違法減少等を考える理解もあるが、[40] この理解は名誉毀損の事実の後の名誉回復の問題に過ぎないから、[41] 刑法理論との整合性を図りにくい。そのような場合に構成要件レベルでの抽象的危険の発生を否定することも考えられなくないが、[42] 行為後の事実からの推認によって行為時の危険を常に否定しうる保証はないであろう。

  イ　討論の場として使われる技術

　例えば、主張と反論のセットが公衆にとってわかりやすく理解されるプ・ラットフォームを使っている場合（Twitter[43]等の SNS[44]）には、建設的な議論を可・能・にする場があるといえる。その場合には基準を緩和して、例えば 1 審の提示した解釈をも採用する余地があり得る。[45]

　もっとも、本件では、HP 内に掲示板を設けていたとしても、自身の HP 上で言論を行う場合、それを編集できるのは基本的に表現者本人であって、他者とのスピーディーでダイナミックなインタラクションが難しく、[46] その通りの印象を一般人に与えるものであり、上記のプラットフォームを使っている場合にあたらないと評価され得るから、[47] この点を理由としても基準を緩めるべきではない。[48]

---

37)　高橋ほか・前掲注(32)70 頁注(14)〔高橋和之〕。例えば、被害者が議論をふっかけてきたので、これに名誉毀損的な表現で反論したに過ぎず、被害者は対抗論で応じるべきであるから、被告人の行為の違法性が阻却される、という構成になる。

38)　園田寿「判批」法セ 648 号（2008 年）41 頁。

39)　佐藤結美「判批」北法 61 巻 1 号（2010 年）208 頁以下。

40)　髙木篤夫「インターネット上の名誉毀損とプライバシー侵害」ひろば 2002 年 6 月号 35 頁以下。

41)　緒方あゆみ「判批」同法 61 巻 6 号（2010 年）161 頁参照。

42)　佐藤・前掲注(39)211 頁以下による問題提起（結論としては難しいとする）。

43)　三代川・前掲注(29)31-2 頁の検討も参照。

44)　上村都「名誉の保護と憲法 21 条」法教 488 号（2021 年）39 頁。

45)　松井茂記『表現の自由と名誉毀損』（2013 年）373 頁、鈴木秀美「名誉毀損罪と表現の自由」法時 82 巻 9 号（2010 年）24 頁、高橋ほか・前掲注(32)38 頁〔松井茂記〕参照。閉じたネットワーク上の表現行為について本決定の射程が及ばないと見る余地があるとするものに豊田兼彦「判批」法セ 669 号（2010 年）123 頁。

46)　本件で被告人が事実を摘示したのは、それ自体には書き込みができない HP 上であり（家令①24 頁）、別の HP での反論等も奏功しにくいといえよう。

　以上の検討からすれば、現時のネット環境を考慮しても、最高裁が基準を緩めずに有罪の結論を維持したのは、事例判断として妥当であったと評価できると考える。もっとも、以上の検討から明らかであるが、事案が変われば基準も変わりうることには注意しておきたい。

【参考文献】

　本件の解説・評釈として
　　①家令和典「判解」最判解平成 22 年度
　　②丸山雅夫「判批」平成 22 年度重判解
　　③成瀬幸典「判批」論ジュリ 5 号（2013 年）
　　④平川宗信「判批」刑ジャ 24 号（2010 年）

---

　47)　松井ほか・前掲注(33)73-74 頁〔宍戸常寿〕。さらに佃・前掲注(27)202 頁も参照。
　　　松井・前掲注(45)373-4 頁もウェブサイトと掲示板、会議室、チャットルーム等を
　　　分けている。
　48)　家令①24 頁も参照。

6

業務妨害罪
——虚偽通報事件——

東京高等裁判所平成 21 年 3 月 12 日判決
平成 20 年（う）第 2747 号 業務妨害被告事件
高刑集 62 巻 1 号 21 頁／判タ 1304 号 302 頁

三重野雄太郎

I 事 案

　被告人は、平成 20 年 7 月 26 日、茨城県内の自宅において、パーソナルコンピューターを操作して、そのような意図がないにもかかわらず、インターネット掲示板に、同日から 1 週間以内に東日本旅客鉄道株式会社土浦駅において無差別殺人を実行する旨の虚構の殺人事件の実行を予告し、これを不特定多数の者に閲覧させ、同掲示板を閲覧した者からの通報を介して、同県警察本部の担当者らをして、同県内において勤務中の同県土浦警察署職員らに対し、その旨伝達させ、同月 27 日午前 7 時ころから同月 28 日午後 7 時ころまでの間、同伝達を受理した同署職員 8 名をして、上記土浦駅構内及びその周辺等への出動、警戒等の徒労の業務に従事させ、その間、同人らをして、被告人の予告さえ存在しなければ遂行されたはずの警ら、立番業務その他の業務の遂行を困難ならしめ、もって偽計を用いて人の業務を妨害したとして起訴された。

　第 1 審が偽計妨害罪の成立を認めたのに対し、被告人は、同罪は成立しないとして法令適用の誤りを理由に控訴した。

Ⅱ　判　旨

控訴棄却

「上記警察官らの職務が業務妨害罪（刑法234条の罪をも含めて、以下『本罪』という。）にいう『業務』に該当するとした原判決の法令解釈は正当である」。

「最近の最高裁判例において、『強制力を行使する権力的公務』が本罪にいう業務に当たらないとされているのは、暴行・脅迫に至らない程度の威力や偽計による妨害行為は強制力によって排除し得るからなのである。本件のように、警察に対して犯罪予告の虚偽通報がなされた場合（インターネット掲示板を通じての間接的通報も直接的110番通報と同視できる。）、警察においては、直ちにその虚偽であることを看破できない限りは、これに対応する徒労の出動・警戒を余儀なくさせられるのであり、その結果として、虚偽通報さえなければ遂行されたはずの本来の警察の公務（業務）が妨害される（遂行が困難ならしめられる）のである。妨害された本来の警察の公務の中に、仮に逮捕状による逮捕等の強制力を付与された権力的公務が含まれていたとしても、その強制力は、本件のような虚偽通報による妨害行為に対して行使し得る段階にはなく、このような妨害行為を排除する働きを有しないのである。したがって、本件において、妨害された警察の公務（業務）は、強制力を付与された権力的なものを含めて、その全体が、本罪による保護の対象になると解するのが相当である（最高裁昭和62年3月12日第一小法廷決定・刑集41巻2号140頁も、妨害の対象となった職務は、『なんら被告人らに対して強制力を行使する権力的公務ではないのであるから、』威力業務妨害罪にいう『業務』に当たる旨判示しており、上記のような解釈が当然の前提にされているものと思われる。）。」

Ⅲ　解　説

1　問題の所在

本件では、警察の職務が刑法233条後段の「業務」に当たるのか否かが問

題となった。以下では、公務と業務の区別という問題点と本件における妨害対象の捉え方という問題点の2点について扱いたい。なお、インターネット掲示板を通じての間接的通報が警察に対する「偽計」と言えるのかという点も問題となりうるが、行為者においては、結果的に警察に通報されることを認識したうえで本件行為に及んでいるので、理論上は取り立てて問題にする必要はないと思われる。さらに、本件通報は、刑法233条後段の偽計ではなく、軽犯罪法1条31号にいう「悪戯」にとどまるのではないかという点も争点になったが、本判決が「軽犯罪法1条31号は刑法233条、234条及び95条（本罪及び公務執行妨害罪）の補充規定であり、軽犯罪法1条31号違反の罪が成立し得るのは、本罪等が成立しないような違法性の程度の低い場合に限られると解される」と述べているとおり、程度問題であるので、本稿では扱わないこととする。

2 業務と公務の区別

従来より、公務は刑法233条や234条における「業務」にあたるのか否かについて争いがあった。以下では、この論点についての判例・学説を概観し、本判決の位置づけを明らかにする。

（1）学 説
① 消極説[1]

消極説は、国家の作用である公務は公務執行妨害罪で保護されるべきものであって、業務妨害罪の対象には一切ならないとする考え方である。本説は、民間業務は売上によって経営が維持されているため、偽計や威力、虚偽の風説の流布によって客足が落ちれば、経営基盤が大きな打撃を受けるという民間業務の経営基盤の脆弱性に着目し、民間業務は、このような点で税金で運営されている公務とは本質的な相違があるため、威力・偽計・虚偽の風説の流布から特別に保護されているとする。

本説に対しては、公務の中にも実態として民間の業務と変わらないものも

---

1) 松宮・先端85頁など。

あり、それが一律に保護されないというのは妥当ではないなどといった問題点が指摘されている。[2]

② **無限定積極説**[3]

無限定積極説は、公務も「職業その他社会生活上の地位に基づき継続して行う事務または事業」という「業務」の定義に該当することから、すべての公務が業務妨害罪と公務執行妨害罪双方の対象となるとする見解である。本説に対しては、公務執行妨害罪の手段たる暴行・脅迫は威力業務妨害罪における威力に当たるので、公務執行妨害罪に当たる行為はすべて威力業務妨害罪にも当たることとなり、公務執行妨害罪がその手段を暴行・脅迫に限定したことが無意味になってしまう点[4]、権力的・支配的性質の公務は、ふつう強制力や妨害排除力を持つと考えられるため、自力による妨害排除が可能である限りで、威力や偽計等による妨害からの保護まで与える必要はないと考えられる点[5]などの問題点が指摘されている。

③ **公務振り分け説**（配分的二分説）[6]

公務振り分け説は、公務の範囲を二分し、民間類似性、現業性、非権力性等がある公務は「業務」に当たるとする見解である。本説によれば、権力的公務については公務執行妨害罪のみ、非権力的公務については業務妨害罪のみが成立することとなる。本説は、公務の中にも民間の業務と実質的に変わらないもの（例えばかつての国鉄と私鉄の業務、国立大学法人と私立大学とにおける講義など）も少なくないので、こうした公務については業務妨害罪の成立を認めるべきであるという消極説に対する批判から生じたものである。

本説に対しては、公務を二分する基準が必ずしも明確ではないこと、95条は公務につき何ら限定を加えておらず文理に反することなどについて批判がなされている。

---

2) 松原 162 頁。
3) 大谷 152 頁など。
4) 松原 161 頁。
5) 井田 197 頁。
6) 浅田 172 頁など。

④　**限定積極説**（競合的二分説）[7]

　限定積極説は、権力的公務は業務にはあたらず、非権力的公務は公務にも業務にあたると解する説である。これは、無限定積極説を出発点としつつ、公務を不当に厚く保護しすぎるという無限定積極説に対する批判を受けて生じたものである。公務を権力的公務と非権力的公務とに二分するという点では公務振り分け説と共通しているが、非権力的公務について公務執行妨害罪と業務妨害罪の双方が成立するという競合を認める点に公務振り分け説との違いがある。限定積極説が現在の判例・通説であると言われているが[8]、本判決も含め、判例においては、非権力的公務について業務妨害罪と公務執行妨害罪との競合を認めるか否かについては必ずしも明らかではないものもある。本説に対しては、非権力的公務に二重の保護が与えられる点について疑問が呈されている[9]。また、公務を二分する基準が不明確であるという公務振り分け説に対する批判は、本説にも妥当しよう。

⑤　**修正積極説**[10]

　修正積極説は、公務を強制力を行使する権力的公務と強制力を伴わない公務とに二分し、強制力を行使する権力的公務については、偽計に対しては自力での妨害排除力を持たないことから、その限りで「業務」として保護する必要性があるとして、偽計妨害罪については無限定積極説を採り、威力業務妨害罪については限定積極説を採る。しかし、威力か偽計かという妨害の手段の相違によって「業務」という同じ文言の概念を変えるのは合理的ではないという批判がなされている[11]。

(2)　判　例

　以下、公務と業務に関する判例の流れを概観する。

①　**大判大正 4 年 5 月 21 日**（刑録 21 輯 663 頁＝判例 1）

　本件は、尋常小学校の教員が校長の保管する教育勅語を隠匿したという事

---

7)　高橋 196 頁以下など。
8)　井田 198 頁。
9)　浅田 172 頁。
10)　山口 161 頁、西田（橋爪補訂）140 頁など。
11)　松原 163 頁。

案であるが、大審院は、公務執行妨害罪が別に規定されていることを理由に、公務は業務に含まれないとして、偽計業務妨害罪の成立を否定した。このように、かつての判例は消極説に立っていた。

②　**最大判昭和 26 年 7 月 18 日**（刑集 5 巻 8 号 1491 頁）

本件では、争議中の労働組合員らが、検挙にやって来た警察官に対して、スクラムを組み労働歌を高唱して気勢をあげた行為が威力業務妨害罪に問われた。最高裁は、「業務妨害罪にいわゆる業務の中には、公務員の職務は含まれないものと解するを相当とする」として、警察官に対する業務妨害罪の成立を否定した。本件についても、**判例 1** の流れを受けて消極説の立場に立つものとする理解が一般的である。ただ、本判決を単独で見れば、限定積極説や公務振り分け説からも説明がつくものと思われる。[12]

③　**最判昭和 35 年 11 月 18 日**（刑集 14 巻 13 号 1713 頁＝**判例 2**）

本件は、旧国鉄の運輸業務を威力で妨害したという事案である。最高裁は、「法令上国鉄の事業ないし業務が公務とされその職員が右の如く政府職員に準ずる取扱を受けるものとされているのは、主としてその経営上の沿革的理由と高度の公共性とによるものであつて、事業ないし業務が権力的ないし支配的作用を伴うことによるものであるからではなく、事業ないし業務遂行の実態は、まさに民営鉄道のそれと同様であるからである。すなわち、国鉄の行う事業ないし業務を刑法二三三条、二三四条の業務妨害罪の対象から除外することは相当でなく、国鉄職員の行う当該公務の執行に対する妨害は、その妨害の手段方法の如何によつては刑法九五条の外、同法二三三条または二三四条もまた適用あるものと解するのが相当である。」と判示して、限定積極説の立場に立つことを明確にした。

④　**最大判昭和 41 年 11 月 30 日**（刑集 20 巻 9 号 1076 頁）

本件は、旧国鉄連絡船運行業務を威力によって妨害したというもので、**判例 2** と類似した事案である。最高裁は、本件業務について、「権力的作用を伴

---

12)　なお、田山①74 頁は、「警察官の検挙行為に対する威力による妨害事例に限った判断と見れば、限定積極説に立つといわれるその後の判例と必ずしも抵触するもの」ではないという。

う職務ではなく、民営鉄道のそれと何ら異なるところはないのであるから、民営鉄道職員の行う現業業務は刑法 233 条、234 条の業務妨害罪の対象となる」としつつ、「国鉄職員の非権力的現業業務の執行に対する妨害は、その妨害の手段方法の如何によつては、刑法二三三条または二三四条の罪のほか同九五条の罪の成立することもあると解するのが相当である」と述べ、限定積極説の立場に立つことを確認した。

⑤　**最決昭和 62 年 3 月 12 日**（刑集 41 巻 2 号 140 頁 = 判例 3）

本件は、新潟県議会総務文教委員会が条例案を採決するのを阻止するため、県庁内の委員会室に乱入し、バリケードを築いて立てこもる等した行為が威力業務妨害罪に問われたものである。最高裁は、「本件において妨害の対象となった職務は、新潟県議会総務文教委員会の条例案採決等の事務であり、なんら被告人らに対して強制力を行使する権力的公務ではない」と述べて、同罪の成立を認めた。本判決は、権力的公務と非権力的公務を二分するのに強制力を基準とすることを明確化・具体化したものとして注目される。

⑥　**最決平成 12 年 2 月 17 日**（刑集 54 巻 2 号 38 頁 = 判例 4）

本件は、被告人が、選挙の受付順位決定くじを引こうとしない等して偽計及び威力を用いて選挙長の立候補届出受理業務を妨害した事案である。最高裁は、「本件において妨害の対象となった職務は、公職選挙法上の選挙長の立候補届出受理事務であり、右事務は、強制力を行使する権力的公務ではない」として業務妨害罪の成立を認めた。本判決は、偽計についても強制力を行使する権力的公務か否かという基準が妥当することを明らかにしたものである。しかし、これまでの判例においては、権力的公務は、妨害を排除できる力を有するという打たれ強さを理由として、強制力を行使する権力的公務という基準を用いてきたと考えられるところ、打たれ強さが問題とならない偽計業務妨害の事案にもこの基準を適用したことで、この基準を用いてきた理由とミスマッチが生じてしまったように思われる。

⑦　**最決平成 14 年 9 月 30 日**（刑集 56 巻 7 号 395 頁 = 判例 5）

本件は、動く歩道の設置のために、警察官を帯同して、路上生活者を立ち退かせようとした東京都の職員に対して、路上生活者の支援者らが鶏卵を投

げつけるなどした事案である。最高裁は、「本件において妨害の対象となった
職務は、動く歩道を設置するため、本件通路上に起居する路上生活者に対し
て自主的に退去するよう説得し、これらの者が自主的に退去した後、本件通
路上に残された段ボール小屋等を撤去することなどを内容とする環境整備工
事であって、強制力を行使する権力的公務ではないから、刑法 234 条にいう
『業務』に当たる」と判断した。しかし、現に警察官に排除・連行された者も
いた本件「環境整備工事」を非権力的公務とみることには疑問がないわけで
はない。[13]

(3) 本判決について

　近時の判例が強制力を基準として、権力的公務と非権力的公務とを区別し
て後者を業務妨害罪の保護の対象としてきた中で、本判決は、強制力を行使
する権力的公務ともみることのできる警察署員の職務に対して偽計業務妨害
罪を成立させたものである。この点で、本判決は、修正積極説に立っている
ようにも思われるが、**判例 4** と整合的に理解するならば、従来の判例と同様
に、強制力基準によって権力的公務と非権力的公務を区別しつつ、本件で妨
害対象となった公務が、被告人の虚偽通報に対する関係では強制力を行使す
るものではないことを理由にしたものと解される。[14]また、修正積極説は、偽
計に対しては物理的な強制力が無力であることを理由に、偽計を手段とする
場合はあらゆる公務がすべて「業務」に当たると解するが、本判決は、「暴行・
脅迫に至らない程度の威力や偽計による妨害行為は強制力によって排除し得
る」としつつ、「妨害された本来の警察の公務の中に、仮に逮捕状による逮捕
等の強制力を付与された権力的公務が含まれていたとしても、その強制力は、
本件のような虚偽通報による妨害行為に対して行使し得る段階にはなく、こ
のような妨害行為を排除する働きを有しない」としている点で、強制力を有
する公務が偽計によって妨害された場合に、偽計業務妨害罪が成立しない場
合もあると考えていると理解できる。[15]この点を踏まえると、本判決が修正積

---

13)　松原 167 頁参照。
14)　松原 168 頁参照。
15)　田山① 76 頁参照。

86

極説に立っているとは言い難いように思われる。

本判決は、「強制力を行使する権力的公務」という**判例3**の基準に則りつつ、一般的・類型的には「強制力を付与された権力的公務」と言えるものであっても、具体的事情において、その強制力を行使する段階になければ「業務」であることを高裁レベルで明言した点で重要な判例である。

3 本件における妨害対象と公務の包括的把握

本判決は、本件で妨害された業務について、「虚偽通報さえなければ遂行されたはずの本来の警察の公務（業務）」が妨害されたという論理構成を採っている。そのうえで、そのような本来の警察の公務にはデスクワークのような非権力的公務が当然含まれるので、妨害対象をそのような一般的・類型的に非権力的と言えるものに限定して業務妨害罪の成立を認めることもできるところ、妨害された公務を包括的に捉え、逮捕状の執行のような一般的・類型的に強制力を付与されている権力的公務が含まれていたとしても、その強制力を「妨害行為に対して行使しうる段階には」ない限りではこれも業務妨害罪の保護対象になるとしている。

判例・通説は、業務妨害罪における妨害は個々の業務の遂行の妨害行為に限らず、広く業務を阻害する一切の行為を含むと解しており、業務を包括的に把握した判決は本判決以外にもある。しかし、このように妨害対象たる業務を広く捉える点には、学説から批判がなされている。[16] 以下、この点について他の事例や学説からの批判を概観したい。

（1）判　例

公務を包括的に把握する裁判所の姿勢は、**判例5**にも表れているが、ここ

---

16)　他方、公務を具体化・個別化することに批判的な見解もある。例えば、原口⑥243頁以下は、「虚偽通報事例においては、・・・個別の業務（遂行）を直接的に阻止しようとする形態での妨害が問題なのではなく」、虚偽通報によって、「表面上は『本来的な業務の遂行』」をさせることにより、実は徒労の一連の業務遂行へと導くという形態で」妨害がなされており、そうすると「通報の受付け、伝達・指示、警戒活動といった個々の一部の業務ではなく、通報・犯行予告に対するそれら一連の警察の対応業務全体・・・につき妨害に対する・・・要保護性が考えられるべき」であるとする。

では、虚偽の通報等で公務員に徒労の業務をさせた事例のうち主要なものを
紹介しておきたい。

①　**横浜地判平成 14 年 9 月 5 日**（判タ 1140 号 280 頁）

本件は、被告人が海上保安庁に対して虚偽の犯罪事実の通報を行い、同庁
職員らに不必要な指令・連絡・出動などをさせたというものである。裁判所
は、被告人の通報があったことで、「各海上保安部等の諸機関は、その通報内
容から非常に大規模な捜索活動等を余儀なくされ」、「被告人の通報さえ存し
なければ遂行されたはずの本来の行政事務、パトロール業務、出動待機業務
等の業務の遂行を困難」にさせたとして、偽計業務妨害罪の成立を認めた。

②　**名古屋高金沢支判平成 30 年 10 月 30 日**（LEX/DB25561935＝判例 6）

本件は、警察官の面前で白い粉（グラニュー糖）の入った袋を落として逃走
して、違法薬物を所持した犯人が逃走を図ったと警察官に誤信させて、被告
人に対する職務質問、薬物検査などの対応を行わせたという事案である。裁
判所は、「警察官としては、本件行為を現認しただけでは、これが薬物所持を
仮装したものかどうかを直ちに判断することができず、逃走を図ったとみら
れる被告人を確保し、職務質問を始めとする覚せい剤所持容疑の解明に向け
た所要の業務を行う必要があったといえ、そのために、本署への連絡や応援
要請を通じ、現場への臨場、被告人に対する職務質問、任意同行や取調べ
等・・・を余儀なくされた結果、本件行為がなければ遂行されたはずの関係
警察職員の本来の職務（本件業務）が妨害されたことも、また明らかに認めら
れる」とした。

(2)　学説からの批判

このように妨害対象となる公務を虚偽通報がなされなければ遂行されたは
ずの本来の職務と広く包括的に捉える点については、学説から批判がなされ
ている。

生田勝義は、虚偽通報がなければ行われたであろう公務というのは、「単に
可能であった公務（業務）であるにすぎ」ず、「執行の可能性が低く、それが行
われるかどうか不明なものまでが対象にされかねない」し、このような「仮
定的事実としての公務執行は種々観念することができる。潜在的な、また可

能的な公務執行にすぎないものが、保護の対象としてとらえられる。公務に特定性がない。そのように曖昧な公務を刑法で保護することは刑法の明確性原則に照らし許されないのではないか」という。また、こうした業務は「現実には存在していなかったもの」であり、「そのような業務に対する『妨害』は極めて間接的で観念的なもの・・・にすぎ」ず、それを「妨害」の対象ということには疑問があるし、「『本来の公務』が日常現実に行われていたものである場合でも」、そうした業務の人員は、大事件が認知された場合には事件対応に回されることが前提となっているようなものではないかという趣旨の指摘もしている。

　また、野澤充は、犯罪の通報が実際には虚偽であるか真実であるかに関わりなく、犯罪計画の察知に対応して出動、警戒することはそもそも本来の警察官の職務であり、これをもって警察官の職務が妨害されたというのであれば、何らかの事件を起こして警察の人員が投入された事例は全て「なされたはずの公務の遂行を妨害した」ことになると指摘する。さらに、野澤は、「①『妨害に向けられた行為』の結果として為さざるを得なくなった対応業務も、その者の本来の業務に含まれることを前提にしつつ、②なされたはずの業務がなされなかったという形式での定式化によって、業務妨害罪の妨害結果の存否を判断する」という本判決のような業務妨害罪の判断枠組は、通常の経済活動をその内容とする一般的企業を想定した場合には、単純に「仕事が増えたこと」を処罰しかねないことになることを示し、このような判断枠組は警察などの公務を対象とした場合においても用いられてはならないと指摘する。

　こうした批判のとおり、虚偽通報がなければ可能であったはずの本来的業務が妨害されたという構成を採ると、業務の範囲が際限なく広がってしまう。このような本来的業務には、具体的に計画された業務のみならず、一般的・抽象的に警察の職務と言えるものであれば仮に虚偽通報がなくても実施され

---

17)　生田⑦ 1210 頁以下。
18)　野澤⑧ 346 頁以下。
19)　野澤⑧ 350 頁以下。また、野澤⑨ 290 頁以下も参照。

ることはなかったであろうようなものまでもが含まれることになってしまう。これだけ多くの業務が妨害対象となれば、当然その中には非権力的な公務が必然的に含まれ、業務妨害罪の成立範囲が非常に広範になるであろう。

　さらに、前述のとおり、本判決は、逮捕状の執行のように、一般的・類型的には強制力を付与された権力的公務であっても、当該妨害行為に対しては妨害排除力を有しない段階にあれば、非権力的公務として業務妨害罪の保護の対象となるとしたものである。しかし、虚偽通報がなければ「遂行されたであろう本来の公務」は、実際には遂行されていないわけで、そうである以上、現実の妨害行為に対して強制力を行使しえないのは当然のことであり、常に権力性・強制性は否定されることになる[20]。このような本判決の論理構成は、**判例6**などにも見られるが[21]、業務妨害罪の成立範囲を際限なく広げることとなり、問題があろう。また、こうした論理構成に対しては、「警察は常にいざとなれば強制力を発動する体制を有しているのであるから、警察活動そのものが権力的公務である[22]」、「この判決によれば、通報が虚偽ではなく警戒状態を目にして犯行を断念した場合は、本罪は成立しないことになる[23]」、「犯人蔵匿を行って警察官の捜査を妨害して司法作用を害した場合、犯人蔵匿罪が成立するが、虚偽の犯人蔵匿の事実を通報して警察官の捜査を妨害した場合、本判決の論理からは、より重い偽計業務妨害罪が成立するという矛盾を抱えることになる[24]」などといった指摘もなされている。

4　おわりに

　上述のとおり、本判決は、強制力を基準として公務を二分するという従来の判例の枠組みに依拠しつつ、一般的・類型的には強制力を付与された公務

---

20)　大塚⑩ 318 頁、松原 168 頁参照。
21)　実務家による評釈では、逮捕などの公務の強制力が偽計による妨害者を対象としたものではないため、偽計に対しては無力であり、業務として保護しなければ処罰の隙間が生じてしまうことから、こうした理論構成に好意的なものも見られる（大谷③ 110 頁、渡邊④ 94 頁以下など）。
22)　浅田 171 頁。
23)　浅田 171 頁。
24)　本田② 135 頁。

についても、具体的事案において、その強制力が妨害行為に対して行使されない段階であれば非権力的公務と捉えられることを明言したものである。偽計に対して無力である公務を保護する必要があるとしても、本判決の論理構成によれば、業務妨害罪の成立範囲が際限なく広がることになるし、「業務妨害罪」を「警察出動罪」として運用することになってしまう。[25] 虚偽の犯罪通報のせいで限りある警察の動員力が不必要に減殺される事態を防ぐことは必要であるが、こうした趣旨の規定として軽犯罪法 1 条 31 号が存在しており、[26] 軽犯罪法で処罰すれば十分ではないだろうか。

【参考文献】

本件の評釈として

①田山聡美「判批」刑ジャ 20 号（2010 年）73 頁以下
②本田稔「判批」法セ 55 巻 4 号（2010 年）135 頁
③大谷潤一郎「判批」警察公論 65 巻 8 号（2010 年）105 頁以下
④渡邊真知子「判批」警察公論 66 巻 9 号（2011 年）89 頁以下
⑤前田雅英「判批」警論 64 巻 6 号（2011 年）145 頁以下
⑥原口伸夫「判批」新報 121 巻 1・2 号（2014 年）235 頁以下

虚偽通報等と業務妨害罪について

⑦生田勝義「警察への虚構犯罪通報は偽計業務妨害か？」立命 337 号（2011 年）1201 頁以下
⑧野澤充「虚偽犯罪予告行為と業務妨害罪」生田古稀
⑨同「虚偽犯罪予告行為と業務妨害罪・再論」法政 85 巻 3＝4 号（2019 年）285 頁以下
⑩大塚雄祐「判批」早法 95 巻 4 号（2020 年）309 頁以下

---

25)　野澤⑨ 291 頁。
26)　野澤⑧ 352 頁参照。

7

窃盗罪における「窃取」の意義
——パチスロ不正遊戯壁役事件——

最高裁判所平成 21 年 6 月 29 日第一小法廷決定
平成 21 年（あ）第 328 号 建造物侵入、窃盗被告事件
刑集 63 巻 5 号 461 頁／判時 2071 号 159 頁／判タ 1318 号 112 頁

大 塚 雄 祐

Ⅰ 事 案

　被告人 X は、Y および氏名不詳者と共謀の上、針金を用いてパチスロ機からメダルを窃取する目的でパチスロ店に立ち入り、Y がパチスロ機 1080 番台において所携の針金を差し込んで誤動作させるなどの方法（以下、「ゴト行為」とする。）によりメダルを取得した。

　他方、X は、防犯カメラや店員による監視から Y のゴト行為を隠ぺいする目的をもって、1080 番台の左隣の 1078 番台で通常の方法により遊戯し、メダルを取得した。X は、自らが取得したメダルと Y がゴト行為により取得したメダルとを併せて換金し、Y と換金役を担う氏名不詳者との間で均等に分配する予定であった。

　犯行発覚時に、Y が座っていた 1080 番台の下皿には、Y がゴト行為により取得した 72 枚のメダルが入っており、1078 番台に座っていた X のドル箱には、X が通常の遊戯方法により取得したメダルと Y がゴト行為により取得したメダルとが混在した 414 枚のメダルが入っていた。

　原判決（仙台高判平成 21 年 1 月 27 日刑集 63 巻 5 号 470 頁参照）は、「壁役である X の遊戯行為も、本件犯行の一部となっているものと評することができ、被害店舗においてそのメダル取得を容認していないことは明らかである」とし

て、Xの取得したメダルを含めて486枚のメダル全部について窃盗罪が成立するとした。被告人が上告。

II　決定要旨

上告棄却

①「以上の事実関係の下においては、Yがゴト行為により取得したメダルについて窃盗罪が成立し、Xもその共同正犯であったということはできるものの、Xが自ら取得したメダルについては、被害店舗が容認している通常の遊戯方法により取得したものであるから、窃盗罪が成立するとはいえない。」

②「そうすると、Xが通常の遊戯方法により取得したメダルとYがゴト行為により取得したメダルとが混在した前記ドル箱内のメダル414枚全体について窃盗罪が成立するとした原判決は、窃盗罪における占有侵害に関する法令の解釈適用を誤り、ひいては事実を誤認したものであり、本件において窃盗罪が成立する範囲は、前記下皿内のメダル72枚のほか、前記ドル箱内のメダル414枚の一部にとどまるというべきである。」

③「もっとも、Xがゴト行為によるメダルの窃盗について共同正犯としての責任を負う」ことや、「メダル414枚のうちの相当数もYが窃取したものであったと認められること」などに照らして、刑訴法411条は適用しない。

III　解　説

1　総　説

刑法235条によれば、窃盗罪は「他人の財物」を「窃取」した場合に成立する。

同条における「他人の財物」とは、他人の占有する他人所有の財物を意味するものとされる。[1] 被害者の占有権限の要否をめぐり、本権説[2]と占有説[3]を主

軸とした学説上の対立はあるものの、少なくとも被害者が占有している財物でなければ同罪の客体たりえない点に争いはない。

　また、「窃取」とは、他人の占有する財物をその者の意思に反して自己または（自己と同視しうる）第三者の占有に移すことであるとされる[4]。すなわち、「窃取」が行われたと評価するためには、被害者から行為者ないし第三者に占有が移転したことに加え、その占有移転が被害者の意思に反していることを要する。

　以上の客観的成立要件のほか、判例は[5]、同罪の主観的要件として、意思に反する占有移転の認識を内容とする故意に加えて、「不法領得の意思」があることを要求する。不法領得の意思は、「権利者を排除し所有者として振舞う意思」（権利者排除意思）と、「（経済的）用法に従って利用・処分する意思」（利用処分意思）から成り立っている。このうち、権利者排除意思は、窃盗罪と不可罰の一時使用窃盗との区別基準としての機能を有する。また、利用処分意思は、毀棄・隠匿目的での占有侵害を窃盗罪の処罰範囲から除外することで、窃盗罪と毀棄罪を区別し、毀棄罪に比して窃盗罪に重い法定刑が規定されることを正当化する機能を有する。

2　本決定の特徴と論点

　本決定は、Ｘが共犯者のゴト行為を隠ぺいする目的で「壁」役としてプレイして取得したメダルについて、「通常の遊戯方法により取得したもの」であるとして同罪の成立を否定したものである。本決定については、次の4つの

---

1)　山口171頁、高橋238頁。
2)　民事法上適法な占有のみ同罪による保護を認める純粋本権説（林（幹）161頁以下、松宮198頁以下、松原191頁以下など）のほか、本説を修正し、権利の存在が証明されなくとも、権利が存在するような外観のある占有や、権利を主張することについて合理的な理由のある占有も保護対象に含める合理的占有説（高橋228頁、西田169頁など）も主張される。
3)　権限の有無にかかわらず占有は全て同罪による保護を認める純粋占有説（川端242頁以下、前田157頁以下など）のほか、本説を修正し、平穏な占有に限って保護対象とする平穏占有説（平野・概説206頁など）も主張される。
4)　大判大正4年3月18日（刑録21輯309頁）。
5)　大判大正4年5月21日（刑録21輯663頁）。

点について検討を要する。

　第1に、本件ではXが被害者の支配領域である店舗内でメダルを取得していることから、メダルの占有の移転が認められるかが問題になる。

　第2に、Xは、メダルを景品交換目的で取得したに過ぎず、メダルそのものは店舗側に返還する意思を有しているため、メダルという有体物について権利者排除意思が認められるかについても問題となる。

　第3に、本件のパチスロ機のような機械に対する不正な働きかけによって財物を取得する場合、被害者（機械の設定者）は一定の限度で占有移転について同意していることから、被害者の「意思に反した」占有移転といえるかが問題となる。この点、本決定では「通常の遊戯方法」という基準を用いて「窃取」該当性を否定しており、この「通常の遊戯方法」という基準がいかなる意義を有するのか検討を要する。

　第4に、本決定は、X自身が取得したメダルについては「窃取」を否定する一方で、Yのゴト行為によって得られたメダルについてはXに共同正犯を認めており、Xが通常の遊戯方法で取得した分とYのゴト行為を通じて取得した分が混在したドル箱内の414枚のメダルのうち、共同正犯で取得した範囲についてのみ「窃取」を認めている。このような場合における「窃取」の客体の特定方法の是非が問題となる。

　以下、それぞれ検討する。

3　占有移転の有無

　本件のような店舗内部における商品等の占有については、判例によれば、[6] 少なくとも管理者の支配領域内においてはなお管理者に占有があるとする。とりわけパチンコ店・パチスロ店においては、パチンコ玉やパチスロメダルの店外持出しが禁止されており、持出しがないように店員が監視していること

---

6)　時計店の店番に時計を見せるように要求し、店番が一時的に見せるために時計を渡したところ、すきを乗じてこれを奪い逃走した行為について窃盗罪の成立を認めた東京高判昭和30年4月2日（高刑特2巻7号247頁）や、旅館の宿泊客が旅館の提供した丹前、浴衣、帯、下駄を着用したまま旅館から立ち去った行為について窃盗罪の成立を認めた最決昭和31年1月19日（刑集10巻1号67頁）など。

とからしても、店側の占有が認められやすいだろう[7]。では、遊戯によってメダルを取得したことをもって、メダルの占有が被害店舗から行為者に移転したといえるだろうか。

　この点、占有の有無は、物の排他的な利用可能性を保障する外部的条件（占有の事実）と財物に対する事実上の支配をする意思（占有の意思）によって決せられる[8]以上、占有の移転の有無についても、行為者が占有の意思をもって占有の事実状態を自己に移したといえるかどうかが問題となる。パチスロ機からメダルが出てきて下皿に入った時点で、遊戯者は当該メダルを景品交換か再投資に用いるかが行為者の自由に委ねられている以上、行為者はメダルを排他的に支配しているといえるし、支配の意思も認められる。したがって、パチスロ機から出てきた時点で、メダルの占有は店舗から行為者に移転したとみることは可能であろう[9]。

4　不法領得の意思（権利者排除意思）について

　また、最終的にメダル自体を店舗に返還する意思である以上、メダルという有体物について権利者排除意思が認められるかどうかも問題となる。権利者排除意思は、占有移転後の法益侵害（の危険）を行為（占有移転）時点に繰り上げた主観的違法要素として要件化したものである以上、排除意思が認められるためには、占有取得時点で行為者に法益侵害、すなわち財物の効用を侵害する意思が存在していることを要する。

　パチスロのメダルは専ら景品交換に用いられるので、その効用が専ら交換価値の実現に限定されており、いわば金券等に近い性質を有する。したがって、店舗で売られているプリペイドカードを使用した後に元に戻すのと同様に、メダルを景品交換に用いてからパチスロ店に返還したとしても、交換価値は喪失しているといえる。したがって、たとえメダルを短時間で返還する

---

7)　松原212頁注(31)参照。
8)　松原200頁以下。
9)　もっとも、店内に防犯カメラが設置され、遊戯者の行動が監視されているなどの状況からすれば、仮に行為者の占有取得を認めたとしても、なお店側にも重畳的に占有を認める余地もあろう（松原212頁注(31)参照）。

意思を有していたとしても、行為者はメダルを取得した時点で、被害者にとっ
てのメダルの効用を侵害する意思がある以上、権利者排除意思が認められる
ことになろう。[10]

5　「意思に反する」占有移転の有無

　財物の占有が移転しただけでは「窃取」には当たらず、その占有移転が被
害者の意思に反していなければならない。パチスロ機・パチンコ機といった
機械に対する働きかけで財物を取得した場合、被害者（機械の設置者）は一定
の限度で財物の移転に包括的に同意をしていることから、いかなる場合に「意
思に反した」占有移転であるといえるかが問題となる。

(1)　判　例

　パチンコ・パチスロ機の不正遊戯をめぐり「窃取」性が問題となった判例
のうち、機械に対する物理的働きかけのあるものとしては、たとえばパチン
コ機の裏側部に糸を結び付けてパチンコ玉を排出させる行為につき窃盗罪を
認めた最判昭和 29 年 10 月 12 日（刑集 8 巻 10 号 1591 頁＝**判例 1**）や、磁石を用
いてパチンコ玉を誘導する行為につき窃盗罪を認めた最決昭和 31 年 8 月 22
日（刑集 10 巻 8 号 1260 頁＝**判例 2**）、パチスロ機のメダル投入口に器具を差し込
んで同遊技機内に内蔵される装置を異常作動させる行為につき窃盗罪を認め
た東京地判平成 3 年 9 月 17 日（判時 1417 号 141 頁＝**判例 3**）がある。これらの判
例のように、機械に対して物理的に働きかけることによるパチンコ玉やメダ
ルの取得が被害店舗の意思に反することは、外形上も明らかであろう。

　他方、パチンコ機・パチスロ機への物理的働きかけのないケースとして、
パチスロ機で大当たりが出る確率を上げる「体感機」付きソレノイドを身体
に隠匿・装着した上で遊戯しメダルを取得した行為につき、東京高判平成 15

---

10)　これに対し、野村健太郎「財産犯における客体の価値」愛学 61 巻 3 = 4 号（2021
　　年）91 頁は、本件のような事案における危険の本質は、景品の提供を行わせること
　　にあり、客体（メダル）そのものの利用可能性が害されるわけではない以上、メダ
　　ルとは異なる財産である景品に対する危険によって権利者排除意思を認めるべき
　　ではない、とする。このような立場からは、メダルに対する窃盗罪ないし窃盗未遂
　　罪が成立する余地はなく、景品交換の段階で詐欺罪の成否が問題となるにとどまる
　　（今井ほか 156 頁〔小林憲太郎〕、松原 224 頁、野村・前掲 92 頁参照）。

年7月8日（判時 1843 号 157 頁＝**判例 4**）は、「本件機器を使用した遊技方法は、通常予定された遊技方法の範囲を逸脱したものであって、被害店においても、電波発信機などの道具を使用した遊技は禁止されていて、その旨掲示や店内放送で客に告知しており、被告人もその旨を知っていた」（圏点は筆者）として、被害店舗の意思に反するメダルの占有移転があったとして窃盗罪の成立を認めた。同様に「体感機」を取り付けてプレイしてメダルを取得した行為につき、最決平成 19 年 4 月 13 日（刑集 61 巻 3 号 340 頁＝**判例 5**）は、「本件機器がパチスロ機に直接には不正の工作ないし影響を与えないものであるとしても、専らメダルの不正取得を目的として上記のような機能を有する本件機器を使用する意図のもと、これを身体に装着し不正取得の機会をうかがいながらパチスロ機で遊戯すること自体、通常の遊戯方法の範囲を逸脱するものであり、パチスロ機を設置している店舗がおよそそのような態様による遊戯を許容していないことは明らかであ」るから、「被告人が本件パチスロ機……で取得したメダルについては、それが本件機器の操作の結果取得されたものであるか否かを問わず、被害店舗のメダル管理者の意思に反してその占有を侵害し自己の占有に移したものというべきである」（圏点は筆者）として、窃盗罪の成立を認めた。

　これらの判例は、いずれも「通常の遊戯方法」ないし「通常予定された遊戯方法」を逸脱しているとして窃盗罪の成立を認めている。本決定は、**判例 4**や**判例 5**の用いた「通常の遊戯方法」という基準を採用しつつ、被害店舗の実際の意思に反した遊戯方法であったとしても、「通常の遊戯方法」を逸脱していない限りは被害店舗の意思に反していると評価できない、として窃盗罪の成立を否定したものである。したがって、「通常の遊戯方法」という基準は、店舗の事実的意思を推認するための間接事実を超える規範的意義を持つものとみるべきであろう。[11]　そこで、「通常の遊戯方法」という基準の意義、すなわち、いかなる場合に「通常の遊戯方法」を逸脱しているのかが問題となる。以下、「通常の遊戯方法」の判断基準をめぐる学説の議論をみていこう。

11）　橋爪⑥ 296 頁、松原④ 63 頁など。

(2)「通常の遊戯方法」をめぐる学説の議論

　まず、機械を通じた占有取得に関する包括的同意について設置者によって付された条件は、単に内心における関心事であるだけでは足りず、機械の利用に関するシステムとして客観化されたものであることを要する、というドイツの判例法理である「条件設定論」を援用し、「通常の遊戯方法」の範囲を限定する見解が主張される。この立場によれば、占有移転が、機械のメカニズムという物理的な手段によって設定された条件か、合理的に客観化かつ明確化された意思（条件）のいずれかに反していれば、「通常の遊戯方法」を逸脱したものとして、窃盗罪の成立が認められるとする。

　また、占有の要保護性という視点から、窃盗罪で保護される「占有」が認められるためには、所有者の占有の意思を読み取れる客観的な状況、すなわち「支配・管理」の存在が必要であるとの理解のもと、このような「支配・管理」が侵害（解除）されたと評価しうる方法で遊戯した場合に、「通常の遊戯方法」の範囲を逸脱したとして「窃取」にあたるとする見解も主張される。この立場によれば、メダルの当たり率を高めるような遊戯方法は、被害店舗が設定した当たり率に従ってメダルを引き渡す支配・管理メカニズムを解除

---

12)　樋口亮介「ドイツ財産犯講義ノート」東大ロー 8 巻（2013 年）157 頁以下参照。なお、ドイツの判例は、窃盗罪と詐欺罪（またはコンピュータ詐欺罪）の区別基準として条件設定論を用いており、機械の設置者の設定した条件が機械のシステムとして客観化されている場合には、財物の移転が設置者の意思に反するとして窃盗罪の成否が問題とされるのに対し、客観化されていない場合には、財物の移転が設置者の瑕疵ある意思に基づく交付と評価され詐欺罪の成否が問題とされる。

13)　深町③ 190 頁以下。

14)　深町③ 191 頁以下。また、江口和伸「パチンコ玉やメダルの不正取得と窃盗罪の成否について」川端古稀（下）130 頁以下参照。条件設定論を参照しつつ、被害者の意思の客観化・明確化を必要とする根拠を被害者の情報収集責任に求めるものとして、山内竜太「窃取概念における条件設定論の検討」法政論究 116 号（2018 年）162 頁以下。

15)　林① 184 頁、同⑧ 9 頁。客観的な「支配・管理」が存在しない場合は、これを侵害しても遺失物横領罪しか基礎づけないとする（林⑧ 7 頁参照）。

16)　林① 184 頁。なお、窃盗罪における包括的同意に付された条件は財物の支配・管理手段によりその実効性が確保されたものに限って刑法上考慮されるとし、このような物理的ないし心理的障壁の突破の契機を同意の有効性の問題に還元するものとして、菊地一樹「占有者の意思と窃盗罪の成否—条件付き合意論を手がかりに—」早法 92 巻 2 号（2017 年）103 頁以下参照。

する行為として「窃取」にあたるが、「パチプロお断り」と張り紙をするだけでは、支配・管理が客観的・具体的な手段の形をとっておらず、「占有」が保護の対象として不十分であるとする。[17]

　他方、被害店舗の意思に反するだけでなく、被害店舗に財産的損害（経済的損失）を与えるような遊戯が「通常の遊戯方法」からの逸脱にあたる、とする見解も主張される。[18]この立場からは、18歳未満の者や暴力団員による通常の遊戯などは、店側の設定した当たり率の範囲内に収まるメダルの取得が想定される以上、「窃取」を否定する。[19]また、「通常の遊戯方法」か否かを同意の有効性の問題に還元し、被害店舗の同意が窃盗罪の法益に関係する錯誤に基づいている場合にのみ同意を無効として「通常の遊戯方法」からの逸脱を認める見解も主張される。[20]これらの見解は、いずれも窃盗罪の保護法益に着目し、被害者の意思に反する占有移転が生じても、その占有移転が被害店舗の法益を侵害していない限り、窃盗罪の成立を否定する点で共通している。もっとも、ここでの「財産的損害」ないし「窃盗罪の法益」を経済的なものに限定するか、それともこれに限らず社会的重要性のある目的・利益を広く含むかによって、「窃取」を認める範囲は大きく変わるだろう。法益関係的錯誤か否かで「通常の遊戯方法」からの逸脱を認める見解を採る論者の中には、ここでの法益関係的錯誤を経済的に重要な目的の錯誤に限定する論者もいる一方で、これに限定しない趣旨と思われる論者もいる。[21]後者の立場を採る論者は、入店を禁止している18歳未満の者や暴力団員などが通常の遊戯方法でプレイした場合にも、一定の条件を遵守するための厳格な措置が取られている場合には「窃取」にあたる余地を認める。[22]「法益」の範囲についてこのように解するのであれば、この見解はむしろ「条件設定論」を援用する見解や客観的な支配・管理を要求する見解と近いものといえよう。

---

17)　林⑧11頁。
18)　内田幸隆「判批」判時 2169 号（2013 年）163 頁、同⑦ 133 頁以下、飯島② 84 頁。
19)　内田⑦ 133 頁以下。
20)　佐伯仁志「詐欺罪」法教 372 号（2011 年）109 頁、橋爪⑥ 304 頁以下。
21)　佐伯・前掲注(20)108 頁以下参照。
22)　橋爪⑥ 305 頁以下。

　なお、これらの見解を総合的に考慮した上で、「窃取」は、財物の実力支配を保持するために占有者が講じた手段・装置を乗り越えるような、何らかの物理的ないし心理的障壁を突破する態様であることを要する一方で、被害者に財産的損害を惹起するものであることを要する、とする見解も主張される。[23]この立場によれば、パチスロ機に物理的に働きかける場合や本決定のように特殊な装置を用いてメダルの排出確率を人為的に変動させた場合には、パチスロ機の管理・支配機構を解除することにより障壁を突破し、店舗側に財産的損害を与えたものとして「通常の遊戯方法」から逸脱したものといえるが、暴力団員や18歳未満の者による遊戯によるメダル獲得は、正規の価格でメダルの貸与を受けている限りで店側の取引目的に適うものであるからこのような場合に該当しないとして「窃取」が否定されることになる。[24]

(3) 検　討

　(2) で検討した学説のうち、「条件設定論」を援用する見解や、客観的な管理・支配状況の解除を要求する見解は、被害者の意思の「外形化」を要求することで「窃取」の範囲を限定しようとする見解といえる。他方、財産的損害を要求する見解や法益関係的錯誤の見地からアプローチする見解は、窃盗罪の法益（侵害）に着目し、被害者の意思の「内容」を財産的なものに限定する見解といえる。そして、これら2つの限定を重畳的に要求するのが、障壁の突破と財産的損害の発生を必要とする見解であると整理できよう。

　筆者は窃盗罪の保護法益につき（純粋）本権説の立場を採るが、本権説を前提に窃盗罪が財物に対する所有権等の本権に基づく占有を保護する構成要件であると解するのであれば、「意思に反する占有移転」、すなわち、占有に対する（可罰的な）「侵害」が認められるためには、①占有という「事実状態」に対する侵害と②「本権」に対する侵害の双方が認められる必要がある。まず、①についてであるが、被害者の実際の意思に反するあらゆる占有移転に「侵害」性を認めることは、窃盗罪の保護法益の内実を形骸化し、同罪を財産犯から「意思に対する罪」に変容させることになりかねず、妥当でない。[25]占有

---

23)　松原210頁以下、同④63頁。
24)　松原213頁以下。

の「事実状態」に対する客観的な攻撃として、何らかの物理的ないし心理的な障壁の突破が認められない限り、占有に対する「侵害」性を否定すべきである。その限りで、被害者の意思の外形化を要求する上述の見解は説得的である。もっとも、意思を外形化していないことを理由に、占有の要保護性を否定することは妥当ではない。法益主体が自身の法益に対して無頓着だからといって、それのみをもって法益の要保護性そのものを否定すべきではないだろう。意思の外形化を欠く場合には、むしろ占有に対する「侵害」を否定すべきである。

　また、②の観点から、障壁の突破に加えて、その占有という事実状態に対する攻撃が被害者の財産的損害に結びつくものでなければならない。この点、被害者の同意が全く存在しない典型的な窃盗（空き巣・スリなど）の場合は、財物の移転が直接的に経済的なマイナスへと結びつく。これに対し、機械に対する働きかけによって行為者が財物を取得したケースのように、被害者と行為者が一定の取引関係に入っている場合には、財物の移転について事前に包括的同意がある以上、財物の移転が直ちに経済的なマイナスへと結びつくわけではない。このような場合において、財物の移転に対する被害者の包括的同意は、取引すなわち経済的な利得（交換価値の実現）を目的としている。そうだとすれば、（被害者の意思に反する）財物の移転が経済的損害に結びつくものでなければ、被害者の同意を無効として窃盗罪の違法性を基礎づけるのに十分とはいえないだろう。

　かくして、「窃取」すなわち「意思に反した」占有移転を認めるには、被害者の意思が外形化された「障壁」の突破と、これによる被害者に「財産的損害」の発生を重畳的に要求する見解が妥当であり、とりわけ行為者が機械から財物を取得する場合のように被害者と行為者が取引関係に入っている場合には、ここでの「財産的損害」を経済的な損失のリスクに限定すべきである。そして、このように解する場合、「通常の遊戯方法」を逸脱した遊戯とは、被害店舗が設定した物理的ないし心理的障壁を突破し、かつ、被害店舗に経済

---

25)　松原芳博「法益侵害と意思侵害──住居侵入罪、詐欺罪、窃盗罪に関する近時の判例をめぐって──」生田古稀 48 頁以下参照。

的な損失のリスクを生じさせる遊戯と解すべきである。

　したがって、18歳未満の者や暴力団員による遊戯は、仮に店舗側が厳重な確認措置を実施したり、これらの者の遊戯が店舗の意思に反することが社会的な承認されるなど、店舗側の拒絶の意思が外形化されていても、被害店舗に経済的な損失を与える遊戯方法でない以上、「窃取」を否定すべきである。これに対し、体感器を装着したり器具を用いるなどして遊戯した場合は、このような遊戯方法が店舗の意思に反することが外形化されていることに加えて、被害店舗が設定した当たりの確率を超えた確率でメダルを取得することによって、被害店舗側に経済的損失を生ぜしめるリスクがあるため、「窃取」にあたるといえよう。

（4）本決定の理解と妥当性

　本決定は、被害店舗がいわゆるゴト行為そのものの禁止を明示していても、他人のゴト行為への共犯的な関与に対する被害店舗の拒絶の意思を明示していないことから、被害店舗の意思に反する占有移転とはいえず「窃取」を否定した、とみる見解もある[26]。たしかに、ゴト行為への共犯的関与とはいっても様々な形態があり、たとえばゴト行為の正犯者が喉の渇きを訴えた際に、隣で遊戯している共犯者が店内の自動販売機でペットボトルの飲料水を購入した場合に、共犯者によるペットボトル飲料水の取得を「被害店舗の意思に反する占有移転」とするのは妥当ではない[27]。しかし、少なくともゴト行為を行う者の「壁役」として遊戯する行為はゴト行為を直接的に助長する行為である以上、上述のペットボトル飲料水の場合とは大きく異なる。被害店舗が壁役としての遊戯に対して個別具体的に拒絶の意思を明示していなかったとしても、少なくとも「ゴト行為によって不正に当たりの確率を高めることを助長・促進してはいけない」という認識は社会的にも浸透しており、このような遊戯に対する店舗の拒絶の意思は社会的に確立した条件として外部に示されているとみるべきである。したがって、このような遊戯行為によるメダルの取得について窃盗罪を否定する論拠を、店舗側による「障壁」(の突破)の

26）　深町③191頁参照。
27）　三浦⑤155頁参照。

欠如に求めることは困難であろう。

　むしろ、本決定は、壁役としての「遊戯」そのものは店舗側に経済的損失を生ぜしめるリスクがないことから、「通常の遊戯方法」を逸脱しておらず、これによるメダルの取得について「窃取」を否定したものと理解されるべきである[28]。そして、本決定をこのように解することは、体感機を使用した遊戯行為について「通常の遊戯方法」から逸脱しているとして窃盗罪の成立を認めた**判例4**や**判例5**とも整合する。これらの遊戯行為はメダルの取得率を高める可能性のある遊戯方法である以上、被害店舗に経済的損害を生じさせるリスクが認められるからである。

　なお、ゴト器具を使用する機会を伺いながら遊戯してメダルを取得した場合はどうだろうか。**判例5**はメダルが体感機の操作の結果取得されたものであるか否かを問わず「窃取」を認めているが、体感機を装着しただけでは経済的損害を生じさせるリスクが認められない以上、体感機の操作の結果取得されたものではないメダルについてまで「窃取」を認めた点には疑問の余地がある。また、ゴト器具を使う機会を伺って遊戯したものの、最終的に器具を一切装着・使用することなく遊戯を終えた場合は、結果的にゴト器具を装着・使用していない以上、被害店舗に経済的損害が生じるリスクは結果として認めらないことから、**判例5**や本決定の理解を前提にしても、「通常の遊戯方法」から逸脱していないとして窃盗罪の成立を否定すべきであろう。

6　メダルの一部について窃盗罪（の共同正犯）を認めた点について

　本決定では、Xが通常の遊戯方法で取得した分とYのゴト行為を通じて取得した分が混在したドル箱内の414枚のメダルのうち、共同正犯で取得した範囲についてのみ「窃取」を認めている。窃取した客体の量や価値は量刑事情としても考慮され得る以上、客体はできる限り個別具体的に特定されるべきであり、適法に獲得したメダルが「分離不能」という既遂成立後から生じた事情によって違法行為によって取得したものと評価されるのは不当であ

---

28)　三浦⑤152頁以下参照。

ろう。具体的な枚数の立証が困難な場合は、量や割合などを概数で示しつつ、違法に取得したメダルの範囲を特定すべきである。したがって、X が取得したメダルのうち Y のゴト行為の共同正犯として取得した範囲に限定して窃盗罪を認めた本決定は妥当といえよう。

【参考文献】

本件の解説・評釈として

①林陽一「判批」平成 21 年度重判解

②飯島暢「判批」刑ジャ 20 号（2010 年）

③深町晋也「判批」論ジュリ 13 号（2015 年）

④松原芳博「判批」百選 8 版

⑤三浦透「判解」最判解平成 21 年度

「窃取」概念について

⑥橋爪隆「窃盗罪における『窃取』の意義について」刑法 54 巻 2 号（2015 年）

⑦内田幸隆「窃盗罪における窃取行為について」曽根・田口古稀（下）

⑧林陽一「窃盗罪と占有の保護」研修 814 号（2016 年）

8

暴行後の領得意思

東京高等裁判所平成 20 年 3 月 19 日判決
平成 19 年（う）第 2824 号 住居侵入、強制わいせつ致傷、強盗被告事件
高刑集 61 巻 1 号 1 頁／東時 59 巻 1〜12 号 15 頁／判タ 1274 号 342 頁

木 崎 峻 輔

I　事　案

　X は、A が勤務する会社から絵画を購入した際、その従業員であった A と知り合ったが、次第に A の接客態度と販売方法に疑問と怒りを抱くようになり、A に対して性的ないたずらをしてそれをカメラで撮影して A に仕返しをしようと考え、カメラやマスクを携えて A の住居に侵入した。そして、その後自宅に帰宅した A を、逃げないようにするため部屋に押し込み、さらに這って逃げようとする A を捕まえて、顔面を数回殴打した。その上で、A の顔面にガムテープを貼り、上半身に布団をかけ、目隠しをすると共に、パンティー等を脱がして、下半身の写真を取った後、さらに A の両手首を紐で後ろ手に縛って、身動きが困難な状態にした。その後、X は、A の肛門にバイブレーターを挿入する等のわいせつ行為を行い、その状況を写真撮影した。

　上記わいせつ行為を行っている途中、A の携帯電話に着信があり、X は携帯電話を手に取り、ポケットかバッグの中に入れた。X は、その後もわいせつ行為を行い、A 宅から逃走する際に、後ろ手に縛った紐を緩めるなどしたが、逃走の時間を確保するため A の両足をさらに縛り、A から脱がせたパンティーを見つけこれを持ち去った。A は、X が逃走した後、自ら両手首の紐を外すなどして自由になった。なお、A は、X の一連の犯行の最中、意識を失うことはなかった。

原審の横浜地判平成 19 年 11 月 1 日（公刊物未登載）は、X が A の携帯電話及びパンティーを持ち去ったことについて、X は A から携帯電話等を奪取した際に新たな暴行・脅迫は加えていないが、身体の自由に対する侵害行為が継続している以上、新たな暴行があった場合と同視できる、あるいは財物奪取に向けられた暴行として評価すべきであるとして、強盗罪の成立を認めた。

これに対して、X が、強盗罪が成立する理由が不明確であるなどとして控訴した。

Ⅱ　判　旨

破棄自判

東京高裁は、X の行為につき強盗罪の成立を認めた原審の判断は妥当であるとしたが、量刑不当を理由に破棄自判した。

まず、本件における強盗罪の成否について、「強制わいせつの目的による暴行・脅迫が終了した後に、新たに財物取得の意思を生じ、前記暴行・脅迫により反抗が抑圧されている状態に乗じて財物を取得した場合において、強盗罪が成立するには、新たな暴行・脅迫と評価できる行為が必要であると解されるが、本件のように被害者が緊縛された状態にあり、実質的には暴行・脅迫が継続していると認められる場合には、新たな暴行・脅迫がなくとも、これに乗じて財物を取得すれば、強盗罪が成立すると解すべきである。」として、X による財物奪取には強盗罪が成立するとした。そして、その理由として、「緊縛状態の継続は、それ自体は、厳密には暴行・脅迫には当たらないとしても、逮捕監禁行為には当たりうるものであって、被告人において、この緊縛状態を解消しない限り、違法な自由侵害状態に乗じた財物の取得は、強盗罪にあたるというべきなのである。緊縛された状態にある被害者は、一切の抵抗ができず、被告人のなすがままにまかせるほかないのであって、被告人の目的が最初は強制わいせつであったが、その後財物取得の意思も生じて財物を取得しても、なすすべが全くない状態に変わりはないのに、その行為が窃

盗にすぎないというのは、不当な結論であるといわなければならない。」と説示した。

　もっとも、本件においては、第1審判決後にXとAの間で示談が成立したことから、現時点においては原判決の量刑を軽減するのが相当であるとして、原判決を破棄した。

Ⅲ　解　説

1　問題の所在

　本判決は、強制わいせつ目的の暴行により反抗を抑圧した被害者に対して、領得意思の発生後に作為による暴行を加えることなく、反抗抑圧状態に乗じて財物を奪取した行為について、強盗罪を認めたものである[1]。強盗罪が成立するために必要な暴行・脅迫は、財物奪取の目的でなされることが必要であると解するのが通説であるところ、本件においては、このような通説の立場を前提としつつ、強制わいせつ目的で加えたAの手足を緊縛するという暴行により生じた緊縛状態の継続を、「実質的には暴行・脅迫が継続している」状態と評価して、緊縛状態を利用してなされた財物奪取について強盗罪の成立を認めている点に特徴がある。

　本判決の意義及び当否を検討するにあたっては、以下の点が問題になる。まず、本判決は、財物奪取目的以外の暴行により被害者の反抗を抑圧した後に領得意思が生じた場合も、財物奪取目的の新たな暴行が必要であるとしているが、このような場合につき新たな暴行を不要とする見解も主張されている。そこで、まず前提として、そもそも反抗抑圧状態にある被害者に対して、財物奪取目的の新たな暴行は必要かが問題になる。その上で、新たな暴行が必要であるとした場合には、本件のように、緊縛行為による反抗抑圧状態は

---

1)　なお、もし本件における被告人の当初の行為がわいせつ行為ではなく姦淫行為であった場合には、改正された刑法241条1項により、強盗強制性交等罪が成立することになる。

継続しているが、領得意思発生後に反抗抑圧状態を惹起する積極的な作為は存在しない場合も、財物奪取目的の暴行が存在するものとして扱い、強盗罪を成立させることができるかが問題となる。

2　反抗抑圧後の新たな暴行の要否

すでに反抗抑圧状態にある被害者から財物を奪取する行為について強盗罪を成立させるためには、財物奪取目的の新たな暴行は必要といえるか。

(1) 学　説

この点については、反抗抑圧状態にある被害者に対して、財物奪取目的の新たな暴行がなされなくても、反抗抑圧状態を利用して財物を奪取すれば強盗罪が成立すると解する見解も主張されている[2]。しかし、通説は、反抗抑圧状態にある被害者に対しても、財物奪取目的の新たな暴行がなされない限り、強盗罪は成立しないとする。

このような通説の立場は、まず、形式的な理由として、刑法には、準強制性交等罪（178条）のように、抗拒不能状態を利用した財物奪取を強盗として処罰する規定が存在しないことを挙げる[3]。また、実質的な理由としては、強盗罪の法定刑は、暴行罪または脅迫罪と窃盗罪を単純に合算したよりも重いものとされているところ、このような強盗罪の重罰根拠は、財物奪取に向けた暴行脅迫が行われる点にあるということ[4]、強盗罪における暴行・脅迫は、財物奪取に向けた一連の因果経過の始点をなすものであり、財物奪取の手段として構成要件要素とされているので、財物奪取の意思に基づいてなされなければならないということ[5]、不要説に立つと、殺害した相手方の所持品を取得した場合に常に強盗罪が成立してしまうことを挙げる[6]。

---

2)　藤木 294 頁、森永真綱「強盗罪における反抗抑圧後の領得意思」甲法 51 巻 3 号（2011 年）150-1 頁。

3)　酒井⑤ 106 頁、杉本⑥ 64-5 頁、町野 153 頁。

4)　島岡まな「暴行・脅迫後の領得意思」争点 175 頁、中空① 83 頁、内田② 87 頁。

5)　山口・探究 133 頁、酒井⑤ 106 頁。

6)　近藤和哉「反抗抑圧後の領得意思と強盗罪」立教 97 号（2018 年）213-4 頁、佐伯⑦ 83-4 頁、島岡・前掲注(4)174 頁、町野 153 頁。

(2)　裁判実務

　裁判実務においても、本判決を含む大半の裁判例が必要説を採用している[7]。まず、強盗罪の成立を否定した裁判例として、旭川地判昭和36年10月14日（判時282号27頁＝**判例1**）は、被告人が被害者と喧嘩になり、顔面を殴打する等の暴行を加えて失神させた上で背広をはぎ取った事案において、「強盗罪が成立するためには、暴行または脅迫を加えて相手方の反抗を抑圧し、これに乗じて財物を奪取することを必要とするのである。」として、強盗罪の成立を否定した。また、大阪高判平成元年3月3日（判タ712号248頁）は、被告人らと喧嘩になり、鉄パイプ等で殴打されほとんど抵抗できない状態になった被害者に対して、被告人が顔面を殴打して財物を奪取した事案において、結論としては強盗罪の成立を認めたものの、「強盗罪は相手方の反抗を抑圧するに足りる暴行、脅迫を手段として財物を奪取することによって成立する犯罪であるから、その暴行、脅迫は財物奪取の目的を持ってなされることが必要であると解される。」として、必要説に立つことを明示した。

　また、必要説の立場を前提とした場合には、気絶している被害者に対してはどのような挙動に出ても既に生じている反抗抑圧状態に影響が出ることはない[8]、強盗罪の成立は認められないことになる。このことから、**判例1**は、暴行を加えて失神させた被害者から背広を奪い取る行為を、人を殺した者が立ち去る際に被害者の所持品を持ち去るのと変わらないと評価して、強盗罪の成立を否定した。他方、札幌高判平成7年6月29日（判時1551号142頁）は、被告人らが強姦目的の暴行により失神したと誤信していた被害者を姦淫後、財物を奪取した行為について、失神している被害者に対しては反抗を抑圧する暴行も脅迫も無意味なものであることから、暴行・脅迫による強盗の犯意は生じえないとして、強盗罪の成立を否定している。

---

7)　甲斐行夫「暴行・脅迫と財物奪取との因果関係」佐藤道夫編『刑事裁判実務大系8財産的刑法犯』（1991年）222頁、佐伯⑦83頁、中空①82-3頁。また、必要説を採用した裁判例として、本文中に挙げたもののほかに、東京高判昭和48年3月26日（判時711号142頁）、高松高判昭和34年2月11日（高刑集12巻1号18頁）、福島地判昭和38年2月12日（下刑集5巻1＝2号88頁）など。
8)　杉本⑥70頁、甲斐・前掲注(7)229頁。

　もっとも、不要説に依拠する説示をした裁判例も存在する[9]。例えば、東京高判昭和 57 年 8 月 6 日（判時 1083 号 150 頁）は、強姦目的で暴行・脅迫を加えて反抗を抑圧した被害者が男であることに気付いた被告人が、被害者の両手両足を縛り上げた上で金品を奪った事例について、被告人が強盗の犯意を抱いた後に新たな暴行を加えたことを認めつつ、「たとい強盗の犯意に基づく新たな暴行、脅迫を加えていないときでも、強盗罪の成立を肯定するのが相当であって、暴行、脅迫を行った際の具体的な犯意が異るからといって強盗の故意がなかったとして強盗罪の成立を否定するのは相当でない。」としている。

(3) 検 討

　以上のように、財物奪取目的の新たな暴行の要否については見解が分かれているが、必要説が妥当である。

　このように解する理由としては、刑法が抗拒不能状態を利用して財物を奪取する行為を強盗罪として処罰する規定を置いていないということが決定的なものとなる。また、強盗罪が暴行または脅迫罪と窃盗罪を単純に合算したよりも重罪とされている理由は、単に暴行または脅迫と財物奪取が同一の機会になされるというだけではなく、財物奪取目的で人の身体に危害を加える行為の悪質性や抑止の必要性が高いことに求めざるを得ない。さらに、新たな暴行不要説を採用した場合の、財物奪取の目的なしに殺害した被害者の所持品を取得した場合に常に強盗罪が成立するという帰結は、明らかに不当なものである。

　また、判例との関係についても、たしかに不要説に依拠する説示をした裁判例も存在するが、これらの事例は、領得意思発生後に新たな暴行がなされたと評価することも可能な事案である[10]。すなわち、不要説に依拠した説示をしている裁判例も、その多くが傍論として述べているに過ぎないので、これ

---

　9) このような裁判例として、本文中に挙げたものの他に、大判昭和 19 年 11 月 24 日（刑集 23 巻 252 頁）。
　10) 酒井⑤ 102 頁以下、西原春夫＝野村稔「暴行・脅迫後に財物奪取の意思を生じた場合と強盗罪の成否」判タ 329 号（1976 年）23 頁以下参照。

らの裁判例の存在を理由として、事案の処理に際して不要説を採用すべきということにはならない。このことからも、抗拒不能状態にある被害者からの財物奪取行為については、必要説を前提とした検討がなされるべきである。

3　反抗抑圧後の新たな暴行

それでは、本判決のように、財物奪取以外の目的により開始された緊縛状態が継続していることを、財物奪取目的の新たな暴行として評価することは許されるのか。

(1) 強盗罪における「暴行・脅迫」の程度

まず前提として、強盗罪の成立のために必要とされる、反抗を抑圧するに足る暴行・脅迫の程度は、被害者の性質・状態によって変化するものとされる[11]。このことから、被侵害者が財物奪取目的以外の暴行・脅迫により反抗抑圧されていたという事情も、当該事案における暴行・脅迫が、強盗罪の成立に必要な暴行・脅迫といえるかを判断する上で考慮されることになる。すなわち、通常であれば反抗を抑圧するに足る暴行・脅迫とはいえない挙動であっても、他の目的の暴行・脅迫により既に反抗抑圧状態にある被害者に対しては、強盗罪を成立させるために要求される暴行・脅迫として評価されうることになる[12]。

裁判実務においても、財物奪取目的以外の暴行・脅迫により反抗抑圧されていた被害者からの財物を奪取した事例においては、行為者の挙動が通常であれば反抗を抑圧するに足る暴行・脅迫とは評価できない場合であっても、強盗罪の成立が認められている。

まず、静岡地沼津支判平成 22 年 1 月 21 日（裁判所 HP ＝ **判例 2**）は、被告人が強姦目的の暴行により被害者の反抗を抑圧した後、馬乗りになった状態での財物奪取行為につき強盗罪の成立を認めている。被害者に馬乗りになるという暴行は、それ自体が反抗抑圧状態を惹起する暴行ではなく、反抗抑圧状態を持続させる暴行に過ぎないといえるが、同事案では強盗罪の成立が認めら

---

11)　酒井⑤ 107 頁。
12)　酒井⑤ 107 頁、佐伯⑦ 84 頁、中空① 83 頁。

れている。また、東京高判昭和 48 年 3 月 26 日（判時 711 号 142 頁）は、被告人
が飲食店での支払いをめぐって被害者に暴行を加え、抗拒不能の状態になっ
た被害者に対して、「お前、本当に金がないのか。」と申し向けて財物を奪取
した行為について、強盗罪の成立を認めている。同事案においては、被害者
に対する財物要求行為が、強盗罪の成立に必要な脅迫行為として評価されて
いる。そして、東京高判昭和 37 年 8 月 30 日（高刑集 15 巻 6 号 488 頁＝**判例 3**）
は、被告人が強姦目的で被害者に馬乗りになった後、被害者が「お金をあげ
るから許してください。」と申し出たのに応じて立ち上がり、被害者が差し出
した金銭を奪った行為につき、強姦目的の暴行・脅迫により反抗不能の状態
に陥った被害者はその犯人が現場を去らない限り畏怖状態が継続することを
理由に、強盗罪の成立を認めている。同事案においては、強姦犯人が被害者
の前に存在すること自体が、強盗罪の成立のために必要な脅迫行為として評
価されている。もっとも、東京地判昭和 47 年 1 月 12 日（判時 661 号 99 頁）は、
強姦目的の暴行により反抗を抑圧した被害者が差し出した財布等を奪取した
という**判例 3** と類似した事案において、暴行・脅迫により反抗抑圧状態に陥っ
ている被害者に対しても、「財物奪取の手段として評価するに足る何らかの
作為がなければならないというべきである。」として強盗罪の成立を否定し
た。このことから、強姦犯人が被害者の前に存在すること自体を脅迫行為と
して扱う判断は、一般的なものではないと解される。

　以上のように、裁判実務は、既に反抗抑圧状態にある被害者に対しては、
通常であれば反抗抑圧状態を惹起する暴行・脅迫とは評価され得ない挙動に
出て財物を奪取した場合であっても、強盗罪の成立を認めている[13]。すなわち、
この場合には、反抗抑圧状態を持続させるに過ぎない態度や財物要求行為も、
強盗罪の成立に必要な反抗を抑圧する暴行・脅迫として評価とされうる。そ
れのみならず、単に現場に存在する行為を、反抗抑圧に足る脅迫として評価
した裁判例すら存在する。

---

13)　山口・探究 133 頁、中空①83 頁。

（2）緊縛状態に乗じた財物奪取

　それでは、財物奪取以外の目的で開始された緊縛による反抗抑圧状態に乗じて財物を奪取した場合には、強盗罪の成立を認めることはできるか。この場合には、上記の強盗罪の成立を認めた裁判例とは異なり、領得意思発生後の暴行・脅迫と評価されうる作為は存在しない。[14] また、緊縛状態により身動きができない被害者に対しては、脅迫行為は意味をなさないので、[15] **判例3** のように行為者が被告人の前に存在すること自体を脅迫として扱うこともできない。そこで、このような場合にも、領得意思発生後の行為者に、反抗抑圧に足る暴行に出たと評価しうる事情が存在するといえるかが問題になる。

　まず、既に緊縛されている被害者には、それ以上財物奪取の障害となる可能性を減殺させる作用を及ぼすことはできないので、暴行・脅迫の効力を及ぼすことはできない、すなわち、被害者が緊縛状態にあり既に抵抗できない状態にある以上は、気絶または死亡している被害者から財物を奪取する場合と変わらないということを理由として、このような場合には、強盗罪の成立を認めるべきではないとする見解[16] が主張されている。

　他方、緊縛状態を利用した財物奪取につき、強盗罪の成立を認める見解も主張されている。このような見解としては、まず、財物奪取を目的とする新たな暴行がなされていないとしても、この場合の被害者には、当初の緊縛行為による不法な有形力が領得意思発生後も継続しているとして、強盗罪の成立を認める見解[17] が主張されている。同見解は、緊縛行為について成立する逮捕罪は継続犯なので、被害者が緊縛されている間は、逮捕罪の実行行為としての緊縛行為が継続していると解するものである。

　これに対して、被侵害者の当初の緊縛行為だけでなく、自ら作出した緊縛状態を解消しないという不作為を、反抗抑圧に足る暴行として扱う見解も主張されている。同見解は、この場合には行為者の不作為により被害者の緊縛

---

14)　中空①84頁。
15)　杉本⑥71頁、内田②87頁。
16)　嶋矢③85頁、冨高彩「強盗罪における不作為構成（2・完）」上法54巻3＝4号（2011年）92頁、永井善之「判批」判例セレクト2008・37頁、内田②87頁。
17)　佐伯⑦85頁、杉本⑥72頁参照。

状態が維持されていることから、緊縛状態を解消しないという不作為は、逮捕・監禁の実行行為とも評価できることを理由とする。[18]

本判決以降の裁判例にも、緊縛状態を利用した財物奪取について強盗罪の成立を認めているものが存在する。まず、宮崎地判平成 24 年 9 月 28 日（LEX/DB25483068）は、強姦目的で被害者をコンテナ倉庫内に監禁し、手足に紐を巻きつけて拘束した被告人が、強姦行為をあきらめ被害者から財布を奪取した行為について、「被告人が少なくとも現金を奪い取る意思を生じた当該時点において、上記のような強度の緊縛状態を持続させていたことは、当該財物の奪取という目的にも向けて、新たな暴行・脅迫が行われたことと十分に同視できるというべきである。」として、強盗罪の成立を認めた。また、広島高岡山支判平成 25 年 7 月 31 日（高刑速（平 25）225 頁）は、被害者をガムテープで拘束した被告人が、被害者を強姦後に財物奪取の意思が生じ、バッグ等の所持品を奪取した事案について、「実質的には暴行・脅迫が継続している状態において、財物奪取の意思を生じ、この状態に乗じて財物を奪取した事実関係の下においては、新たな暴行・脅迫がなくても強盗罪が成立すると解するのが相当である。」とした。これらの裁判例も、被告人が強姦目的で被害者を拘束し、その状態が継続していることを、実質的には暴行が継続しているものと評価して、領得意思発生後に暴行がなされたものとして扱い、強盗罪の成立を認めるものである。

（3）検　討

まず、この場合に強盗罪の成立を否定する見解は、緊縛されている被害者からの財物奪取を、**判例 1** のような気絶または死亡している被害者からの財物奪取と同視するものである。しかし、この場合の被害者は、緊縛状態が解消されることにより直ちに反抗抑圧状態から回復でき、意識があるので自ら緊縛状態から脱出する試みも可能な状態にある。また、緊縛行為による有形力が作用し続けている点では、純粋に反抗抑圧状態に陥っているだけの気絶または死亡している状態とは異なり、むしろ**判例 2** の馬乗り状態に近いもの

---

18)　中空①85 頁、芥川⑧290 頁。

である。たしかに、緊縛状態にある被害者に対して脅迫行為は意味をなさないが、緊縛による有形力が作用し続けている以上、反抗を抑圧する暴行、すなわち被害者の身体に対する有形力はその効果を及ぼし続けている。そうであるならば、この場合の被害者を、気絶または死亡している被害者と同視することはできないと解される。

　もっとも、新たな暴行必要説を前提とする以上は、このような場合に強盗罪の成立を認めるためには、行為者に財物奪取目的の新たな暴行と評価しうる態度が存在することが必要となる。この点については、まず、緊縛行為について成立する逮捕罪は継続犯であることからすると、当初の緊縛行為による不法な有形力が領得意思発生後も継続していると解することも可能であるように思われる。しかし、継続犯においては実行行為が継続しているとされているが、その本質は法益侵害状態の継続であることからすると、この場合に緊縛行為という暴行が継続していると解することには、行為主義の観点からの疑念も生じる。[19]

　他方、緊縛行為により反抗抑圧状態にある被害者は、行為者が緊縛状態を解消することにより、直ちに反抗抑圧状態から回復できる。そうであるならば、行為者が緊縛状態を解消しないという不作為は、実質的には緊縛状態を継続させる作用を有する行為として評価することもできる。このように解する場合には、不真正不作為犯の成立要件である作為義務と作為可能性が認められる限り、行為者は、緊縛状態を解消しない、すなわちその効果を継続させる不作為という、緊縛行為そのものとは別個の行為に出ていることになるので、行為主義の観点からの疑念は生じないことになる。前述のように、既に反抗抑圧状態にある被害者に対しては、その反抗抑圧状態を持続させるに過ぎない行為であっても、反抗抑圧に足る暴行・脅迫として評価されることになる。それと同様に、被害者の緊縛状態に客観的な変化はなくても、緊縛状態を持続させる不作為が継続している中で行為者に領得意思が生じた場合

---

19)　芥川正洋「反抗抑圧後の財物奪取の意思の事例をめぐる判例の新しい動向」早研156 号（2015 年）21 頁。また、継続犯の本質について、松原芳博『行為主義と刑法理論』（2020 年）8 頁参照。

には、当該不作為は、財物奪取を目的として反抗抑圧状態を持続させる暴行としての性質を有することになる。そこで、この場合には、被害者の緊縛状態を解消しないという不作為を、強盗罪の成立に必要な暴行として評価することが可能になる。

このような不作為を理由に強盗罪の成立を認めることに対しては、単に反抗抑圧状態を利用した財物奪取について強盗罪を認めることになり、新たな暴行不要説との区別を曖昧にしてしまうという批判が向けられている[20]。しかし、緊縛行為を解消しないという不作為は、それを緊縛行為そのものとは別個の行為として観念できる以上、別個の違法行為として評価することが可能である。また、このような見解からは、緊縛状態を解消しないという不作為に反抗抑圧状態を持続させる作用が認められない場合、すなわち、被害者が気絶または死亡している場合のように、行為者が直ちに反抗抑圧状態を解消することができない場合には、緊縛状態を解消しないという不作為は無意味なものになるので、そのような不作為を強盗罪の成立に必要な暴行として評価することができないことになる[21]。この点において、反抗抑圧状態を解消しないという不作為を強盗罪における暴行として扱う見解は、単に反抗抑圧状態を利用した財物奪取について強盗罪の成立を認める見解とは異なるものであるということができる。

以上のように、行為者が自ら作出した被害者の緊縛状態を利用して財物を奪取した事案については、当初の暴行により生じた緊縛状態を解消しないという不作為を、領得意思発生後の新たな暴行と解することで、強盗罪の成立が認められると解するべきである。

4　本判決の判断について

(1) 判断の内実

本判決は、新たな暴行必要説を前提とした上で、領得意思発生前に生じた

---

20)　町野 155-6 頁、山口・探究 134 頁、酒井⑤ 109-10 頁、佐伯⑦ 84 頁、島岡・前掲注(4)175 頁参照。
21)　芥川⑧ 296 頁参照。

緊縛状態が領得意思発生後も継続していることを理由に強盗罪の成立を認めている。すなわち、当初の緊縛行為による逮捕行為の継続を、「実質的には暴行・脅迫が継続している」と評価して、反抗を抑圧するに足る暴行として扱うものであり、このような理解は、緊縛行為について成立する逮捕罪が継続犯であることから基礎づけられる。[22]

　もっとも、同判決の、「緊縛状態の継続は、それ自体には、厳密には暴行・脅迫には当たらないとしても」という説示は、やはり緊縛状態の継続という事実は、暴行行為そのものではないことから、被害者に対する逮捕行為の継続を暴行の継続として扱うことについて、行為主義の観点からの疑念が拭えないことを示すものであるように思われる。また、「被告人において、この緊縛状態を解消しない限り、違法な自由侵害状態に乗じた財物の取得は強盗罪に当たるというべきである。」という説示は、「緊縛状態を解消しない」という不作為が、本件において強盗罪を成立させる上で重要な意味を有していることを示唆するものとみることもできるかもしれない。[23]そうであるならば、本判決の判断の内実は、反抗抑圧に足る暴行を、当初の緊縛状態の継続だけではなく、被害者の緊縛状態を解消しないという不作為にも求める見解に親和性を有しており、このように解することで、より実態に合致した理解が可能になる。[24]

(2) 判断の当否

　本判決における被告人の行為につき強盗罪の成立を認めた判断は、妥当なものである。すなわち、新たな暴行必要説からは、既に反抗抑圧状態にある被害者から財物を奪取する場合には、領得意思発生後の新たな暴行として、被害者の反抗抑圧状態を持続させる暴行が必要になるが、自ら作出した緊縛状態を解消しないという不作為を、この意味における新たな暴行として評価することができる。

　そして、緊縛状態を解消しないという不作為を理由に強盗罪の成立を認め

---

22)　中村④26頁、杉本⑥72頁、内田②87頁。
23)　内田②87頁参照。
24)　中村④27頁、中空①84-5頁。

るためには、緊縛状態を解消するという作為に出ることについて作為義務及び作為可能性が必要になるところ、本件においては、まず緊縛状態を作出したという先行行為を理由として作為義務を認めることができる。また、本件の犯行現場は被害者の自宅内であり、他人に助けを求めることは困難な状態であったといえるので、被告人は、被害者の身体の自由について排他的支配関係にあったといえることからも、作為義務を認めることができる。[25] そして、本件において、被告人は、被害者の手足を紐で縛るなどして緊縛していたに過ぎないのであるから、緊縛状態を解消することは容易であり、作為可能性も認められる。そこで、本件の事実関係においては、被害者の緊縛状態を解消しないという不作為を新たな暴行として強盗罪の成立を認める見解を前提としても、強盗罪を認めるべき事案であったということができる。

【参考文献】

　本件の解説・評釈として、
　　①中空壽雅「判批」刑ジャ14号（2009年）
　　②内田浩「判批」百選8版
　　③嶋矢貴之「判批」百選7版
　　④中村功一「判批」研修725号（2008年）

　暴行後の領得意思について
　　⑤酒井安行「暴行・脅迫後の財物奪取」基本講座（5）
　　⑥杉本一敏「反抗抑圧の『上書き更新』」財産犯
　　⑦佐伯仁志「強盗罪（2）」法教370号（2011年）
　　⑧芥川正洋「強盗罪における不作為の暴行・脅迫」野村古稀

25）　芥川⑧298頁参照。

9

2項強盗における財産上の利益

東京高等裁判所平成 21 年 11 月 16 日判決
平成 21 年（う）第 1215 号 住居侵入、窃盗、強盗（認定罪名強要）、
強制わいせつ被告事件
東時 60 巻 1～12 号 185 頁／判時 2103 号 158 頁／判タ 1337 号 280 頁

荒 木 泰 貴

I 事 案

　被告人は、金品窃取の目的で、深夜に無施錠の玄関ドアから A 方に侵入し、台所兼居間で A が寝ていることを確認するとともに、隣の南側和室に財布が入ったバッグがあることを発見し、A が目を覚ましてもすぐには見えない同和室の隅の壁際に同バッグを移動したうえで、中から財布を取り出して中身を確認したところ、現金は 6000 円程度しか入っていなかったものの、本件口座のものを含む数枚のキャッシュカードが入っていたことから、A を包丁で脅して暗証番号を聞き出し、キャッシュカードで現金を引き出そうと決意した。そして、帰る際に持って行けばいいと考えてキャッシュカードの入った財布を同和室の隅に置いておいたバッグに戻したうえ、包丁を台所から持ち出し、これを A に突きつけながら、「静かにしろ。一番金額が入っているキャッシュカードと暗証番号を教えろ。暗証番号を教えて黙っていれば、殺しはしない。」などと言って脅迫し、A は、やむなく本件口座の暗証番号を教えた。

　第 1 審（さいたま地川越支判平成 21 年 6 月 1 日判タ 1337 号 282 頁参照）は、次の 2 点を理由として、2 項強盗罪の成立を否定し、強要罪の成立を肯定した。すなわち、①被告人が A から窃取に係るキャッシュカードの暗証番号を聞き出

したとしても、財物の取得と同視できる程度に具体的かつ現実的な財産的利益を得たとは認められない、②刑法236条2項の「財産上不法の利益」について、「移転性」のある利益に限られ、同項に該当するためには、犯人の利益の取得に対応した利益の喪失が被害者に生じることが必要であると解したうえで、被告人が上記のとおり暗証番号を聞き出したとしても、キャッシュカードの暗証番号に関する情報がAと被告人との間で共有されるだけで、Aの利益が失われるわけではないから、被告人が「財産上不法の利益を得た」とはいえない、というものである。

Ⅱ　判　旨

破棄自判（後、上告棄却）

原判決①について

「キャッシュカードを窃取した犯人が、被害者に暴行、脅迫を加え、その反抗を抑圧して、被害者から当該口座の暗証番号を聞き出した場合、犯人は、現金自動預払機（ATM）の操作により、キャッシュカードと暗証番号による機械的な本人確認手続を経るだけで、迅速かつ確実に、被害者の預貯金口座から預貯金の払戻しを受けることができるようになる。このようにキャッシュカードとその暗証番号を併せ持つ者は、あたかも正当な預貯金債権者のごとく、事実上当該預貯金を支配しているといっても過言ではなく、キャッシュカードとその暗証番号を併せ持つことは、それ自体財産上の利益とみるのが相当であって、キャッシュカードを窃取した犯人が被害者からその暗証番号を聞き出した場合には、犯人は、被害者の預貯金債権そのものを取得するわけではないものの、同キャッシュカードとその暗証番号を用いて、事実上、ATMを通して当該預貯金口座から預貯金の払戻しを受け得る地位という財産上の利益を得たものというべきである。」（傍点筆者）

原判決②について

「原判決は、刑法236条2項の財産上の利益は移転性のあるものに限られるというのであるが、2項強盗の罪が成立するためには、財産上の利益が被

害者から行為者にそのまま直接移転することは必ずしも必要ではなく、行為者が利益を得る反面において、被害者が財産的な不利益（損害）を被るという関係があれば足りると解される（例えば、暴行、脅迫によって被害者の反抗を抑圧して、財産的価値を有する輸送の役務を提供させた場合にも2項強盗の罪が成立すると解されるが、このような場合に被害者が失うのは、当該役務を提供するのに必要な時間や労力、資源等であって、輸送の役務そのものではない。）。そして、本件においては、被告人が、ATM を通して本件口座の預金の払戻しを受けることができる地位を得る反面において、本件被害者は、自らの預金を被告人によって払い戻されかねないという事実上の不利益、すなわち、預金債権に対する支配が弱まるという財産上の損害を被ることになるのであるから、2項強盗の罪の成立要件に欠けるところはない。」

なお、その他に住居侵入罪、窃盗罪、強制わいせつ罪の成立も肯定されている。

Ⅲ　解　説

1　はじめに

本判決は「預貯金の払戻しを受け得る地位」を客体とする2項強盗[1]の成立を肯定している。しかし、本判決は聞き出し行為の時点でキャッシュカードの占有は移転していないとしたため[2]、もし聞き出しのための脅迫が同時にキャッシュカードの占有取得のための脅迫とも評価しうるのなら、キャッシュカードを客体とする1項強盗の可能性も存在した[3]。そのため、本件で問題となるのは、1項強盗の可能性がありうるのに上記地位を客体とする2項

1)　2項強盗に関する分析として、野澤充「利益強盗罪（利得強盗罪）に関する序論的考察」法政研究 87 巻 4 号（2021 年）1450 頁以下。

2)　判タ 1337 号 283 頁。

3)　豊田兼彦「判批」法セ 677 号（2011 年）125 頁、内海朋子「預貯金の払戻しを受けうる地位は財産上の利益たりうるか」横浜国際経済法学 21 巻 3 号（2013 年）242 頁、山口⑥ 138 頁。これに対して、金澤真理「財産上の利益に対する刑法的保護に関する一考察」川端古稀（下）110 頁は本件を1項強盗と構成することに反対する。

強盗が成立しうるのか、である。

　もっとも、もし本件を1項強盗で処理できるとしても、なお上記地位が2項強盗の客体たりうるのかを検討する価値はある。なぜなら、キャッシュカードの占有移転が先行した後に暗証番号を聞き出した場合の処理を考える必要があり、また、キャッシュカードの価値は上記地位が化体していることに由来するが、仮に上記地位が2項強盗の客体として保護されないのなら、キャッシュカードの占有移転があった場合にこれを無批判に（量刑上）考慮できると考えるべきではないからである[4]。

　そこで、以下では2項犯罪の一般論を概観し、本件の検討に入りたい。そのうえで、「～できる地位」構成による2項犯罪について最後に言及する。

2　財産上の利益の定義・具体例と検討方法

　財産上の利益は、一般に、人の財産の中で財物を除くすべてをいうとされる[5]。財産上の利益に該当しうるものには、債務負担の約束（債権の取得）（最決昭和43年10月24日刑集22巻10号946頁）、債務の保証をさせること（東京高判昭和30年12月2日高刑特2巻23号1230頁）、債務の引受けをさせること（大判大正4年7月10日新聞1031号28頁）、金銭債務の支払免脱（最判昭和32年9月13日刑集11巻9号2263頁）、履行の督促を一時免れること（債務の履行の延期）（最判昭和30年4月8日刑集9巻4号827頁）、支払猶予（最決昭和34年3月12日刑集13巻3号298頁）、無銭飲食・宿泊（最決昭和30年7月7日刑集9巻9号1856頁）、キセル乗車による輸送役務（大阪高判昭和44年8月7日判タ242号307頁）、不動産の賃借権（神戸地判平成20年5月28日 LEX/DB 25421253）などを挙げることができる。

　かかる定義の広範さゆえに、そしてとりわけ2項強盗においては処分（交付）行為による限定もできないから[6]、2項犯罪の処罰範囲を限定する必要性は高い。

　また、1項犯罪との関係で2項犯罪の成立範囲は限定されうる。というの

---

4)　森永真綱「判批」判例評論652号（2013年）197頁注(2)参照。
5)　大判明治43年5月31日（刑録16輯995頁）、井田211頁、山口214頁等。
6)　最判昭和32年9月13日（刑集11巻9号2263頁）。

も、無体の利益の移転は財物の移転よりも立証が困難であり[7]、2項犯罪には補充性があると指摘されるからである[8]（原則としての1項犯罪）。そのため、実質的には財産上の利益が侵害されていても、財物の移転が伴えば利益が化体した財物に対する1項犯罪で処理されうる[9]。

　そこで、2項犯罪の成立範囲を明確に判断するため、本判決のように、①財産上の利益として2項犯罪で保護される利益たりうるためにはどのような属性を備えてなければならないか（客体適格）、②2項犯罪（とくに2項強盗）で必要とされる移転性とは何か、に区別して検討したい[10]。

　あらかじめ強調すべきは、ある事案における客体の候補は複数ありえ、候補を1つに限定すべきでないという点である。それぞれの候補につき、いかなる理由から2項犯罪の成立が肯定・否定されるのかを検討する必要がある。

3　保護される利益（客体適格）

（1）客体適格の限定の試み

　客体適格として、まず、①利益の具体性・現実性が挙げられる。1項犯罪と2項犯罪が並べて規定されていることから、「財産上の利益」は財物との同等であることを要することが根拠とされる[11]。

　次に、同じく財物との同等性という観点から、客体適格に②利益の任意処分可能性を要求する見解がある[12]。これに対しては多くの学説が批判的である[13]。その理由は、2項強盗に処分行為は必要ないと解されているから②を要求することはできない、とする点にある。しかし、2項強盗に処分行為が必要ない

---

7)　前田雅英「利益強盗罪について」警論 63 巻 10 号（2010 年）154 頁。
8)　詐欺罪についてだが、藤木英雄『経済取引と犯罪』（有斐閣、1965 年）23 頁。
9)　木村② 34 頁。
10)　田山① 84 頁。ほかにも両者を明確に区別して議論するものに、例えば深町⑤ 160 頁、足立友子「刑法が保護する『利益』の範囲とは」刑ジャ 49 号（2016 年）26 頁。
11)　神戸地判平成 19 年 8 月 28 日（公刊物未登載）は「〔刑法 236 条〕2 項の『財産上の利益』とは、財物と同視できる程度に具体的かつ現実的な財産的利益をいうと解すべき」とする（樋口正行「研修の現場から」研修 724 号（2008 年）115 頁参照）。また、西田（橋爪補訂）188 頁も 1 項強盗と同視できることを挙げる。
12)　東京高判平成元年 2 月 27 日（高刑集 42 巻 1 号 87 頁）、大塚（仁）220 頁注(11)。
13)　例えば、井田 261 頁。

のは、処分行為を経て利益を移転させる必要はないという意味と解される。客体適格としての任意処分可能性とはレベルが異なるから、批判の妥当性には疑問がある。

　また、2項犯罪が移転罪であることから、客体適格として③利益の移転性を要求する見解がある[14]。これに対しては、非移転罪にも共通する財産犯として統一的な客体概念を採用するには、客体の属性として移転性を有している必要はないと批判する見解がある[15]。ただし、この見解でも、移転させえない客体は強取・詐取・喝取しえないことを理由に2項犯罪（の未遂）の成立が否定されると考えられるから[16]、結論に差は生じないと思われる。③は移転させるという行為態様から客体を限定するが[17]、そうだとすれば、移転性は客体適格ではなく行為態様に位置づけるのが素直であり、そうすることで移転罪固有の要件に位置づけることができる。

(2) 限定の帰結

(ア) 推定相続人を殺害することによる順位の上昇

　これは単なる期待権であって具体的・現実的でないことから、自らの相続順位を上昇させるために先順位の推定相続人を殺害しても2項強盗（からの強盗殺人罪）は成立しないと解されている[18]。

　具体的・現実的でない理由の内実は必ずしも明らかでないが、ここでは利益内容の確定性および利益の実現可能性がその内実をなすと考えられる[19]。すなわち、典型的な財産上の利益である金銭債権は請求可能な金額が定まっており、利益内容が確定している。また、債務者に請求して利益を実現しうる。これに対して、相続順位が上昇しても、遺産分割協議（民法907条1項）や遺留分（民法1042条）の処理等も考えられ、自らがどのような財産を相続するか（利益内容）は確定しない。また、そもそも先順位の推定相続人が死亡しても相続

---

14)　山口 214 頁。
15)　田山③ 19 頁。
16)　田山③ 22 頁参照。
17)　井田 211 頁注(22)参照。
18)　林（幹）・判例刑法 342 頁、松原 253-4 頁。
19)　田山③ 20 頁参照。

は開始しないし（民法882条）、順位が上昇したことで他の相続人や被相続人に何かの引渡請求権等を取得するわけでもない（利益の実現可能性がない。）。

このように、利益内容の確定性・利益の実現可能性が認められない場合、当該利益は具体的・現実的でないとして客体適格が否定されると考えられる。

（イ）被相続人殺害による（唯一の）相続人たる地位

相続による財産取得過程で登場する利益は複数ありうる。

まず、最終的に獲得される個別の相続財産（財物や預金債権等）の客体適格は否定できない。そのため、これを客体とする2項強盗を否定するには、移転性（強取要件）に着目する必要がある[20]。

次に、相続開始による相続人たる地位が客体の候補に挙げられる。これについては、利益の具体性・現実性や地位獲得の直接性は否定しきれないように思われる[21]。少なくとも、2項強盗未遂（からの強盗殺人）の成立を否定する理由になるかは疑問が残る[22]。そこで、相続人たる地位の客体適格を任意処分可能性の観点から否定する、あるいは、相続人たる地位の獲得は反抗抑圧ではなく相続制度によって付与された効果にすぎないから「強取」を否定することが考えられる[23]。

4　移転性と移転の態様（「強取」要件）

（1）移転性の内容

2項犯罪は移転罪であるから、強取・詐取・喝取したといえるには客体を移

---

20)　林（幹）214頁は「『強取』といいうるためには、財産の移転は、**暴行・脅迫などによって直接・不法になされることが必要**であって、相続などの適法な事由の外観を介して間接的になされた場合は含まれない」（強調原典）とする（林④83頁も参照）。松原254頁は個別の相続財産の移転は「相続制度によって付与された効果であって、被相続人の抵抗を制圧したことの効果ではなく、『強取』に当たらない」とする（小林・理論と実務139頁も参照）。

21)　まもなく相続が始まって相続対象財産もある程度定まっているから具体性・現実性は肯定しうる（佐伯仁志「強盗罪（2）」法教370号（2011年）86頁、松原254頁）。これに対して、曽根威彦『刑法の重要問題〔各論〕〔第2版〕』（成文堂、2006年）173頁は相続人たる地位は単なる期待権であってそれ自体が財産的利益ではないとする。

22)　井田261-2頁。

23)　松原254頁。

転させたことを要する。

移転性の内容につき、利益の喪失を要求・強調する見解がある。[24] 1項犯罪は財物の占有を喪失することによる利用可能性の侵害を問題とするから、客体のみが異なる2項強盗においても利益の喪失が必要であるとする。

他に、利得と損害の対応関係で足りるとする見解も有力である。[25] この見解の根拠として、2項犯罪の典型である債務者が債務免脱する行為も、債権ないし債務が移転しているのではなく、利得と損害が対応しているにすぎないが、これをもって移転と捉えられていること、債権譲渡ではなく新たに債権を取得する場合も2項犯罪の成立が肯定されるから、客体が全く形を変えずに移転することまで厳密に要求するべきではなく、行為者が得る債権と被害者が負担する債務とが表裏一体のものと認められれば移転したといえるとされていること、[26] が挙げられる。

(2) 移転性による限定：情報に対する2項犯罪

移転性の内容を利得と損害の対応関係とする見解の中には暴行・脅迫によって財産的情報を聞き出した場合にも2項強盗の成立を肯定するものがあるが、[27] それは妥当でないと思われる。

確かに、対応関係で足りるとする見解が主張するように、2項犯罪において客体が財物のように形を変えずに右から左へ移ること、言い換えれば当該利益自体が移転することまで要求するべきではない。

しかし、財産的情報を聞き出した場合にも2項犯罪を認めると詐欺等行為により営業秘密を取得した場合にも2項犯罪が成立することとなるが、それは営業秘密侵害罪（不正競争防止法21条の特に1項）が存在することと整合しない。[28] 情報は、暴行等によって聞き出されたとしても被害者が忘れてしまうわけではなく、通常、情報それ自体は移転させられないから強取・詐取・喝取

---

24) 山口⑥131頁。この見解は、被害者に生じた被害を問題とせず、犯人が不法に利得すること自体が社会的に是認・容認し難いという考慮でのみ処罰を肯定しようとする倫理主義的な考え方は排斥されるべきであることを強調する。

25) 佐伯仁志「財産上の利益」争点〔第3版〕157頁、林（幹）・判例刑法340-1頁。

26) 田山③20頁。

27) 林（幹）・判例刑法341頁。深町⑤161頁も参照。

28) 山口⑥138頁。

できず、2項犯罪の成立は否定されるべきである。[29]

(3) 移転の態様（「強取」要件）による限定

強盗罪が成立するには、強盗罪の予定する態様で客体を移転させることを要する。この点に関連する裁判例として神戸地判平成17年4月26日（判時1904号152頁）が挙げられる。事案は、被害者を殺害して会社を営業するなどの経営上の権益を得ようとし、実際にこれを得た、というもので、裁判所は[30]次のように判示した。「被告人Aは、Fの殺害後、その後継者として『経営上の権益』を、実質的にはおおむね掌握したとみられるものの、それはFから直接得られた利益というよりも、Fが死亡したことにより、被告人Aの同グループ内での地位が相対的に上がったことによって、事実上得られた利益にすぎないというべきである。……本件においては、被害者を殺害すること自体によって、それが行為者に移転するという関係を想定することは困難であることからすれば、本件の事実関係のもとでは、検察官の主張する『経営上の権益』は刑法236条2項の『財産上の利益』に当たらないと解するのが相当である。」。

この判決は「経営上の権益」の客体適格を問題としたようにも読める。しかし、例えば欺罔により経営上の権益を譲渡させた場合に2項詐欺は否定できないであろう。[31]「経営上の権益」の客体適格およびこれを移転させうることは肯定されると考えられる。したがって、ここで問題となるのは、どのような態様で移転させれば「強取」といえるのかである。

本件で「強取」を否定する見解としては、物理的直接性を要求する見解、[32]

---

29) 客体適格に移転性（利益の喪失）を要求してこの帰結を導く見解もある（山口⑥ 138頁）。財産的情報に対する2項犯罪の成立可能性に関する私見は荒木泰貴「財産的情報の移転と2項犯罪」慶應法学40号（2018年）265頁以下。

30) 検察官は経営上の権益の中身を「〔被害者〕が所有する財物及び同人が実質的に経営する全11会社及び全14店舗の什器備品・従業員等を利用して同店舗等を営業し、その売上金を収受することほか、同店舗等の知名度、営業方法、裏金が流れるシステムを含むものである」と述べており、裁判所もこれを前提としているといえる。

31) 林④83頁。これに対して、足立・前掲注(10)27頁は経営上の権益の客体適格を具体性・現実性の観点から否定する。

32) 林（幹）214頁、林④83頁。

反抗抑圧の効果として利益が移転することを要求する見解[33]が説得的である。

5 ここまでのまとめ

2項強盗の成否を判断するには、複数ある客体の候補それぞれにつき、次の諸点を検討する必要がある。①客体適格はあるか、②-1 当該客体は移転させうる（「強取」しうる）ものか、②-2 その移転の態様は「強取」といえるものか。

6 1項犯罪と2項犯罪の関係

本判決では財物と財産上の利益の関係が問題となることから、本判決の検討の前に1項犯罪・2項犯罪の関係について整理する。

(1) 利益の化体した物に対する1項犯罪・2項犯罪の成否

物の移転が伴う場合、財産上の利益が化体した物を客体とする1項犯罪の成立が肯定されうる。最決平成14年2月8日（刑集56巻2号71頁）は、消費者金融会社の係員を欺いてローンカード（このカードを同社の各店舗に設置された現金自動入出機に挿入して同機を操作する方法により、契約極度額の範囲内で何回でも繰り返し金員を借り入れることができるもの）を交付させた事案につき、1項詐欺を肯定した。このような借入れができるという利益が化体したローンカードという物が客体とされている。

これに対して、物の占有移転の後に利益が付与された場合、利益が化体した物を客体に1項犯罪を肯定することはできず、利益の付与によって2項犯罪が成立しうる。例えば、東京高判平成18年11月21日（東時57巻1〜12号69頁）は、プラスチックカードを入手したうえ、消費者金融会社に他人名義で契約を申し込み、同カードを利用限度額内で繰り返し利用できるローンカードとして利用可能にする行為につき、ローンカードを利用すれば無審査で自動的・確実に金銭を借り入れられることを理由に、「事実上、上記ローンカードを用いて同社から利用限度額の範囲で何回でも繰り返し金銭を借り入れるこ

---

33) 松原255頁。

とができる地位を得た」として2項詐欺罪の成立を肯定した。また、神戸地判平成19年8月28日（公刊物未登載[34]）は、事前に被害者方に侵入してキャッシュカードを窃取していた被告人が、それを用いて被害者名義の預貯金口座から預貯金を払い戻すため、被害者方に侵入し、被害者に暴行・脅迫を加えて暗証番号を聞き出そうとしたところ、被害者は暗証番号を言わなかったが、一連の暴行により殺害した事案につき、本判決と類似の判示により2項強盗（殺人）を肯定した[35]。

(2) 物の引渡請求権の取得と1項未遂・2項既遂

例えば暴行によって財物を引き渡す約束をさせた場合、引渡請求権を客体とする2項強盗既遂となるのか、この時点では1項強盗未遂であって財物の引渡時点で1項強盗既遂となるのかが問題となる。

この点については、財物の引渡請求権を取得しても原則として1項未遂にとどまり、物の占有を取得する可能性に還元できない別個独立の利益が認められて初めて2項既遂になると考えるべきである[36]。さもなければ、多くの1項未遂が2項既遂となってしまうからである。

7　本判決の検討

(1) 暗証番号（を知ったこと）を客体と捉える場合

まず、第1審のように暗証番号（を知ったこと）を客体とすることが考えられる。この場合、暗証番号が聞き出されたとしても被害者が忘れるわけでは

---

34)　樋口・前掲注(11)111頁以下参照。

35)　刑法236条2項の「『財産上の利益』とは、財物と同視できる程度に具体的かつ現実的な財産的利益をいうと解すべきである。これを本件についてみると、キャッシュカードとその暗証番号があれば、ATMを用いて、機械的かつ確実に預貯金口座の金銭を入手することができるという、ATMを使用した場合における今日の預貯金の払戻しの取引実態に鑑みると、キャッシュカードとその暗証番号を併せ持つことは、ATMを操作してその預貯金残高の範囲内で金銭の払戻しを受ける地位を得ることであるといえ、このような経済的利益は、同条2項にいう『財産上不法の利益』として財物と同様に保護するのに十分な具体性、現実性をもった利益であるとみるのが相当である。」

36)　山口⑥135頁は「〔『財物を取得し得る地位』の取得によって〕利得罪の既遂の成立を肯定するためには、『財物を取得し得る地位』自体に財物の占有とは区別された独自の意義が認められる必要があろう」とする。そのほかに、木村②37頁。

ないから「強取」できない（移転させられない）。暗証番号自体を客体と捉える限り、第1審は正当といえる。

しかし、客体の候補をこれに限定すべき理由はない。

(2) 客体をキャッシュカードと暗証番号を併せ持つことと捉える場合

(ア) 2項強盗の客体たりうるか

控訴審は、キャッシュカードと暗証番号を併せ持つことによる預金の払い戻しを受けうる地位を客体と捉えた。

後述するように控訴審は是認可能と思われるが、有力な批判も存在する。すなわち、控訴審の考え方によれば金庫の暗証番号を脅迫によって聞き出すと「金庫の中身を手に入れられる地位」を客体とする2項強盗既遂となりうるが、この場合は1項強盗未遂と考えられてきたのであり、控訴審の考え方は1項未遂を2項既遂に格上げするものである、という批判である[37]。

しかし、この批判は必ずしも本判決（の事案）には妥当しないと思われる。批判の前提とする事案では暗証番号を聞き出される者と金庫の中身の被害者（法益主体）が同一であるため、聞き出し行為は財物取得の前段階（1項未遂）と位置づけられる。これに対して、本件で金庫の中身に相当するのは現金であるが、その占有移転の被害者はATM等で現金を管理する者であって、聞き出し行為の被害者とは法益主体が異なる。したがって、本件の聞き出し行為の被害者への法益侵害との関係において、聞き出し行為は財物取得の前段階とは位置づけられないから、本件は上記批判の前提とする事案とは異なる[38]。

問題は、財物取得の前段階（1項未遂）を2項強盗既遂に格上げできるのかではなく[39]、キャッシュカードと暗証番号を併せ持つことによる預金の払戻し

---

37) 佐伯仁志「強盗罪(1)」法教369号(2011年)134頁、島岡まな「判批」刑ジャ25号(2010年)54頁、内海・前掲注(3)239頁、金澤・前掲注(3)110頁。

38) これに対して、金澤・前掲注(3)119頁。

39) 木村光江「『財産上の利益』の意義について」曹時67巻2号(2015年)20-1頁は「2項は、たしかに1項の未遂罪的な側面を持つが、一定程度以上の結果発生の危険性がある場合には、2項として既遂とすべきである」として1項未遂の2項既遂への格上げを正面から認めるが、客体を財物・財産上の利益に分けていずれも個別財産に対する移転罪とする2項犯罪でこのように解することはできないというべきである。

を受けうる地位が独立の利益として2項強盗の客体たりうるのか、である。

　まず、この地位の利益内容の確定性および実現可能性（前述5の①客体適格のうち具体性・現実性）や任意処分可能性は否定できないと思われる。

　また、行為者が併せ持つことで、被害者はキャッシュカード・暗証番号でATMを利用するなどして預金の払戻しや振込送金等ができなくなり、反面、行為者はこれができるようになる（②-1）。確かに銀行窓口に行けば被害者は依然として払戻し等をしうるが、ATMは銀行窓口だけでなくコンビニエンスストア等でも利用でき、一般に銀行窓口よりも利用可能な時間が長いことなどから、キャッシュカード・暗証番号を併せ持つことには銀行窓口で払戻し等ができることとは別個独立の利便性・価値があるといえる[40]。

　さらに、反抗抑圧のための脅迫の直接的な影響下で暗証番号が聞き出されている以上、「強取した」といえる移転過程といえる（②-2）。

　したがって、本判決が2項強盗の成立を認めたのは是認できると思われる。

　本判決に批判的な見解は、結局は現金という財物の取得が本体であってキャッシュカード・暗証番号を併せ持つことはその準備にすぎないとの評価を前提にしていると思われる[41]。しかし、併せ持つことには預金の預入れ・振込送金等の利用方法もあり、現金を手に入れる可能性以外の価値がある。預金通帳に関して、最高裁は「預金通帳は……これを利用して預金の預入れ、払戻しを受けられるなどの財産的な価値を有するものと認められるから……刑法246条1項の財物に当たる」とするが[42]、ここでは実質的には有体物としての紙の価値ではなくこのような財産的な価値が保護されている。キャッシュカードと暗証番号を併せ持つことはこの財産的価値と同等のものといえるから、「財産上の利益」として保護されると解して良いと思われる[43]。

　なお、行為者は現金の取得を目指していたのであり、行為者の想定してい

---

40)　山口⑥136頁は「〔本判決で問題となっている〕『預貯金の払戻しを受け得る地位』……については、それ自体に独立した利便性が認められるから、結論としては、利得罪における財産上の利益として承認することが許されるのではないかと思われる」とする。

41)　内海・前掲注(3)239頁および241頁参照。

42)　最決平成14年10月21日（刑集56巻8号670頁）。

43)　林④83頁も参照。

なかった預金の預入れ等の利用方法を考慮することへの疑問がありうる。しかし、ここで問題となるのは、客体の性質が客観的にいかなるものであったのか、被害者が侵害される利益は何か、である。行為者の想定していた利用方法は不法領得の意思では問題となるが、客体の性質・侵害される利益が行為者の予定した利用方法（だけ）に基づいて決せられるべきではない。

このように考えると、本判決が「預貯金の払戻しを受け得る地位」という専ら財物の取得との関係で客体を特定した表現を用いていることは、適切でなかったと思われる。「キャッシュカードと暗証番号を併せ持つことによる預金口座を利用できる地位（預金口座の利用可能性)」が客体であったというべきである[44]。

（イ）２項強盗の既遂といえるか

既遂を認めるには、「財産上不法の利益を得」た（刑法236条２項）こと、すなわち行為者が現に預金口座の利用可能性を取得したことを要する。ある見解は本判決を支持するにあたって直ちに預金の払戻しをする準備を整えていたことを重視するが[45]、財物を強取した後に取り戻されても１項強盗既遂であるように、例えば行為者が立ち去った後に被害者が口座凍結の手続きを行い、行為者が預金口座を利用できなくなってしまったとしても、それは利用可能性取得後（既遂後）の事情にすぎない。そのような準備がなかったとしても

44）　田山①85頁は「このように財物を併せ持つことによる限定が、今後の社会変化に伴い、どこまで維持されるかは疑問である。例えば、ネットバンキングなどでは、通帳やカードといった財物を介在させることなく、ID・パスワードといった情報を得ることによって、実質的にほぼ同じ『地位』を獲得できる（現金を直接手にすることはできないという違いはあるが、振込みなどによる利用可能性に変わりはない。)。……財物を併せ持つことによる限定がかからない『地位』については一切財産上の利益とみなさないのか、それとも実質的に同視する理由から、なし崩し的に限定を外していくのか、今後の判断が注目されるところである」と指摘する。私見によれば、ID・パスワードといった情報を得るだけでは移転性に欠けるから２項犯罪は否定され、不正アクセス禁止法12条１号・４条の他人の識別符号を不正に取得する罪が成立する。そして、これを利用して振込み等を行った時点で電子計算機使用詐欺罪が成立する（電子計算機使用詐欺罪については鎮目征樹ほか編『情報刑法Ⅰ　サイバーセキュリティ関連犯罪』(2022年) 254頁以下〔荒木泰貴〕参照)。ネットバンキングのID・パスワードという情報の内容に鑑みると不正アクセス禁止法による保護だけでは不十分と考えられるのであれば、情報内容に応じた厚い保護を与える規定を設けるべきである（山口⑥138頁参照)。

45）　例えば、西田（橋爪補訂）189頁。森永・前掲注(4)196頁も参照。

キャッシュカードと暗証番号を併せ持った時点で既遂を肯定できると思われる[46]。

Ⅳ　「～できる地位」構成による「財産上の利益」の拡張？

近年、客体を「～できる地位」と構成して2項犯罪の成立を肯定する裁判例が散見される。例えば、①ローンカードを用いて利用限度額の範囲で何回でも繰り返し金銭を借り入れることができる地位、②預貯金の払戻しを受けうる地位、③携帯電話機の通信回線を利用できる契約上の地位[47]、④スポーツクラブを利用できる地位[48]、⑤市営住宅を低額の使用料で使用できる地位[49]などである。

このような地位構成によることは2項犯罪の成立範囲を不当に拡張しているかが問題となりうるが、結論としては、利益の実態を適切に表現するために地位構成を取っているにすぎず、この構成によって2項犯罪の処罰範囲が不当に拡張されているとはいえないと思われる[50]。

①は金銭債権そのものとは異なるが、無審査で自動的・確実に貸付けが行われることに着目し、個別の金銭債権を取得する可能性を包括した実態に即した表現であって、金銭債権と異質のものではない。②では債権譲渡の意思表示等をさせたわけではないから「預金債権を取得した」とするよりも、こちらの表現の方が実態に即している。また、預金債権は複数回に分割して請求しやすいところ、個別の請求可能性を包括した表現であるとも考えられる。③④は利用権と表現することも可能であったし[51]、④では個別の利用行為では

---

46)　なお、既遂時期は事案によるため結論は留保せざるをえないが、例えば暗証番号を教える時点で既に被害者は直ちに口座を凍結させることを予定しており、実際にも直ちに凍結させたなどの事情がある場合、行為者は預金口座の利用可能性を一度も現に（実際上）取得したことはないとして2項強盗未遂にとどまる、との評価もありえないではない。

47)　高松地判平成9年10月30日（公刊物未登載）（勝丸充啓「判批」警論51巻3号（1998年）208頁参照）。

48)　大阪地判平成26年3月4日（LEX/DB 25503119）。

49)　福岡地裁小倉支判平成26年8月28日（LEX/DB 25504726）。

50)　照沼亮介「財産的『利益』の刑法的保護」刑ジャ49号（2016年）11頁も参照。

なく契約の内容に従った回数を利用できる可能性を包括して地位と表現することが実態に即している。⑤では賃借権（ないし賃借権に基づいて居住する利益）が客体であったと見ることも可能であろうが、単なる賃借権ではなく利用料が特に低額であることに利益内容の特徴があり、それを適切に表現するには地位構成による方が適切であると考えられる。

【参考文献】

　本件の評釈として
　　①田山聡美「判批」百選 8 版

　財産上の利益ないし 2 項犯罪について
　　②木村光江「2 項犯罪」法教 371 号（2011 年）
　　③田山聡美「財産的利益の意義に関する議論の整理」刑ジャ 49 号（2016 年）
　　④林幹人「判批」百選 7 版
　　⑤深町晋也「財産上の利益」争点
　　⑥山口厚「財産上の利益について」植村退官（1）

---

51)　携帯電話の利用権に関し勝丸・前掲注(47)209 頁は「〔携帯電話の〕電話利用権がそれ自体として正規の財産上の価値を持つものとして意識されることは少なかった」とするが、現在では契約締結時の本人確認等が厳格化しており、また端末と独立して同じ番号で回線を利用できるのであるから、独立した財産上の価値があると考えて差支えないであろう（同 211 頁および 213 頁も参照）。

10

事後強盗罪における窃盗の機会

最高裁判所平成 16 年 12 月 10 日第二小法廷判決
平成 16 年（あ）第 92 号 住居侵入、事後強盗、銃砲刀剣類所持等取締法違反被告事件
刑集 58 巻 9 号 1047 頁／判時 1887 号 156 頁／判タ 1174 号 256 頁

増　田　　隆

I　事　案

　被告人は、金品窃取の目的で、平成 15 年 1 月 27 日午後 0 時 50 分ころ、A 方住宅に、1 階居間の無施錠の掃き出し窓から侵入し、同居間で現金等の入った財布及び封筒を窃取し、侵入の数分後に玄関扉の施錠を外して戸外に出て、だれからも発見、追跡されることなく、自転車で約 1 km 離れた公園に向かった。被告人は、同公園で盗んだ現金を数えたが、3 万円余りしかなかったため少ないと考え、再度 A 方に盗みに入ることにして自転車で引き返し、午後 1 時 20 分ころ、同人方玄関の扉を開けたところ、室内に家人がいると気付き、扉を閉めて門扉外の駐車場に出たが、帰宅していた家人の B に発見され、逮捕を免れるため、ポケットからボウイナイフを取出し、B に刃先を示し、左右に振って近付き、B がひるんで後退したすきを見て逃走した。

　第 1 審判決（さいたま地越谷支判平成 15 年 8 月 5 日刑集 58 巻 9 号 1053 頁参照）は、窃盗の機会継続中かについてとくに言及することなく事後強盗罪の成立を認めた。

　原判決（東京高判平成 15 年 11 月 27 日刑集 58 巻 9 号 1057 頁参照）は、「被告人は、住家に侵入して窃盗に及んだが、これにより得た現金が少ないとして、盗品をポケットに入れたまま、更に金品を窃取するため約 30 分後に同じ家に引き返したものであって、被告人が引き返したのは、当初の窃盗の目的を達成

するためであったとみることができる。一方、家人は、被告人が引き返して
玄関の扉を開けすぐにこれを閉めた時点で、泥棒に入られたことに気付き、
泥棒が逃げて行ったとして追ったものである。そうすると、逮捕を免れるた
めの被告人の家人に対する上記脅迫は、窃盗の機会継続中のものというべき
である。」と判示して事後強盗罪の成立を認めた。これに対し、被告人が上告
した。

II　判　旨

破棄差戻し

　最高裁は、上告趣旨は、刑訴法 405 条の上告理由に当たらないとしつつ、
職権で事後強盗罪の成否について判断した。

　「被告人は、財布等を窃取した後、だれからも発見、追跡されることなく、
いったん犯行現場を離れ、ある程度の時間を過ごしており、この間に、被告
人が被害者等から容易に発見されて、財物を取り返され、あるいは逮捕され
得る状況はなくなったものというべきである。そうすると、被告人が、その
後に、再度窃盗をする目的で犯行現場に戻ったとしても、その際に行われた
上記脅迫が、窃盗の機会の継続中に行われたものということはできない。」[1]

III　解　説

1　問題の所在

　事後強盗罪は、窃盗犯人が刑法 238 条所定の目的をもって暴行・脅迫を加
える現象が刑事学的に頻繁にみられることから、当該不法内容が単なる暴

---

1)　本判決は破棄自判をせずに、事件を原審に差し戻している。差戻し後の控訴審（東
京高判平成 17 年 3 月 16 日 LEX/DB 28105440）は、第 1 審判決を法令適用の誤り
を理由に破棄し、予備的訴因である窃盗と示凶器脅迫の成立を認めて、懲役 3 年 6
月の判決を言い渡した（確定）。

行・脅迫よりも重いことを根拠に、昏酔強盗罪（刑法239条）とともに「強盗と
して論じ」られる準強盗に分類されている。それゆえ、たとえば、窃盗犯人
が窃盗終了後に暴行または脅迫を加えれば常に事後強盗になるわけではな
く、窃盗犯人が暴行または脅迫を加える行為に強盗罪（刑法236条）と同視で
きる不法が具備している必要がある。

　強盗罪を基礎づける不法の内実は、通説によれば、強盗罪と同じく「相手
方の反抗を抑圧する程度」の暴行・脅迫と、窃盗行為の終了から間がない段
階で当該暴行・脅迫が行われることである。仮にかかる不法が欠如する場合、
行為者には事後強盗罪が成立せず、せいぜい窃盗罪（刑法235条）と暴行罪（刑
法208条）あるいは脅迫罪（刑法222条）の併合罪が成立するにすぎないことか
ら、両者を画する基準が問題となる。

　窃盗行為の終了から間がない段階で暴行・脅迫が行われるとは、換言すれ
ば、窃盗の機会にまたはその継続中に暴行・脅迫が行われるということがで
き、それゆえ、従前より機会継続性に関する先例は積み重ねられてきたが、
最高裁は平成14年に最高裁として初めて「窃盗の機会の継続中」という文言
を用いて機会継続性の判断基準を提示した（最決平成14年2月14日刑集56巻2
号86頁＝**判例1**）。すなわち、被告人が被害者宅において指輪を窃取した後、天
井裏に潜んでいたところ、帰宅した被害者に呼ばれた警察官により、約3時
間後に発見され逮捕免脱目的で暴行を加えて傷害を追わせた事案につき、最
高裁は「被告人は、上記窃盗の犯行後も、犯行現場の直近の場所にとどまり、
被害者等から容易に発見されて、財物を取り返され、あるいは逮捕され得る
状況が継続していたのであるから、上記暴行は、窃盗の機会の継続中に行わ
れたものというべきである。」と判示した。本判決は、**判例1**の事案とは異な
る類型につき、当該基準を採用・再確認したものであると評価されている[2]。

　なお、本判決と原判決は結論を異にしているが、それは最初の窃盗と引き
返し後の窃盗目的行為の関連性の理解の違いによる。すなわち、原判決は「被

2)　大野①590頁。なお、高橋②165頁は「平成14年最高裁決定・・・の判断基準を
　　さらに具体化した点に意義がある」、小新井⑤26頁は「最高裁平成14年2月14日
　　決定で示された基準をそのまま踏襲した」とする。

告人が引き返したのは、当初の窃盗の目的を達成するためであったとみることができる」として最初の窃盗と引き返し後の窃盗目的行為の間に連続性を認めているのに対して、本判決は「財布等を窃取した後、だれからも発見、追跡されることなく、いったん犯行現場を離れ、ある程度の時間を過ごしており、この間に、被告人が被害者等から容易に発見されて、財物を取り返され、あるいは逮捕され得る状況はなくなった」として最初の窃盗と引き返し後の窃盗目的行為の間に連続性を認めていない。窃盗目的行為が仮に「窃盗」と評価できるのであれば、刃物を示す行為と合わせて事後強盗罪の成立を肯定することは可能であっただろうと思われるが、窃盗目的行為は実際には被害者宅玄関扉を開けて立ち去ろうとしているので、窃盗未遂すら成立しないと考えられ、それゆえ、最初の窃盗との関連で事後強盗罪の成否を問題にしたと思われる。その差異を決定づける点として、最高裁は、引き返し後の窃盗の目的を、原審が「当初の窃盗の目的を達成するため」と認定したのとは異なり、「再度窃盗をする目的」と認定している。

2 本判決以前の判例の動向および学説

(1) 判例の動向

　窃盗の機会継続性をめぐる先例は下級審の判断を含めるとかなり蓄積されており、以下の三類型に分けて検討されてきた[3]。すなわち、それは、㋐犯人が犯行現場から逃走している場合（逃走型）、㋑犯人が犯行現場に舞い戻った場合（現場回帰型）、㋒犯人が犯行現場に滞留していた場合（現場滞留型）である[4]。

　㋐の逃走型の事案は、一般的には、犯人が窃盗の現場から継続して被害者・目撃者や急報で駆け付けた警察官等に追跡されているか、これと同視できるような場合で、追跡が継続している限り、場所的・時間的な隔たりは機会継続性の肯定にさほど影響しないと考えられている[5]。

---

3) 大野①591頁、朝山芳史「判解」最判解平成14年度55頁以下、長井圓「判批」現刑3巻8号（2001年）80頁など参照。
4) 大野①591頁。なお、本稿では、行為者が追跡されていない事案も含まれているので、「逃走追跡型」ではなく単に「逃走型」とする。
5) 朝山・前掲注(3)60頁参照。

　㋑の肯定例として、ブドウ園からブドウを窃取した犯人が窃盗現場から約
3丁（300メートル程度）離れた道路を通行していたところ、犯行を目撃・追跡
してきた者に取り押さえられそうになり、犯人が逮捕を免れるために凶器で
その者を切りつけ傷害を負わせた事案（大判昭和8年6月5日刑集12巻648頁＝
判例2）、竹林内で竹の根節を窃取した現行犯人として犯罪現場で竹林の所有
者に逮捕された者が、警察に連行される途中、逮捕を免れ逃走するため竹林
の所有者を崖下に突き落した事案（大阪高判昭和26年12月15日高刑集4巻14号
2120頁＝**判例3**）、ラジオを窃取・所持したまま約30分後に窃盗現場から約1
キロメートル離れているところにいた犯人が、現場から電話連絡で駆け付け
ようとしていた被害者に出会い、ラジオを所持しているのを発見され取り戻
されそうになったので、その取還を防ぎ逮捕を免れるため被害者に暴行を加
え傷害を負わせた事案（広島高判昭和28年5月27日判特31号15頁＝**判例4**）、米袋
を窃取し、これをかついで戸外に出たところを、たまたま密行中の警察官に
発見された犯人らが、追跡してきた警察官に暴行を加えた事案（東京高判昭和
33年6月21日東時9巻6号160頁＝**判例5**）、被告人が米を窃取したが、犯行を被
害者らによって発見されそうになったので、逮捕を免れるため、所携のナイ
フを振りまわして被害者に傷害を負わせた事案（最決昭和33年10月31日刑集
12巻14号3421頁＝**判例6**）、電車内で窃盗の現行犯として乗務車掌に逮捕され
た犯人が、警察官への引渡しのためにその5分後到着した駅のホームにおい
て乗務車掌の隙を窺い逃走を企て、同人に暴行を加えて傷害を負わせた事案
（最決昭和34年3月23日刑集13巻3号391頁＝**判例7**）、工場で古銅板を窃盗した
犯人らが、現場から約10メートル離れた塀外の路上で、警戒中の警察官に発
見され、約60メートル進んだ地点で逮捕されて連行されている途中、これを
免れるため警察官に暴行を加えた事案（最決昭和34年6月12日刑集13巻6号960
頁＝**判例8**）、仮眠中の乗客のバッグを窃取した犯人が鉄道公安職員らに目撃
され、約10分間鉄道施設外へ逃走したが、追い詰められて暴行を加えた事案
（広島高判昭和47年3月31日判時679号99頁＝**判例9**）等がある。

　他方、㋑の否定例として、スイカを窃取した犯人が、通行人らによって逮
捕されたが、派出所まで連行される途中で逃走を図り、約30分後に十数メー

トル離れた場所で同人を逮捕した通行人に暴行を加えた事案（名古屋高判昭和26年4月27日判特27号84頁＝**判例10**）、籾を窃取した犯人が、被害者方から約200メートル離れた路上で、犯行とは無関係に警ら中の警察官に職務質問されそうになって暴行を加えた事案（東京高判昭和27年6月26日判特34号86頁＝**判例11**）、窃盗未遂の犯人が、犯行現場から追跡をうけることなく逃走し、約100メートルのところで1時間ほど休息後、帰途約百数十メートル離れたところで、犯人捜査中の警察官に誰何されて逃走し、組み付いてきた警察官を逮捕を免かれるために殺害した事案（福岡高判昭和29年5月29日高刑集7巻6号866頁＝**判例12**）、窃盗未遂で逮捕された犯人が、逮捕現場で逮捕者により警察へ行くように約1時間説得され、警察に向かう途中、犯行から約70分後に犯行現場から約200メートル離れた地点で逃走を企て、ナイフで逮捕者に傷害を負わせた事案（京都地判昭和51年10月15日判時845号125頁＝**判例13**）等がある。

　④の肯定例として、犯人らは工場内で機械部品等を窃取し用意していたリヤカーに積んで逃走しようとしたが、過積載によりリヤカーが破損し、現場から約500メートル離れた民家で別のリヤカーを盗み、25分から35分後に犯行現場に引き返して盗品を積み替えて運搬する途中守衛に発見・追跡され、犯人らが約200メートル離れたところで逮捕を免れ罪跡を湮滅するために守衛に暴行を加えよって傷害を負わせた事案につき、仙台高秋田支判昭和33年4月23日（高刑集11巻4号188頁＝**判例14**）は「現場を離れその間約二十五分乃至三十五分の時間を費しておるとはいえ再び窃取した盗品を運搬のため現場に立戻つている以上この事実は未だもつて窃盗の現場を離脱した行為と解することはできない」と判示して事後強盗罪の成立を認めた。さらに、自動車専門学校内に侵入して現金を盗み、犯行後に自動車で逃走した犯人らが、いったんは教官らの自動車による追跡を逃れたものの、道がわからず学校前の道路に戻ってきたところを教官らに再度発見・追跡され、約4キロメート

6）　この事案は、リヤカーを取りに戻ってきた点で現場回帰型、守衛に発見・追跡された点で逃走型といえるから、混合型ともいえる（大野①600頁参照）。なお、長井・前掲注(3)83頁は逃走型（逃走・追跡型）に分類する。

ル走行して追いつかれたので、包丁で脅迫し 1 名を死亡させた事案につき、福岡高判昭和 42 年 6 月 22 日（下刑集 9 巻 6 号 784 頁＝**判例 15**）は「時間的場所的にも窃盗行為と極めて接着し、被害者側の追跡態勢下において行われたものであると認められる」と判示して事後強盗罪の成立を肯定した。他方、㋑の否定例として、忍び込み窃盗犯人が贓物を持つてだれにも発見されずに現場を立ち去り、約 1 キロメートル離れた場所で贓物を処分し、約 30 分後に再び窃盗の意思を生じて同家に忍び込んだが、金品物色のいとまもなく家人に発見され、逮捕を免れるため脅迫行為に出た事案につき、東京高判昭和 45 年 12 月 25 日（高刑集 23 巻 4 号 903 頁＝**判例 16**）は「脅迫と最初の窃盗との間には、犯行現場から誰れにも発見されることなく立ち去り贓品を処分したことなど重要な事実が介在し、とうてい最初の窃盗の機会継続中になされた脅迫と認めるに由ない。」と判示して事後強盗罪の成立を否定した。**判例 14** は現場回帰の前後の窃盗行為が同一であると評価でき、**判例 15** は時間的・場所的接着性が認められるから機会継続性が肯定されたといえる一方、**判例 16** は窃盗現場からの離脱後に誰からも発見されない事実に加えて、盗品の処分といった特別な事情の介在が機会継続性の否定につながったと考えられる。

　㋒の現場滞留型の事案は、犯人が窃盗の現場に滞留していた場合で、窃盗犯人の場所的移動を伴わないため、時間的経過がある、すなわち時間的接着性が乏しくても、機会継続性を肯定しやすいと考えられている[7]。

　被害者と犯人宅で酒を飲んで被害者が寝入った隙に背広から財布を窃取した犯人が、まもなく罪証隠滅目的で被害者を殺害しようと決意し、被害者を別の部屋に移動させて包丁を取りに行こうとしたところ、たまたま友人が来訪したので、財布窃取から 11 時間経過して友人が帰った後に寝入った被害者を刺殺した事案につき、千葉地木更津支判昭和 53 年 3 月 16 日（判時 903 号 109 頁＝**判例 17**）は、時間はかなり経過しているものの場所的移動はなく殺意を持ち続けていた点を考慮して機会継続性を肯定した。

---

7)　大野①591 頁参照。

(2) 学説および若干の検討

　学説の中には場所的接着性を重視して、「窃盗の現場ないしその延長とみることができる状況下で暴行・脅迫がなされたことを要求すべき」とする見解があり、[8] 裁判例にも「仮に時間的に犯行と近接していても、犯行の現場と全然異る場所において、而も当該窃盗犯人としての逮捕を免れる為めに非ずして暴行又は脅迫を為した場合」として事後強盗罪を否定する**判例11**のようなものもある。しかし、時間的接着性を度外視あるいは軽視するとなると、逃走型の事例を説明するのに窮するから、場所的接着性と時間的接着性は相関的に判断されるべきであろう。[9]

　また、窃盗犯人に対する追跡態勢がとられていれば、窃盗の現場から時間的・場所的にある程度隔たった時・所においても窃盗の機会を認めるという理解に批判的な立場から、「事後強盗罪は強盗罪と同一の取扱いを受けることからも、窃盗行為との時間的・場所的近接性が必要」とする見解があるが、[10] 当該見解は場所的接着性が薄い場合に、時間的接着性をどこまで重視して機会継続性を認めるのか（もしくはその逆）は必ずしも明らかではない。

　そこで、場所的・時間的接着性のほかに追跡可能性を基準に追加して、「事後強盗が認められるためには、暴行・脅迫が、窃盗の犯行終了後間もない段階で、安全地帯に離脱せず、被害者側の者によって直ちに贓物をとり返されるか、あるいは逮捕される可能性が残されている段階で加えられることを要すると解すべきである。この場合、時間的・場所的接着性の重要性はもちろんのこととして、被害者側の者により現場から追跡態勢がとられていたかどうかということも、極めて重要な要素をなす」[11] とする見解が有力に主張されているが、[11] この見解が単なる贓物とり返しや逮捕の可能性で足りるとするのであれば疑問である。

　これに対して、場所的・時間的接着性以外の観点に注目する見解もみられ

8）　中森127頁。
9）　朝山・前掲注(3)69頁参照。
10）　曽根135頁。
11）　団藤重光編『注釈刑法（6）』（1966年）111頁〔藤木英雄〕。他に、大コンメ（12）387頁〔米澤慶治＝髙部道彦〕。

る。すなわち、①窃盗行為と暴行・脅迫行為との実質的連関（違法・責任連関）が結合する事情があるかを問題にする見解[12]、②窃盗直後の被害者側の追及可能性と窃盗犯人側の離脱の必要性との衝突状況を問題にする見解[13]、③財物取戻防止目的（第一類型）と逮捕免脱・証拠隠滅目的（第二類型）に分けて、第二類型では逮捕行為が「窃盗の」現行犯に対する逮捕とみることができる場合もしくはそれに準ずる場合に限定する見解[14]、④包括一罪（接続犯）が認められる範囲と関連づけ、「窃盗の意思を持ち続けていれば、窃盗の犯行は終了したとはいえない」として主観的要素を考慮する見解である[15]。しかし、③は現行犯逮捕できる場合に常に、窃盗の機会が継続しているといえるかにつき疑問がある[16]。さらに、④は、現場回帰型において、原判決のように最初の窃盗と引き返し後の窃盗目的行為の間に連続性を認めることは容易であろうが、罪数論上の包括一罪性と窃盗の機会継続性とでは着眼点が異なる問題であるというべきであろう[17]。

　事後強盗が準強盗として重く処罰される理由は強盗に準じた類型的危険にある。この類型的危険は、まさに窃盗犯人側と窃盗の被害者側との衝突状況にあると考えられるから、この点に注目した②が妥当であると考えられる。①の「窃盗行為と暴行・脅迫行為との実質的連関が結合する事情がある」はいささか抽象的な感を否めないが、仮に「窃盗犯人側と窃盗の被害者側との衝突状況」を意味しているのであれば、支持しうるものといえよう[18]。

3　本判決以後の判例の動向

　現場滞留型の**判例1**により確立した機会継続性の基準が現場回帰型の本判

---

12)　長井・前掲注(3)85頁。

13)　山口⑦228頁、嶋矢⑥177頁、同「判批」ジュリ1247号（2003年）168頁、成瀬幸典「判批」ジュリ1343号（2007年）119頁。

14)　金澤真理「判批」法政論叢24＝25号（2002年）89頁、安田拓人「判批」平成14年度重判解152頁。

15)　神垣英郎「判批」警察時報56巻2号（2001年）53頁。

16)　嶋矢・前掲注(13)169頁、長井③83頁、岡上④89頁参照。

17)　長井③83頁、岡上④89頁参照。

18)　長井③83頁。

決に採用されたが、これ以降も事例判断の蓄積がみられる。

　被告人が、金品窃取目的で隣家に侵入して現金、財布等が入った手提げバッグを窃取し、窃盗現場の隣室から物音がしたために犯行を目撃されたと思い、自宅に戻り10ないし15分過ごした後、盗品を自宅に置いたまま再び隣家に赴き、在宅していた被害者を罪証隠滅の目的で殺害した事案につき、千葉地判平成17年2月3日（判タ1182号347頁＝**判例18**）は、被害者が隣人関係にあった被告人による窃取行為を目撃していた可能性を否定できなかったことや、被告人が戻るなどした自宅が被害者方に隣接し、窃盗現場と接着した場所であったこと、被告人が自宅に戻るなどしていた時間がわずか10ないし15分程度であり、被告人が窃盗を行った後、再度被害者方に赴いて被害者を殺害するまでの間には時間的接着性が認められることなどの事情を併せて考慮すれば、被害者がいったん警察へ通報すれば、被告人による窃取行為が露見する可能性が大であったといえ、他方、被害者は警察へ通報したり、被告人を追跡していないが、これには、被告人との関係から被害者がいくらかの時間逡巡しているなどの事態が容易に想定されることを理由に、被害者殺害時には、いまだ被告人に対する被害者からの追及可能性が継続していたといえるから、被告人による殺害行為は、窃盗の機会継続中に行われたものと認めるとした。

　控訴審である東京高判平成17年8月16日（高刑集58巻3号38頁＝**判例19**）は、被告人は、手提げバッグを窃取した後、誰からも追跡されずに自宅に戻ったのであり、その間警察へ通報されて警察官が出動するといった事態もなく、のみならず、盗品を自宅内に置いた上で被害方に赴いた事情をふまえると、被告人は、被害者側の支配領域から完全に離脱したというべきであるから、被害者等から容易に発見されて、財物を取り返され、あるいは逮捕され得る状況がなくなったと認めるのが相当であり、殺害は、窃盗の機会の継続中に行われたものということはできないと判示した。当該事案は⑦の現場回帰型の事案であり、千葉地裁は時間的・場所的接着性と追跡可能性を根拠に機会継続性を肯定した。しかし、東京高裁が「被害者による警察への通報等の可能性を強調し被告人に対する追及の可能性が継続していたことを指摘する点

についても、本件においては追及の現実の行動がなかったことが明白である以上可能性を問題とする原判決の説示にも賛同できない。」として機会継続性を否定したように、追及の可能性と追及の現実の行動は区別されるべきであり、追及の可能性だけで窃盗の機会継続性を肯定するべきではないだろう。[19] 被害者側の追及の現実の行動があれば、そこには衝突状況が見出されるから、**判例 19** は②と調和的であろうと思われる。

　さらに、被告人は、金品窃取の目的で、大学寮の居室に侵入してノートパソコンを窃取し、犯行現場に近い場所で窃盗に気づいた被害者によって発見・追跡されたところ、逮捕を免れるため、被害者に暴行を加えて傷害を負わせた事案につき、仙台地判平成 28 年 3 月 17 日（裁判所 HP ＝ **判例 20**）は、被告人が窃盗現場から離れた距離はそれほど遠くなく、窃盗後時間を置かずに被害者側が窃盗犯人を捜索しており、被告人がノートパソコンを所持したまま窃盗現場付近に再び現れ更なる侵入盗に及ぼうとしていたことや、発見現場で声をかけられた際の被告人の言動等からすれば、被告人が窃盗後に安全圏に一旦離脱したとは評価できず、さらに、本件発見現場から本件暴行現場までは見失うことなく被告人を追跡していたことも含めて全体的に考察すれば、被害者等から容易に発見されたり、捕まえられたり、盗んだ物を取り返されたりする状況は継続していたと認められるから、被告人は、窃盗の機会の継続中に暴行に及んだと認められると判示した。当該事案は犯行現場と犯人の発見場所が異なるものであるものの両者は場所的に近接しており、さらに窃盗後時間を置かずに犯人が発見・追跡されているものであるが、**判例 4** の事案に比すると、時間的・場所的接着性が濃いといえるから、**判例 4** を支持する立場であれば**判例 20** も支持できるであろうと思われる。

【参考文献】
　本件の解説・評釈として
　　①大野勝則「判解」最判解平成 16 年度

---

　19)　山口⑦ 229 頁は「単に犯行について追及される可能性があるにとどまらず、窃盗の犯行により生じた撹乱状況・緊迫した対立状況の継続が必要で、それがいったん平穏化した場合にはもはや『窃盗の機会の継続中』ということはできないように思われる」とする。

②高橋則夫「判批」平成 16 年度重判解
③長井長信「判批」百選Ⅱ第 6 版
④岡上雅美「判批」百選Ⅱ第 8 版
⑤小新井友厚「判批」研修 681 号（2005 年）

事後強盗罪における窃盗の機会について
⑥嶋矢貴之「事後強盗罪における『窃盗の機会』の意義」争点
⑦山口厚「事後強盗罪の成立範囲」新判例

11

詐欺罪における重要事項性および
挙動による欺罔性
——暴力団関係者のゴルフ場利用事件——

①長野事件
最高裁判所平成 26 年 3 月 28 日第二小法廷決定
平成 25 年（あ）第 725 号詐欺被告事件
刑集 68 巻 3 号 646 頁／判時 2244 号 126 頁／判タ 1409 号 143 頁
②宮崎事件
最高裁判所平成 26 年 3 月 28 日第二小法廷判決
平成 25 年（あ）第 3 号詐欺被告事件
刑集 68 巻 3 号 582 頁／判時 2244 号 121 頁／判タ 1409 号 136 頁

芥 川 正 洋

I　事　案

①　長野事件

　暴力団員である被告人は、本件ゴルフ倶楽部の会員である Y とともに、同倶楽部を訪れ、このゴルフ倶楽部が約款により暴力団員の入場及び施設利用を禁止しているにもかかわらず、自らが暴力団員であるのにそれを秘して、被告人の名前は漢字であるのに一部をひらがなに直すなどした組合せ表を提出し、また署名簿の署名を同ゴルフ倶楽部従業員に代署をさせるなどして、ゴルフ場利用契約を成立させ、同ゴルフ場を利用した。このプレー料金は、施設利用後に支払われている。

②　宮崎事件

　暴力団員である被告人が、同じ暴力団に所属する Z とともに、ビジター利用予約した A ゴルフ倶楽部を訪れ、「ビジター受付票」に氏名、住所、電話番

号を偽りなく記入し、従業員に提出してゴルフ場施設を利用し、また、Zが会員であるゴルフクラブBを利用予約したのち、被告人らを誘ったので、これに応じて、同様にビジター受付票に氏名、住所、電話番号を正しく記載し、Bの従業員に交付して、ゴルフ場施設を利用した。両ゴルフ場とも利用細則や約款で暴力団関係者の利用を拒絶している。なお、このプレー料金等は、ともにプレー後に支払われている。

　両事件とも、従業員が被告人を暴力団関係者であると知っていれば、施設の利用を拒絶したはずであり、自らが暴力団関係者であることを告げずに施設の利用を許諾させたとして、詐欺利得罪（刑法246条2項）に問われた。

II　判　旨

1　長野事件——詐欺罪成立

上告棄却

　第1審が「詐欺の故意がない」として、（一部）無罪[1]としたことに対し、控訴審は詐欺罪の成立を認めた。上告を受けた最高裁は、以下のように判示して、上告を棄却し、詐欺罪の成立を認めた。

　「ゴルフ場が暴力団関係者の施設利用を拒絶するのは、利用客の中に暴力団関係者が混在することにより、一般利用客が畏怖するなどして安全、快適なプレー環境が確保できなくなり、利用客の減少につながることや、ゴルフ倶楽部としての信用、格付け等が損なわれることを未然に防止する意図によるものであって、ゴルフ倶楽部の経営上の観点からとられている措置である。

　本件ゴルフ倶楽部においては、ゴルフ場利用約款で暴力団員の入場及び施設利用を禁止する旨規定し、入会審査に当たり上記のとおり暴力団関係者を同伴、紹介しない旨誓約させるなどの方策を講じていたほか、長野県防犯協議会事務局から提供される他の加盟ゴルフ場による暴力団排除情報をデータ

---

1)　被告人は、別の事件について詐欺罪に問われている。

ベース化した上、予約時又は受付時に利用客の氏名がそのデータベースに登録されていないか確認するなどして暴力団関係者の利用を未然に防いでいたところ、本件においても、被告人が暴力団員であることが分かれば、その施設利用に応じることはなかった。」「以上のような事実関係からすれば、入会の際に暴力団関係者の同伴、紹介をしない旨誓約していた本件ゴルフ倶楽部の会員であるＹが同伴者の施設利用を申し込むこと自体、その同伴者が暴力団関係者でないことを保証する旨の意思を表している上、利用客が暴力団関係者かどうかは、本件ゴルフ倶楽部の従業員において施設利用の許否の判断の基礎となる重要な事項であるから、同伴者が暴力団関係者であるのにこれを申告せずに施設利用を申し込む行為は、その同伴者が暴力団関係者でないことを従業員に誤信させようとするものであり、詐欺罪にいう人を欺く行為にほかなら」ない。

　なお、小貫芳信裁判官の補足意見が付されている。

2　宮崎事件──詐欺罪不成立

破棄自判（無罪）

　第1審及び控訴審が、被告人に詐欺罪の成立を認めたのに対し、上告を受けた最高裁は、以下のように判示し、原判決、原々判決を破棄し、無罪の自判をした。

　「Ａ倶楽部及びＢクラブは、いずれもゴルフ場利用細則又は約款で暴力団関係者の施設利用を拒絶する旨規定していたし、九州ゴルフ場連盟、宮崎県ゴルフ場防犯協会等に加盟した上、クラブハウス出入口に『暴力団関係者の立入りプレーはお断りします』などと記載された立看板を設置するなどして、暴力団関係者による施設利用を拒絶する意向を示していた。しかし、それ以上に利用客に対して暴力団関係者でないことを確認する措置は講じていなかった。また、本件各ゴルフ場と同様に暴力団関係者の施設利用を拒絶する旨の立看板等を設置している周辺のゴルフ場において、暴力団関係者の施設利用を許可、黙認する例が多数あり、被告人らも同様の経験をしていたというのであって、本件当時、警察等の指導を受けて行われていた暴力団排除活

動が徹底されていたわけではない。」「上記の事実関係の下において、暴力団関係者であるビジター利用客が、暴力団関係者であることを申告せずに、一般の利用客と同様に、氏名を含む所定事項を偽りなく記入した『ビジター受付表』等をフロント係の従業員に提出して施設利用を申し込む行為自体は、申込者が当該ゴルフ場の施設を通常の方法で利用し、利用後に所定の料金を支払う旨の意思を表すものではあるが、それ以上に申込者が当然に暴力団関係者でないことまで表しているとは認められない。そうすると、本件における被告人及びZによる本件各ゴルフ場の各施設利用申込み行為は、詐欺罪にいう人を欺く行為には当たらないというべきである。」

なお、本判決には、小貫芳信裁判官の反対意見が付されている[2]。

Ⅲ 解 説

1 はじめに

(1) 詐欺罪の構造

詐欺罪は、①欺罔行為によって、②相手方に錯誤を生じさせ、その錯誤に基づいて③処分行為を行わせ、④損害を発生させることにより成立する。本件の場合、被告人は①暴力団関係者ではないように装い、②従業員をして「被告人は暴力団関係者ではない」と誤解させて、③プレーを許諾させ、④有償的役務（ゴルフ場や付属設備の利用やこれに付随するサービス）を提供させた。とすれば、詐欺罪の成立要件を満たすようにも思われる。しかし、本件の両事件で、被告人は、正規の料金を支払っている。

まず問題になるのは、対価を取得している場合のように、被害者に不利益が生じていない場合にも常に詐欺罪の成立を認めるべきか、ということである。虚偽の事実が示されて、処分行為が行われた場合でも、詐欺罪が成立し

---

2) A倶楽部の利用については多数意見に同調するが、Bクラブについては、会則・利用約款により、「紹介・同伴された者が暴力団関係者でないことは会員によって保証」されており、その上での申込みは、欺罔行為に当たるとしている。

ない場合がありうるのではないか。

①長野事件では暴力団関係者であることを従業員に伝えずにプレーを申し込んだことが、欺罔行為であると判断されている。プレーの申し込みは、通常であれば、「料金を支払うから、プレーを許諾してほしい」という意思を表示しているだけなのであるから、虚偽の事項を伝達しているとはいえない。しかし、今回の事件では、ゴルフ場は暴力団関係者の利用を禁止し、これを掲示するなどしていたから、ゴルフ場の従業員は「暴力団関係者は来場しない」と考えていたかもしれず、この状況を利用して、来場してプレーを申し込むことには、暗黙裏に「自分は暴力団関係者ではない」との虚偽の意味内容が含まれているともいえよう。これは「挙動による欺罔」と呼ばれる。

①長野事件決定と②宮崎事件判決では、詐欺罪の成否について異なる結論が示されている。その結論が相違した理由をこの2つの点から検討しよう。

(2) 詐欺罪と財産的損害

(ア) 実質的な損害と目的の不達成

まず、「対価交付がなされている場合に詐欺罪の成立を認めるべきか」という点から考える。たしかに相手方が対価を取得する場合には、被害者に実質的には不利益が生じていない場合もありうる。学説では、詐欺罪などの財産犯の成立には、喪失した財物・利益の価値と対価として取得した財物・利益の価値を差し引き計算して、損失が生じたことを要するとする立場（全体財産説[3]）も主張される。このような立場からすれば、対価交付がなされていることを理由として、詐欺罪の成立を否定すべきことになろう[4]。

しかし、全体財産説を支持する見解は、少数にとどまる。たしかに、大判昭和3年12月21日（刑集7巻772頁）は、医師と偽って実際に効能のある生薬を売りつけた事案について詐欺罪の成立を否定し、対価交付がある場合には、

---

3)　林（幹）143頁。

4)　もっとも全体財産説からも、財物・利益の価値に主観的価値を考慮するから、主観的価値に欠落が生じた場合（つまり、対価として取得した物に不満があるか、又は、喪失した物に（対価よりも）主観的な価値を見積もっていた場合）に詐欺罪が認められるので、結局は、後述する目的不達成説と結論は変わらない場合が多いとされる（林（幹）144頁）ことに注意が必要である。

詐欺罪が否定される場合があることを明らかにしている。他方で、最決昭和34年9月28日（刑集13巻11号2993頁＝ドル・バイブレータ事件）では、実際には小児麻痺に効果がないバイブレータを、効果があると称して市価で売りつけた事案について、詐欺罪の成立が認められている。この事件でも、被害者はだまされた結果として代金を交付している（処分行為）が、その対価として商品（バイブレータ）を受け取っている。喪失した物と取得した物の経済的な価値は釣り合っており、被害者に損害が生じていないともいいうる場合である。

　しかし、この判例の結論は学説でも概ね是認されている。ドル・バイブレータ事件では、代金を支払ったにもかかわらず、被害者がその取引で追求した目的（小児麻痺に効果のある器機の入手）は果たされていない。この点に被害の発生を認めることができるからである。このような被害者の目的が達成されていないことを実質的な被害として捉えることで、対価交付がある場合についても詐欺罪の成立を認める見解（実質的個別財産説・目的不達成説）が現在では有力である。

（イ）処分行為で追求される「目的」の複数性

ⅰ）目的不達成説から

　このように詐欺罪の成立を考える上では、いかなる目的で処分行為が行われたかを検討する必要がある。そして、この点から、新たな問題が生じることになる。

　処分行為にあたって、処分行為者はさまざまな目的を追求していることがありうる。本件のゴルフ場従業員であれば、「利用料金の支払いを受けたい」と同時に「暴力団員ではない人に利用して欲しい」という目的を追求しているだろう。これは、日常的な売買の場面でも現れる。たとえば、八百屋の店員は「（野菜を売って）代金を受け取りたい」と同時に、「売り渡した野菜を料理に使って欲しい」などの目的を持っているかもしれない。このとき、買い物客が料理に使うつもりではなく（ハロウィンの飾りを作る目的で）野菜を買った場合を考えよう。この場合、「野菜を料理に使ってほしい」という店員の目的が達成されない。しかし、買い物客を詐欺罪に問うのは不当であろう。とすれば、処分行為者が追求している目的のうち、それが不達成の場合に詐欺罪

を基礎付ける目的と、不達成であっても詐欺罪の成立を基礎付けない目的を区別する必要がある。

　あらゆる錯誤に基づいた処分行為について詐欺罪が成立するのではなく、追求される目的を「重要な目的」と「重要ではない目的」に区別し、重要な目的が「（達成できないのに）達成できる」と錯誤に陥った場合にのみ、詐欺罪の成立を認めるべきである。とすれば、詐欺罪の成立を基礎付ける「目的」は、どのような範囲で認められるべきかが検討されなければならない。

ⅱ）法益関係的錯誤説からのアプローチ

　法益関係的錯誤説とは、当該犯罪の法益に関連する錯誤のみが、同意を無効とする錯誤であるとする見解である。詐欺罪は、錯誤に基づいて財物の占有が移転する犯罪である。法益関係的錯誤説からは、この錯誤に基づく占有移転は、被害者の同意が無効される場面の一つであると位置づけられる。

　「代金が支払われると思ったのに、支払われなかった」というような典型的な詐欺罪の場合、占有移転それ自体には正しい認識がある。しかし、このような場合でも、同意を無効とする必要がある（そうでなければ詐欺罪が成立しない。）。法益関係的錯誤からは、財物の占有喪失（処分行為）によって追求される目的も、詐欺罪の法益に関係するものと評価する必要がある。[5]とすれば、この法益関係的錯誤説のアプローチからも、いかなる目的であれば詐欺罪の法益に関係し、詐欺罪が成立するかという問題を検討する必要が生じるのである。

（ウ）欺罔行為の内容の限定

　これは、欺罔行為を限定することになる。重要ではない目的が不達成に終わっても詐欺罪が成立しないのだから、重要ではない目的を欺むこうが、これを欺罔行為とする必要はない。重要な目的について欺むく行為のみが、詐欺罪の欺罔行為ということになる。

　①長野事件決定では、暴力団員であることを秘した申し込み行為が欺罔行為にあたるとしているが、その理由は「利用客が暴力団関係者かどうかは」

　5）　佐伯仁志「詐欺罪の理論的構造」最前線Ⅱ98頁参照。詐欺罪の法益保護のありかたは、財産の「動的側面での保護」であると指摘する。

「重要な事項」であるからである。①長野事件決定と②宮崎事件判決では、欺罔行為の存否によって詐欺罪の成否が分かたれているが、その判断の背景には、欺かれた目的が重要か重要ではないかの違いがある、との見方もなされている[6]。

しかし、なぜ利用客が暴力団員ではないことが「重要な事項」（重要な目的）なのか。どのような判断基準により「重要事項」性は判断されるのであろうか。

2　裁判実務における「重要事項」

(1)「重要事項」の根拠の多義性

裁判例において重要事項性を基礎付ける理由には、さまざまなものがみられる[7]。

(ア)　重要事項①：その事項が偽られなければ処分行為を行わなかった

第1に「その事項について偽られなければ処分行為を行わなかったであろう」から、その事項は重要事項であるとされることがある。たとえば、仙台地判平成30年1月24日（LLI/DBL07350068＝結婚詐欺事件）は、「〔被害者Aは、マンションを所有しておりローンがあるから引っ越しできないとの行為者の言い分が〕真実ではないと分かっていれば、本件の現金を交付しなかったと述べており、……被告人の行為は、A〔被害者〕が財産処分行為をするための判断の基礎となるような重要な事項を偽ったものといえる」として詐欺罪の成立を認めている。ここでは真実を知っていれば処分行為をしなかったであろうから、重要事項であるという判断がなされている[8]。

(イ)　重要事項②：その事項が経営上の重要事項である

第2に「その事項に経営上・営業上の重要性がある」ということにより、重要事項性が基礎付けられることもある。最決平成22年7月29日（刑集64巻5号829頁＝搭乗券事件）は、他の者を搭乗させる意図を秘して、搭乗券を交

---

6)　宮崎英一「詐欺罪の保護領域について」刑法54巻2号（2014年）331頁。ただし、宮崎事件判決でも利用客が暴力団関係者ではないことが取引上の重要事項とされているとの分析もある（伊藤③105頁、伊藤④102頁）。

7)　上嶌⑧373頁以下。

8)　このような重要事項性の理解として、前田巌「判解」最判解平成19年度323頁。

付させた事案について、「当該乗客以外の者を航空機に搭乗させないことが本件航空会社の航空運送事業の経営上重要性を有していた」として、当該乗客が搭乗することが重要事項であるとして、詐欺罪の成立を認めている。大阪高判平成 25 年 7 月 2 日（高刑集 66 巻 3 号 8 頁＝信用金庫事件）は、暴力団関係者である被告人が、反社会的勢力に属しない旨を確約欄に押印することで表明して、信用金庫で預金口座を開設し、預金通帳等の交付を受けた事案について、「反社会的勢力との取引を拒絶することは、本件信用金庫にとって経営上の重要性のある事項であったといえる。」として、被告人が反社会的勢力に属するか否かに重要事項性を認め、詐欺罪の成立を肯定している。

　本件の①長野事件決定も、利用者が暴力団関係者ではないことが重要事項である根拠として、暴力団員にゴルフクラブが利用された場合、一般客が畏怖したり、ゴルフ場の信用・格付けの毀損により利用客が減少する可能性を指摘している。ここでは、ゴルフ場（及びその従業員）にとって、利用者が暴力団員ではないことは営業上の利益を守るために重要であったことが認められよう。

（ウ）重要事項③：その条件の充足に公的な要請がある

　第 3 に、その事項について関心を持つことが公的要請であることから、重要事項性が基礎付けられる場合もある。最決平成 26 年 4 月 7 日（刑集 68 巻 4 号 715 頁＝ゆうちょ銀行事件）は、暴力団関係者がこれを秘して銀行口座を開設した事案について、「総合預金通帳及びキャッシュカードの交付を申し込む者が暴力団員を含む反社会的勢力であるかどうかは、本件局員らにおいてその交付の判断の基礎となる重要な事項である」として、詐欺罪の成立を認めているが、その理由として、社会的責任・企業防衛の観点から反社会的勢力の排除が不可欠の要請とされていたこと、被害者（ゆうちょ銀行）でも、そのような要請を受けて反社会的勢力の排除に取り組んでいたことが摘示されている。東京高判平成 29 年 12 月 13 日（LLI/DBL07220577＝研究費不正支出事件）は、大学教員である被告人が、公的研究費の支出に関し、A 社を受託業者とする業務委託契約を大学に締結させて、研究費を支出するも、当該業務を A 社から被告人自らが経営する Y 社に再委託させた事案について、「発注者と受託

業者の契約当事者双方が実質的に同じ人物であれば、……不正の恐れが高く、科研費等の適正な執行を害することは明らかだから」「受注業者〔Y社〕が、当該科研費等の交付を受けた研究者が実質的に経営する業者かは、……〔処分行為をなすかの〕判断に当たり、きわめて重要な事項であるというべきである。」として、詐欺罪の成立を認めている。

（エ）重要事項④：その事項の充足に十分な確認措置がとられている

第4に、交付者が当該事項について十分な確認措置を講じていたことから、重要事項性が認められている[9]。前述のゆうちょ銀行事件でも、応対した局員が、被告人が反社会的勢力でないことを確認していることが、重要事項性を判断する考慮要素とされている。搭乗券事件でも、「旅券の氏名及び写真と航空券記載の乗客の氏名及び当該請求者の容ぼうとを対照」するという「厳重な本人確認が行われていた」ことが、重要事項性を認める理由にあげられている。

（2）4つの重要事項の理論的根拠

（ア）欺罔行為と処分行為の因果関係——重要事項①

重要事項①は、欺罔行為と処分行為の因果関係（条件関係）を示している。処分行為による財物の占有移転は、詐欺罪の構成要件的結果だから、行為者の行為との因果関係が必要なことは当然である。重要事項①は、犯罪一般について当てはまる犯罪成立要件を詐欺罪に適した形に表現し直したものである[10]。

（イ）追求される目的の要保護性——重要事項②～④の位置づけ

重要事項性の判断にあたって、実務は、欺罔行為と処分行為の因果関係のみを判断している、との理解もある[11]。このような理解からは、「その目的の不達成を知っていれば、交付しなかった」ことを判断すればよく[12]、重要事項②～

---

9) 宮崎・前掲注(6)327-8頁。

10) それゆえ、重要事項①が達成されない場合には、未遂の可罰性はなおも認められる（東京高判平成24年12月13日高刑集65巻2号21頁）。

11) 冨川⑫205頁。

12) 最決平成19年7月17日（刑集61巻5号521頁）および同決定の解説である前田・前掲注(8)323頁参照。

④は「知っていれば交付しなかった」ことを間接的に補強する要素ということになる。その目的がどのような理由から追求されているか、その目的を達成するためにどのような措置が講ぜられているかを検討することは、必須ではない。

　しかし、裁判所は、この点を検討し、重要事項性を判断している。この背景には、「その目的の不達成を知っていれば交付しなかった」ということに加えて、その「目的が保護に値するか」ということを考慮していることがうかがわれる。その目的を追求することに合理的な根拠があるのか（重要事項②、③）、目的追求のための実効的な確認措置が講ぜられていたのか（重要事項④）ということから、重要事項性が基礎付けられている。

　以上からすると、処分行為によって実現しようとした目的が重要事項と認められるかの判断は、まず、その目的が達成できないと知っていれば処分行為を行わなかったのか、次に、その追求された目的が保護に値するのか、という2段階の判断でなされることになるだろう。特に問題となるのは、後者である（以下では「重要事項」をこの意義で用いる。）。

（ウ）実質的損害の担保？

　欺かれた結果、処分行為により追求された目的が達成されない場合には、被害者になんらかの不利益が生じることになるだろう。このような目的が不達成の場合には、実質的損害が生じるような事項のみを「重要事項」と捉えることが考えられる。

　たしかに、重要事項②（経営上の重要事項）が達成されない場合には、たとえば、①長野事件では、暴力団関係者の利用を許すことになり、一般の利用客が減少するかもしれず、搭乗券事件では、行為者から搭乗券を受け取った他人が航空機に搭乗することになり、その場合には、到着国の政府から制裁金が課される可能性があったようである。このような間接的に財産上の損害を

13）　駒田秀和「判解」最判解平成26年度200頁、松原⑤185頁。
14）　山口・新判例297頁参照。
15）　搭乗券事件の控訴審判決（大阪高判平成20年3月18日刑集64巻5号859頁参照）を参照。

受ける可能性から重要事項性を基礎付け、詐欺罪の成立を認めることも考えられる[16]。しかし、想定される損害が間接的で、抽象的な可能性に過ぎず[17]、詐欺罪の成立を基礎付けえない、との批判が加えられている[18]。

重要事項③（公的要請による重要事項）が達成されない場合、処分行為者は公共的要請を果たすことができない。しかし、詐欺罪は、処分行為者の公共的な役割を保護するための犯罪ではない。このようなことを理由として、詐欺罪の成立を認めることは、詐欺罪を社会的法益化するとの批判がある[19]。

重要事項④（十分な確認措置の存在）が達成されないことを実質的損害として捉えることは、より困難である。ある要件について、十分な確認措置を講じているということは、処分行為者においてその事項について強い関心を有していることを示している。このような事項が達成されないことによって詐欺罪の成立を認めるとすれば、被害者（の意を呈した処分行為者）の意思に反したことのみを理由として詐欺罪の成立を認めることになりかねない。それゆえ、詐欺罪を単なる意思侵害犯としかねない、との懸念が学説からも示されるところである[20]。

3　重要事項性を要求する根拠と判断基準

(1)　重要事項性による限定はなぜ必要か

このように、追求された目的の不達成を「実質的損害」と捉えるのであれば、判例の理論的根拠は、必ずしも明らかとはいえない[21]。ここでは、欺罔行為によって処分行為が行われたのに、なぜ詐欺罪を否定すべき場合があるの

---

16)　西田 226-8 頁。

17)　田山⑪ 162 頁、笹井武人「暴力団排除における詐欺罪適用の限界」野村古稀 342 頁。

18)　渡辺靖明「詐欺罪における実質的個別財産説の錯綜」横浜国際経済法学 20 巻 3 号（2012 年）157-8 頁。さらに、野村健太郎「詐欺罪と交付目的」高橋古稀（下）346-7 頁は、詐欺罪の法益侵害の実体を、無駄になった「交付コスト」と捉え、これらの間接的損害は、交付しないことにより、その回避が追求されているものであり、「交付コスト」と無関係であると指摘する。

19)　松原⑤ 186 頁。

20)　橋爪⑦ 185-6 頁。

21)　実質的損害とは無関係に同意の無効を基礎付けるものとして理解する見解として、林幹人「欺罔行為について」西田献呈 356 頁。

か、という観点から検討する必要があるように思われる。

　「野球球団Aのファンである飲食店店主が、『〔ライバル球団の〕Bファンはお断り』と掲示していたにもかかわらず、BファンのXがこれを秘して同店で飲食した」という事例〔居酒屋事例〕で考えてみる。Xは「Bファンお断り」の看板があるにもかかわらず入店しているのだから、暗黙裏に「自分はBファンではない」という素振りを示しているともいえる（欺罔行為になりうる。）。店主が「Bファンであることを知っていれば、飲食を提供しなかった」とすれば、欺罔行為と処分行為との因果関係も認められる。もっとも、このような掲示にもかかわらず、実際には、店主はBファンのお客にも飲食を提供する方針であるということも十分ありえよう。この場合、たしかに詐欺罪は成立しない。しかし、お客は、この店主の方針を知らないのだから、「もしかしたら詐欺罪に問われるかも」とおそれを抱くことにはなる。

　処分行為は、さまざまな条件のもとで行われる。しかし、明示された「条件」であっても常に追求されているとは限らず、どのような「条件」が処分行為を左右するものであるかは、相手方にとって必ずしも見通しがつくものばかりではない。

　欺罔行為と処分行為の因果関係のみで詐欺罪が成立するとすれば、取引の相手方（ここでは客の側）が、「もしかしたら、この店主は、『○○』という条件を追求しているかもしれない」と思い至ったとき、詐欺罪に問われることをおそれなければならない。とすれば、詐欺罪による処罰を確実に免れるためには、もしかしたら処分行為を左右するかもしれない条件のすべてについて、いちいち確認しなければならないことになるが、これは日常の取引を行う上で、過度の負担であろう。

（2）「重要事項」の判断基準——不意打ち的処罰防止の観点から

　商取引に典型的に示される大量的・画一的な財産のやり取りの場面では、

---

22)　橋爪⑦185頁で示された事例である。

23)　これは、取引の反対当事者にも妥当する。店主の側からは「この消費者は『○○』にこだわりがあるかもしれない」と未必的に（誤）認識すれば、詐欺罪の処罰から確実に免れるためには、「○○」が処分行為（たとえば、代金の支払い）を左右するかを確認する必要が生じる。

取引の前提となるさまざまな条件のうち、偽ることが処罰に結びつく条件を限定することで、不意打ち的処罰の可能性を排除し、安心して取引関係に入れる法的な状況を確保する必要がある。その一つの現われが重要事項ということができるだろう。処分行為を左右するさまざまな条件のうち、一定の条件のみを重要事項であるとして、これを偽った場合にのみ、詐欺罪の成立を認めることで、不意打ち的な処罰を防ぐのである。

それゆえ、不意打ち的処罰につながらないかという観点から、重要事項性が判断されるべきであろう。重要事項性が認められる場合には、次の2つがある。

（ア）取引分野でその条件が当然の前提とされていること

まず、詐欺罪による不意打ち的な処罰が行われないようにするためには、設定されうる条件は、当該取引分野において、通常、追求されているものに限られるべきである。[24] 一般的に通用していない条件は、取引の当事者が見通すことができないからである。

このような観点からすると、重要事項性の判断基準❶は「その取引分野では、その条件が当然の前提とされていたか？」[25] ということになる。判例が示す重要事項②、③は、その具体化ということができるだろう。

重要事項②が偽られるということは、経営上の不利益の発生する可能性が生じるということである。営利を目的とする取引では、通常、処分行為者は利益の増大に最大の関心を抱いており、取引関与者も、これを当然理解している。[26] 重要事項③も、公的な要請があれば、通常、当該取引分野で、その条件の充足が前提とされる。たとえば、研究不正支出事件では「業務委託先の実質的経営者が研究者自身ではないこと」が重要事項とされているが、研究者であれば、研究費を自らが経営する企業に還流させる支出が許されないこ

---

24) 橋爪⑥106頁。松原296頁は、判例の立場を「単なる個人的・主観的重要性を超えた一般化可能な重要性を要求する」ものと評する。
25) 杉本⑨312頁。
26) ただし、当該条件と営利の実現との関連が明確であることが必要となろう。挙動による欺罔行為性の判断についてではあるが、松宮孝明「挙動による欺罔と詐欺罪の故意」町野古稀（上）538-9頁の指摘は重要である。

とは、当然の認識といえる。[27)]

　学説では、処分行為によって追求される目的を「合理的」なものに限定すべきとの指摘があるが、[28)]これは判断基準❶からの当然の要請といえよう。合理的な目的でなければ、当該取引の分野で当然視されるほどに通用する条件とはなりえないからである。

（イ）条件の充足の確認措置の存在

　つぎに、当該条件が明示され、さらに、その充足を確認する実効的な確認措置の実施されている場合である。[29)]このような措置がとられていれば、当該取引においては、その事項が取引の前提となることが行為者側にも了解されるであろう。それゆえ、その条件について欺いた場合に、詐欺罪に問うとしても不意打ち的処罰とはならない。「その取引において、十分に実効的で行為者側に了解された確認措置がとられていたか？」が重要事項性の判断基準❷である。これは判例の重要事項④と重なることになる。[30)]

　この判断基準❶または❷のいずれかにより重要事項性が肯定できる場合、不意打ち的処罰の危険はないから、その事項が偽られた場合には、詐欺罪の成立を認めてよい。

---

27)　なお、同判決では、処分行為者（大学）が、十分な確認措置を講じていないとしても、詐欺罪成立の妨げとはならないとされている。

28)　松宮孝明「暴力団員のゴルフ場利用と詐欺罪」斉藤（豊）古稀 156 頁以下。橋爪⑦ 188 頁以下も参照。なお、長井圓「詐欺罪における形式的個別財産説の理論的構造」新報 121 巻 11＝12 号（2015 年）382 頁以下は、人格的財産説を基礎とした形式的個別財産説からも追求される目的は無限定なものではあり得ない旨を指摘する。

29)　なお、この点に関して、窃盗罪における条件設定論でも、当該条件の客観化・明確化（深町晋也「判批」論ジュリ 13 号（2015 年）191 頁）、設定された条件の実効性（菊池一樹「占有者の意思と窃盗罪の成否」早法 92 巻 2 号（2017 年）103-4 頁）などの重要性が指摘されるが、占有者の生の意思が直接に処罰を基礎付けるべきではないという点で、詐欺罪の重要事項と共通の問題である（深町・同頁は、条件設定論の議論と長野事件決定との共通性を指摘する。）。

30)　上嶌⑧ 374 頁は「被欺罔者がどのような本人確認を行っているかということ自体が、交付の判断の基礎となる重要な事項の判断にあたっての考慮要素となっている」と指摘している。確認措置を重視する見解として、山中敬一「詐欺罪における財産的損害と取引目的」新報 121 巻 11＝12 号（2015 年）418 頁（ただし、損害の要件と結びつける理解を示す。）。処分行為者の拒絶意思の強さを考慮すべきことも指摘される（松原⑤ 185 頁）が、考慮されるべきは、その意思の強さが、確認措置や運用によって客観化されていることのように思われる。この点につき、駒田秀和「判解」最判解平成 26 年度 208-9 頁。

（ウ）重要事項が問題とならない領域

重要事項性によって詐欺罪の成立を制約するのは、円滑な取引を実現するためである。それゆえ、取引の円滑が問題とはならない場面では、このような制約は必要ない。学説では、大量的・画一的取引の場合と限定的・個別的な財産のやりとりの場合では、詐欺罪の成立要件が異なりうることが指摘されている。後者は、取引の円滑を図る必要がない場面であるから、重要事項性によって詐欺罪の成立範囲を制限する必要がない場合といえるだろう。結婚詐欺事件では、欺罔行為と処分行為の因果関係のみで詐欺罪が認められているが、円滑な取引の実現とは無関係の場面だからであるといえるだろう。

（3）長野事件・宮崎事件の「重要事項」の判断

本件の２つの判例で、①長野事件では、利用者が暴力団員ではないことが重要事項であることが前提となっているが、②宮崎事件では、この条件は重要事項ではないとの分析も示されていた。仮にそうだとすると、両判例の相違は、いかに理解されるべきであろうか。

①長野事件では「利用者が暴力団員でないこと」が、経営上の重要事項である（重要事項②）として、重要事項性が基礎付けられているが、これは決定的ではないだろう。経営上の重要性という観点からすると、②宮崎事件でも同様に重要事項性を認めるべき余地はあるからである。長野のゴルフ場では、暴力団関係者が利用することにより利用客の減少や格付けの低下が懸念されるのに対し、宮崎のゴルフ場ではそのような懸念がないということは難しい。公的要請という観点（重要事項③）からしても、長野県では暴力団を排除することが公的に求められていたが、宮崎県ではそうではなかったというのも奇異な事態である。

両事件では重要事項性の判断において違いがあるとの理解を前提とした場合、その判断の相違を基礎付けるのは、条件充足のための確認措置がとられていたか、という点に求められるだろう。①長野事件では、ゴルフクラブに入会する際に「暴力団関係者を同伴しないこと」を誓約させ、その実効性を

31）　成瀬⑩289頁以下。

担保するために、データベースの活用により暴力団関係者の利用を排除する措置が講ぜられていた。これに対し、②宮崎事件では、「暴力団関係者お断り」の看板を設置するのみであった。処分行為者がその事項について偽られることを真剣に排除しようとし、実効的な措置がとられているか（判断基準❷）が、欺罔行為の存否を左右したものと理解できるように思われる。

4　挙動による欺罔行為

(1)　挙動による欺罔

(ア)　欺罔行為の判断

①長野事件・②宮崎事件ともに被告人は明示的に「私は暴力団員ではない」と表明したわけではない。しかし、欺罔行為は必ずしも虚偽の事実を明示することによってなされる場合だけではない。たとえば、飲食店で食事を注文するときは「あとで代金を支払う」ことを含意しているし、商品仕入れの注文をするときには、「代金を支払うだけの余裕があり、支払う意思がある」ことを当然に示している。当然前提とされている事柄であれば、明示的に伝えていなくても、注文行為自体に、その意味が含まれているということができる（挙動による欺罔）。

本件でも、プレーの申込みに暗黙裏に「暴力団関係者ではない」という意味が含まれているかが問題になる。

①長野事件では、これが肯定されている。被告人に同伴したゴルフ倶楽部の会員Yは、入会時に「暴力団関係者を同伴しない」との誓約している。この会員が同伴して、プレーを申し込むこと自体に「この者は暴力団関係者ではない」ことが示されている。これに対し、②宮崎事件では、「申込者が当然に暴力団関係者でないことまで表しているとは認められない」として、挙動

---

32)　杉本⑨ 314 頁。
33)　大判大正 9 年 5 月 8 日（刑録 26 輯 348 頁）。代金を支払う意思もなく注文する場合には、詐欺罪が成立する。
34)　最決昭和 43 年 6 月 6 日（刑集 22 巻 6 号 434 頁）。代金を支払う余裕がないのに仕入れ注文を繰り返し、納入された商品を（廉価で）販売して、当面の現金を手に入れるという取り込み詐欺の事案である。

による欺罔とはならないとされている。

　②宮崎事件でも、両ゴルフ場では「暴力団関係者の立入りプレーをお断り
します」の掲示があった。とすれば、従業員が「クラブハウスに立ち入り、
プレーを申し込んだ者は暴力団関係者ではない」と考え、「暴力団関係者では
ない者が申込みを行っている」と理解する余地があるかもしれない。しかし、
このような想定は、実態に沿わないものである。宮崎事件では、同様の掲示
をしている周辺のゴルフ場でも、暴力団関係者の立ち入りプレーを黙認して
いるという実態があった。このような実態からすれば、申込み自体に「自分
は暴力団員ではない」という意味が含まれていたということはできない。

（イ）作為的工作の存在

　欺罔行為性の認定については、①長野事件では、組合せ表を乱雑に記入し、
署名も従業員に代署させるという異様な態様での利用申込みがなされたのに
対し、②宮崎事件では、姓名などを偽りなく記載しているという相違がある。
この点から、長野事件では、欺く行為が肯定できる、あるいは、この事実が
欺罔行為性を補強する、などの指摘もなされている。

　しかしながら、このような作為的な工作は、「暴力団関係者か」と確認され
ることを避けるためのものであり、それ自体で、処分行為者の重要事項に関
する錯誤（「申込者は暴力団員ではない」との表象）を惹起・強化するものとはいえ
ないだろう。

（2）処分行為者の確認措置

　挙動による欺罔の判断において、被害者の確認措置も重要であることが指
摘される。

　確認措置について、①長野事件では、「暴力団関係者を同伴しない」という

---

35)　宮崎事件判決の小貫裁判官の反対意見も参照。
36)　伊藤④ 104 頁。
37)　松原⑤ 187 頁。
38)　作為的工作は詐欺の故意を基礎付ける間接事実とはなる。氏名を乱雑に記入し、
　　署名も代署させたのは、従業員に「暴力団関係者か？」と確認されるであろうこと、
　　そして、暴力団員であることが発覚すれば利用を拒絶されることを予見していたか
　　らだ、と推認できるからである。
39)　野原② 150 頁。

誓約に加えて、暴排データベースが活用されていたのに対し、②宮崎事件では、規約上、暴力団の利用は禁止していたが、それ以上の確認措置がなかったようである。両事件の結論の相違を、確認措置の有無ないしは強弱に求めることも十分可能である。

　確認措置には、異なる２種類のものが含まれている。まず、❶欺罔行為者に対する確認措置である。たとえば、利用者に「暴力団関係者か？」と尋ねる措置である。もうひとつは、❷行為者が表明した内容の真偽を確認する措置である。本件でいえば、①長野事件決定で判示されている暴排データベースの利用がこれに当たる。両者は、処分行為者側による情報収集措置という点では共通する。しかし、相違点もある。確認措置❶が講じられていることは、「確認した事項に該当するなら、そう答えるはずだ」という一般常識を経由することで、「告知されていない事項は存在しない」という処分行為者側の錯誤を形成するように作用する。それゆえ、挙動による欺罔を認める積極の要素になることは当然である。これに対し、確認措置❷は、この例でいえば、利用客が「（秘しているが）暴力団関係者かもしれない」という処分行為者側の表象を前提とするものである。

　確認措置❷も欺罔行為性の判断において意義を有するという根拠は、情報収集に努めているにもかかわらず、それが裏切られた場合にのみ、詐欺罪の成立を認めるべきということにある。確認措置の有無により、挙動による欺罔該当性を判断する見解は、処分行為者側に自らの力で情報を収集することを求める見解ということになるだろう。

　もっとも、このような立場からも、あらゆる事項について処分行為者側が自らの力で情報を収集しなければならないという訳ではない。たとえば、支払意思や対価の交付についてはいちいち確認する必要はなく、確認措置を講

---

40)　思想信条のように韜晦することが社会的に許されている事項については、このようなことは当てはまらない。

41)　橋爪隆「詐欺罪について（2）」警論73巻12号（2020年）135-6頁。

42)　山内竜太「詐欺罪および窃盗罪における被害者の確認措置の規範的意義」法学政治学論究111号（2016年）260頁、冨川雅満「詐欺罪における推断的欺罔の概念」中大院41号（2012年）212-3頁。

じなくても挙動による欺罔行為該当性を肯定できるが、本件のように暴力団関係者であるという事項については、取引の付随的事項である[43]、あるいは、暴排条例により確認が要請されている[44]という観点から、処分行為者側に確認措置が求められ、これがなされていない場合には、処分行為者側は十分な情報収集を行っていないので、挙動による欺罔に該当しないとの理解が示される。

とすれば、当該取引類型において、常に追求されるとはいえない事項については、特に処分行為者側の確認・情報収集が必要であるということに帰着するだろう。重要事項の判断基準❷と接近することになる。そうすると、欺罔行為の内容によって詐欺罪の成立範囲を限定する（重要事項性を基礎付ける確認措置）とするか、欺罔それ自体の存否により限定を加える（挙動による欺罔を基礎付ける確認措置）かは、共通の問題関心といえそうである。

(3) 挙動による欺罔と重要事項

以上の理解を前提とすれば、暴力団員が身分を秘匿してゴルフ場を利用した事案では、処分行為者が、利用者が「暴力団関係者ではない」という事項を確実とするためにいかなる措置を講じていたかが、重要事項該当性の判断の事情となり、挙動による欺罔の認定の判断要素ともなっている。この場合、判断要素の大部分は重なることになるから、詐欺罪の成立を否定するときに、その理由を重要事項に求めても、挙動による欺罔に求めてよいであろう[45]。

両者の違いが顕在化するのは、本件とは異なり、明示的に「自分は暴力団員ではない」と従業員に伝達したような場合であろう[46]。このような場合には、虚偽の事項が表明されたという意味では、欺罔行為性は否定できない[47]。

これは、先に見た居酒屋事例などにもあてはまる。たとえば、「（実際にはBファンなのに）私はAファンである」など、虚偽の事実が明示された場合、人

43) 山内・前掲注(42)261頁。
44) 冨川⑫221頁、223頁。
45) 野原①173頁参照。
46) もっとも、明示したか否かの判断も、実際には難しい場合もあるだろう。この点について、札幌地判平成19年3月1日（LLI/DB L06250052）は示唆に富む。
47) 山内・前掲注(42)261頁、冨川⑫220頁。

をだます行為自体は行われている。この場合にも、詐欺罪の成立を否定するためには、欺罔行為の内容から詐欺罪の成立を限定する必要がある。[48] つまり、「B ファンでないこと」は重要事項ではないから、この点について偽ったとしても、詐欺罪は成立しないとする必要がある。

　挙動による欺罔と重要事項の判断で、考慮要素が共通するとしても、両者は理論的には区別されるし、両者を別々に検討する実益がある場合もある。前者は、欺罔行為それ自体の存否の観点から、後者は、欺罔の内容の観点から、それぞれ詐欺罪の成立を限界付けることになろう。

【参考文献】

　本判決・本決定の解説・評釈として

　　①野原俊郎「判解」最判解平成 26 年度（長野事件決定について）

　　②野原俊郎「判解」最判解平成 26 年度（宮崎事件判決について）

　　③伊藤渉「判批」百選 8 版

　　④伊藤渉「判批」刑ジャ 42 号（2014 年）

　　⑤松原芳博「判批」論ジュリ 23 号（2017 年）

　重要事項性、挙動による欺罔について

　　⑥橋爪隆「詐欺罪における『人を欺』く行為について」法教 434 号（2016 年）

　　⑦橋爪隆「詐欺罪成立の限界について」植村古稀（1）

　　⑧上嶌一高「詐欺罪における交付の判断の基礎となる重要な事項の意義」西田献呈

　　⑨杉本一敏「詐欺罪における被害者の『公共的役割』の意義」野村古稀

　　⑩成瀬幸典「詐欺罪の保護領域について」刑法 54 巻 2 号（2015 年）

　　⑪田山聡美「詐欺罪における財産的損害」野村古稀

　　⑫冨川雅満「詐欺罪における欺罔行為の判断基準について」理論と実務②

---

48)　杉本⑨ 314 頁参照。

12

キセル乗車と電子計算機使用詐欺罪

名古屋高等裁判所令和2年11月5日判決
令和2年（う）第141号 道路交通法違反、電子計算機使用詐欺被告事件
LEX/DB 25567115

冨 川 雅 満

I 事 案

（1） 概 要

　本件は、被告人が入場時と出場時とで異なる乗車券・磁気定期券を使用し、その間の区間について正規料金を支払っていなかったキセル乗車の事案である。本判決の罪となるべき事実には、以下のとおり記載されている。

　「近畿日本鉄道株式会社（以下「近鉄」）の名古屋駅から松阪駅まで近鉄線を利用した被告人が、乗車に際し150円区間有効の乗車券を使用し、下車時は、必要な精算手続をせずに、近鉄線の高田本山駅から松阪駅までの定期券又は東海旅客鉄道株式会社（以下「JR東海」）の多気駅から松阪駅までの定期券のいずれか（以下「本件定期券」）を近鉄松阪駅改札口の自動改札機（同機は、近鉄線とJR東海線の双方に対応している）に投入し、自分が近鉄高田本山駅から近鉄松阪駅までの間又はJR東海多気駅からJR東海松阪駅までの間から乗車し近鉄松阪駅で下車するとの虚偽の情報を読み取らせて自動改札機を開扉させることにより改札口を通過し、正規運賃との差額790円の支払を免れた。」

（2） 本件自動改札機について

　本件の出場駅である松坂駅は、近鉄松坂駅とJR東海松坂駅との共同利用駅で、同一の改札口が共同で利用されていた。各社の管理する自動改札機では、他社の乗車券・定期券が使用できるように設定されていた。本件自動改

札機の仕組みは、次のとおりである。

　近鉄の自動改札機の多くにはキセル乗車を防止するために「フェアシステ
ムK」が導入されており、このシステムが導入された自動改札機から出場す
る際には、投入された定期券が有効期限内であること、有効区間内に出場駅
が含まれていることに加えて、正当な入場情報が記録されていることという
各条件を充足しない限り、開扉することはない。しかし、本件近鉄松坂駅の
自動改札機にはこのシステムが導入されておらず、乗車券・定期券が有効期
間内であり、有効区間内に出場駅が含まれていれば、自動改札機が開扉し、
入場情報の存否や内容が自動改札機の出場許否判定において使用されていな
かった。JR東海松坂駅の管理する自動改札機も、同様の設定がなされていた。

(3)　原判決（第1審）の判断

　原判決は、刑法246条の2後段にいう「財産権の得喪・変更に係る虚偽の
電磁的記録」を「電子計算機を使用する当該事務処理システムにおいて予定
されている事務処理の目的に照らし、その内容が真実に反する情報をいう」
と定義したうえで、以上のような本件改札機の実際の事務処理過程に照らし
て、入場情報の有無・内容が自動改札機の出場許否判定の対象とはなってい
なかったのであるから、本件定期券に真実に反する情報が含まれていたとは
認められないとし、電子計算機使用詐欺罪の成立を否定した。

　さらに、①正当な乗車がなされたか、未払い運賃があるかを確認して出場
の許否を判断することが自動改札システムにおいて予定されている事務処理
の目的である、②定期券を投入した場合には自動改札機は定期区間内から乗
車したことを前提として出場の許否を判断するとの検察官の主張に対して、
原判決は、「このような個別具体的な事務処理の内容を捨象した解釈は、刑法
246条の2後段の『財産権の得喪若しくは変更に係る虚偽の電磁的記録』の
外縁をおよそ不明確にし、処罰の範囲を不当に拡大するおそれがあるものと
いうほかなく、採用し得ない。そもそも、電子計算機使用詐欺罪が新設され
た趣旨…に照らせば…、電子計算機による事務処理において読み取りの対象
とされておらず、財産権の得喪、変更の効果との間に何らの連関（因果関係）
を有しない情報について、これを電子計算機による事務処理の対象とみるこ

とは許されないというべきである。」と判示した。

Ⅱ　判　旨

破棄自判

「原判決が『虚偽の電磁的記録』の意義について『電子計算機を使用する当該事務処理システムにおいて予定されている事務処理の目的に照らし、その内容が真実に反する情報をいう』とした解釈それ自体は正当である」が、「そもそも、自動改札機による当該事務処理システムを管理、利用して財産権の得喪又は変更に係る事務処理を行っている主体である近鉄が、改札口を設け改札業務を行うのは、旅客営業規則に定めた正規の運賃を徴収するためであるから、自動改札システムの目的が、有効適切な区間の乗車券や定期券による有効適切な乗車か否かを判断することにあるとみるのが合理的である。本件自動改札機における事務処理の手順をみても、旅客が投入した乗車券や定期券について有効期間や有効区間の情報を読み取って入出場の許否を判定しているのであるから、乗車駅と下車駅との間の正規の運賃が支払われた正当な乗車か否かを判定しているとみてよい。そして、正規の運賃を徴収するためには旅客がどの駅から入場しどの駅で出場したかの情報が前提になることは自明のことである。したがって、自動改札機による事務処理システムにおいて旅客の入場情報をその判定対象から除くということはおよそ想定できないはずである。そうすると、ここでいう『当該事務処理システムにおいて予定されている事務処理の目的』とは、本件自動改札機の事務処理システムが予定する事務処理の目的、すなわち、乗車駅と下車駅との間の正規の運賃が支払われた正当な乗車か否かを判定して出場の許否を決することを指すのであり、本件自動改札機の事務処理の現状だけをもって事務処理の目的が決まるわけではない。」

「…電子計算機使用詐欺罪が、種々の取引分野において、財産権の得喪、変更の事務が、人を介さず電磁的記録に基づいて自動的に処理されるようになってきたことに鑑み、人を介した取引であれば詐欺罪に当たるような不正

な行為で、電子計算機によって機械的に処理されるものについて、これを取り締まる趣旨で創設されたものであり詐欺罪の補充規定であること、近鉄では、係員の改札事務処理に代わるものとして自動改札機が導入され、旅客営業規則上も自動改札機による改札が係員による改札に代わるものとして定められていること、旅客が乗車券等に記載・記録された乗車区間と異なる方法で乗車した場合、旅客が自ら係員に申告し又は精算機に乗車券等を投入して精算した上で、改札を受けて出場することが前提となっており、このことは係員による改札か自動改札機による改札かによって変わりはないことからすれば、本件自動改札機が入場情報を判定対象としていないからといって旅客がどのような乗車をしたかの判断を近鉄が放棄したものでないことは明白である。〔原文改行〕…原判決は、…個別具体的な事務処理の内容を捨象し、自動改札システムの一般抽象的な目的を前提に判断することは、本罪の構成要件の外縁を不明確なものにし、処罰の範囲を不当に拡大するおそれがあるという。〔原文改行〕しかしながら、被告人が係員に対し本件定期券を示した場合には詐欺罪が成立することは明らかであることからすれば、被告人が本件自動改札機に本件定期券を投入した行為を詐欺罪の補充規定である電子計算機詐欺罪で処罰することは、構成要件の外縁を不明確にするものでも処罰範囲を不当に拡大するものでもない。」

　「本件定期券は、被告人が、近鉄高田本山駅から近鉄松阪駅までの間又はJR 東海多気駅からJR 東海松阪駅までの間の駅から乗車したことを前提にしたものであるが、被告人は、その有効区間外の駅から入場・乗車し、未精算の運賃について精算手続をせずに本件自動改札機に本件定期券を投入し、あたかも有効区間内から入場・乗車したかのごとき真実に反した情報を同機に読み取らせたものである。これは、乗車駅と下車駅との間の正規の運賃が支払われた正当な乗車か否かを判定して出場の許否を決するという事務処理の目的に照らして内容虚偽の情報を供したというべきである。」

　以上の通り、本判決は電子計算機使用詐欺罪の成立を肯定した。

III 解 説

1 はじめに

(1) 電子計算機使用詐欺罪の基本構造

まず、電子計算機使用詐欺罪の構造を確認しておく。

電子計算機使用詐欺罪は、大きく前段と後段に分かれる。前段は、人の事務処理に使用する電子計算機に、虚偽の情報を与えるか、不正な指令を与えることで、財産権の得喪・変更に係る不実の電磁的記録を作り、よって、財産上の利益を移転させることを構成要件とする。つまり、被害者側に設置されている電子計算機に不実の電磁的記録を作成した場合に問題となる（作出類型）。後段は、財産権の得喪・変更に係る虚偽の電磁的記録を人の事務処理に供用することを構成要件とし、あらかじめ行為者側で作成しておいた虚偽の電磁的記録を被害者側の電子計算機に入力（供用）する場合に問題となる（供用類型）。両類型ともに、最終結果として財産上の利益の移転を必要とする点では共通している。

本件では、自動改札機やこれに接続する電子計算機に電磁的記録が作成されないことから、もっぱら後段の供用類型が問題となり、そのうち「虚偽の電磁的記録」該当性が争点となったが、ここにいう「虚偽」は、前段にいう「虚偽の情報」の解釈が妥当すると理解されている[1]。前段にいう「虚偽の情報」とは、立法解説によれば、「電子計算機を使用する当該事務処理システムにおいて予定されている事務処理の目的に照らし、その内容が真実に反する情報」をいうとされ[2]、この理解は従前の裁判例においても採用されている。

(2) 問題の所在

本件で虚偽該当性が認められるには、出場時に自動改札機に投入された定

---

1) 橋爪⑧3頁、渡邊⑨174頁、青木陽介「判批」上法58巻3=4号（2015年）60頁、武藤雅光「判批」捜査研究747号（2013年）19頁。
2) 的場純男「逐条解説　電子計算機使用詐欺罪」米澤慶治編『刑法等一部改正法の解説』（1988年）121頁以下。

期券に「虚偽の電磁的記録」が記録されていたといえなければならない。す
なわち、「入場情報がない」定期券を自動改札機に読み取らせたことが、「虚
偽の電磁的記録を供用した」にあたるかかが問題となり、とくに本件では、
入場情報の存否や内容が出場判定の対象となっていなかったことから、「入
場情報がない」という記録が、「システム上予定されている事務処理の目的に
照らし、真実に反する情報（記録）」と言えるかが問題となる。以下では、判
例・裁判例を確認し（**2**）、学説における議論状況を分析した（**3**）うえで、本
判決の問題点を整理する（**4**）。

2　裁判例

　これまでの裁判例をみると、情報・電磁的記録の虚偽性を基礎づける事実
には、事案類型ごとに特徴がある。

(1)　共通性のみられるもの

　まず、金融機関の従業員等が取引を仮装するなどして自己または他人の預
金残高を増やした事案（①架空取引・無権限送金型）である。[3] この類型は、「実際
には振込送金の事実がないのに、振込入金があったとする虚偽の情報」とし
て虚偽が構成されており、振込事由がない、振込原因となる法律関係がない
ことが「振込入金」という情報の虚偽性を基礎づけている。

　次に、窃盗等により不正に入手したカードやデータを使用した場合では、
そのカード・データの使われ方によって相違がみられる。すなわち、窃取等
により不正に入手したキャッシュカードを使用して、振込送金を行うような
場合（②不正入手カード・データ濫用型：振込送金）では、「不正に入手したカード
を利用して、振込入金があったとする虚偽の情報」として虚偽が構成される。
本類型では、カードやデータの取得経緯が不正であることで「振込入金」と
いう情報の虚偽性が基礎づけられているが、その本質は、①同様に、振込原
因となる法律関係が存在しないことにあるといえよう。

---

3)　代表例に、本罪の成立を初めて認めた大阪地判昭和 63 年 10 月 7 日（判時 1295
　号 151 頁）や、立法者解説の「虚偽」該当性の判断基準を明示的に採用した東京高
　判平成 5 年 6 月 29 日（高刑集 46 巻 2 号 189 頁）。

同じく不正に入手したカード・データを利用した場合でも、これにより商品を購入した事案（③不正入手カード・データ利用型：商品購入）では、虚偽の構成の仕方が異なる。代表的な判例に、最決平成 18 年 2 月 14 日（刑集 60 巻 2 号 165 頁＝**判例 1**）が挙げられる。これは、被告人が窃取したクレジットカードを用いて、特定のインターネットサイトで使用できる電子マネーを購入した事案が問題となったもので、電子マネーを購入する際に、クレジットカードの名義人氏名、有効期限等の情報を入力することになっていたものの、暗証番号などの主体認証情報が要求されていなかったために、これらの情報入力が虚偽の情報を入力して不実の電磁的記録を作成したといえるかが問題とされたものである。最高裁は、当該事案で、「本件クレジットカードの名義人による電子マネーの購入の申込みがないにもかかわらず、本件電子計算機に同カードに係る番号等を入力送信して名義人本人が電子マネーの購入を申し込んだとする虚偽の情報を与え」として、購入者とカード名義人の同一性がない点に虚偽を認めていた。ただし、**判例 1** 以後の裁判例では、購入者に「カードの使用権限が認められないこと」によって虚偽性を基礎づけるものもみられる[4]。[5]

以上の 3 つの類型は裁判例の蓄積があり、事案類型ごとに虚偽の構成方法に一定の共通性がみられる。

（2）キセル乗車の先例

これに対して、裁判例の蓄積に乏しい事案類型においては、事案ごとの特徴を踏まえて虚偽性が判断されており[6]、本判決で問題となったキセル乗車の事案も同様である。例えば、東京高判平成 24 年 10 月 30 日（高刑速（平 24）146

---

4) 神戸地判令和 2 年 7 月 27 日（LLI/DB L07550634）、福井地判令和元年 12 月 18 日（LLI/DB L07451395）。

5) この相違は、カード・データ使用者が名義人の了承を得ていた場合の処理に影響しうる。**判例 1** の調査官解説（藤井⑩ 73 頁）では、この場合の処理が今後の課題とされ、学説上も議論の対象とされている（鈴木左斗志「電子計算機使用詐欺罪の成立要件をめぐって」研修 797 号（2014 年）3 頁）。利用者と名義人の同一性を虚偽の基礎づけとするならば本罪の成立を肯定する余地があるが、「使用権限がないこと」を虚偽の基礎づけとするならば名義人の了承を得ていれば本罪の成立は否定されることになろう。

頁＝**判例2**）は、被告人が往路・復路のそれぞれにおいてキセル乗車を行った事案につき、結論として、往路・復路の両者で電子計算機使用詐欺罪の成立を認めている。同判決は原審の東京地判平成 24 年 6 月 25 日（判タ 1384 号 363 頁）を是認したものであるが、とくに往路の事案が本件に類似しており、本件の原判決も、先例にあたるこの**判例2**との結論の相違にも言及していた[7]。

　事実関係はやや複雑だが、本件との対比に必要な限りで事案を抽象化すると次のとおりである。すなわち、往路において被告人は 130 円区間有効の乗車券を入場駅改札に投入し、一方、出場駅改札では入場記録のない回数券を投入して出場した。往路の出場駅に設置されていた自動改札機は、原則的には入場記録のない乗車券が投入された場合に出場を認めないことになっていたが、例外的に乗車券の有効区間内に自動改札機未設置駅が含まれている場合に限り、入場記録のない乗車券でも出場を認めるよう設定されていた。**判例2**は、このような自動改札機の事務処理過程を踏まえて、「入場記録がない乗車券は、自動改札機未設置駅からの入場である」と理解されるために、これと相違する被告人の投入した乗車券には虚偽の電磁的記録が含まれていると判断している。

6）　ETC 機器を不正に操作することで正規料金の支払いを免れる事案が挙げられる。代表的な横浜地判平成 27 年 6 月 9 日（LLI/DB L07050344）のほか、佐賀地判平成 20 年 11 月 12 日（LLI/DB L06350508）、大津地判平成 28 年 1 月 14 日（LLI/DB L07150072）。いずれも ETC 機器への不正な操作方法に違いがみられ、虚偽の構成の仕方にも相違がある。詳細は、岡部天俊「判批」北法 69 巻 4 号（2018 年）76 頁参照。そのほかに特徴的な事案として、GoTo トラベルキャンペーンを利用して、宿泊意思がないのに宿泊予約を行って、電子クーポンを発行させた事案（東京地判令和 3 年 3 月 25 日 LLI/DB L07630403）がある。

7）　本件の原判決は、**判例2**と本件との相違を次のようにまとめている。**判例2**は、「下車駅の自動改札機が入場情報又はこれに代わる情報を問題にしているといえること等を前提に、回数券の有効区間外の駅から入場した旅客が入場情報のエンコードがない同回数券を下車駅の自動改札機に投入した行為につき、実質的には、下車駅の自動改札機に対し、同回数券の有効区間内の自動改札機未設置駅から入場したとの入場情報を読み取らせる行為と評価できるとして、電子計算機使用詐欺罪の成立を認めたものである。〔原文改行〕これに対し、JR 東海松阪駅の自動改札機は、…出場の許否の判定において入場情報をおよそ問題としていなかったのであるから、本件と前記裁判例が事案を異にしていることは明らか」である。

3　学説における議論状況

　一方、学説における議論状況を整理すると、大きく、虚偽性の判断基準、虚偽性判断の考慮事情をめぐり、議論対立があった。もっとも、以下にみるように、従前の議論は射程が限定的であるか、そもそもの整理の仕方が適切ではなかったように思われる。

(1)　虚偽性の判断基準

　1つ目は、「電子計算機を使用する当該事務処理システムにおいて予定されている事務処理の目的」を考えるにあたって、誰を基準に目的の内容を考えるべきか、という点にかかる争いである。例えば、財産状態の変動権者またはその効果帰属者の意思を基準とする説[8]、利益を提供する主体の意思を基準とする説[9]などが主張されている[10]。もっとも、これらの見解は、①架空取引・無権限送金型や②不正入手カード・データ濫用型（振込送金）を念頭に展開されてきたものである。これらの類型では、形式的には行為者に電磁的記録の作成権限が認められるようにも思われるために、行為者に当該電磁的記録を作成する実質的な権限がないことを示すために、誰の意思を問題とするかを議論する必要性があった[11]。電子計算機使用詐欺罪が問題となるすべての事案に妥当する議論だとは思われない[12]。本件のようなキセル乗車では、不正乗車者に電磁的記録の作成・変更権限がないことは明らかで[13]、その意思を問題とする余地はない。

---

8)　鈴木⑦ 210 頁以下。

9)　橋爪⑧ 11 頁。

10)　そのほかの見解については、注釈（4）326 頁以下〔西田典之＝今井猛嘉〕参照。

11)　例えば、①架空取引・無権限送金型では、行為者に銀行従業員として預金残高にかかる電磁的記録を作成・変更する一定の権限が認められる場合が考えられる。しかし、金融機関や預金者の意思に基づかないものである以上、実質的な権限がないために、そのような電磁的記録の作成は実態に合わない、すなわち虚偽であると評価される。このように、特定の主体の意思を基準に虚偽性を判断することの意義は、電磁的記録の作成・変更権限者が一見すると複数いるような場合にある。

12)　同旨と思われるものに、渡邊⑨ 177 頁以下。

13)　不正乗車に利用した乗車券は近鉄の旅客営業規則上無効となる（和田① 117 頁）。

（2）虚偽性判断における考慮事情

次に、「虚偽」性判断にあたってどのような事情を考慮してよいか、という問題をめぐり、電子計算機によって読み取られる情報と実際の事実とを対比して虚偽性を判断する狭義説と、電子計算機に読み取られない情報も加味して電磁的記録の内容を解釈し、これと事実とを対比して虚偽性を判断する広義説が対立すると整理されている[14]。もっとも、虚偽性の判断プロセスに照らすと、議論状況の実態を反映したものとは思われない[15]。

判例1の調査官解説は、「虚偽の情報」に当たるかどうかを、「虚偽」と「情報」の各要件に分けて検討する手法を提案していた[16]。電子計算機内に与えられた情報内容を確認する段階と、その情報が虚偽と言えるかを判断する段階を区分けする手法は虚偽性判断の明確化に資するが、より厳密には、情報内容を確認する段階では、①電子計算機内に実際に含まれる情報を確認するステップ（情報の確定）と、②その情報がどのように理解されるかを評価するステップ（情報の評価）とに区分け可能である。①②を経て明らかにされた③「情報」内容が現実と一致しているか、すなわち虚偽と言えるかが判断される（虚偽性の判断）。例えば、**判例1**の事案では、①行為者が電子計算機に与えた情報は、クレジットカードの名義人氏名、有効期限等であり、②これらの情報は、クレジットカードがその規約上名義人以外による使用を許容しておらず、当該決済システムにおいてもそのことが前提とされていたことからすれば、「名義人本人がクレジットカードを使用して購入を申し込んだ」と評価される。しかし、③実際には名義人以外の者が名義人の承諾も得ずにクレジットカードを使用しており、②で確認された情報内容と現実とが一致せず、虚偽が認められる。

以上の判断プロセスに照らすと、狭義説と広義説との対比は正当ではない。狭義説が、実際に電磁的記録内に存在する情報を基礎に虚偽性を判断する点

---

14) このような整理を示すものに、小林隼人「判批」警察公論 67 巻 9 号（2012 年）88 頁、髙嶋智光「判批」研修 778 号（2013 年）13 頁、武藤・前掲注(1)13 頁、注釈(4) 328 頁以下〔西田典之＝今井猛嘉〕。
15) 渡邊⑨ 180 頁注(78) も参照。
16) 藤井⑩ 69 頁以下、71 頁注(11)。

は①の段階に相当する面では正しいところを含んでいるが、仮に狭義説が②を飛ばし①と③だけで虚偽性を判断すると主張するのであれば、不当である。電磁的記録内に含まれている情報自体は数字や記号の羅列であって、それ単独では意味をもちえないから、その情報が電子計算機を通じてどのように理解されるのかを評価する必要がある[17]。他方で、広義説が、電磁的記録に含まれていない事実も考慮すべきと主張する点は、②の段階に相当する面では正しいといえるが、それを超えて、①を軽視して電磁的記録の内容を解釈しようとするのであれば不当である。電磁的記録に現に存在する情報を無視して、電磁的記録の内容を評価することはできない。

　以上のとおり、従前なされてきた議論整理は、問題の本質を十分に捉えたものではなく、本判決の評価を行うにあたり十分な視座を与えるものとは思われない。

4　検　討

　では、本件での虚偽性判断はどのようになされるべきか。結論から言えば、原判決の理解も、本判決の理解も、解釈論上ありうるものと思われるが、本判決の理解にはいくつかの問題点が指摘できる。

(1)　原判決と本判決との相違

　そもそも原判決と本判決でその結論に相違が生じたのはなぜか。原判決・本判決ともに、刑法246条の2後段にいう「虚偽の電磁的記録の供用」を判断するにあたっては、自動改札機のシステム上予定されている事務処理の目的に照らした判断が必要であるとする点には一致がみられる。相違があるのは、ここにいう「目的」の理解の仕方にある。上述の判断プロセスで言えば、②に相違があることになる。原判決は、①被告人の用いた電磁的記録内には、入場情報は記録されていないが、定期券の有効区間、有効期限に関する情報

---

17)　和田俊憲「キセル乗車」法教392号（2013年）99頁など。狭義説の支持者とされる橋爪⑧4頁や嘉門優「判批」新判例解説Watch 20号（2017年）195頁も、電子計算機内の事実的情報ではなく、その情報を評価することで虚偽に当たりうるかの判断が必要となることを認めている。

が存在することを前提に、②自動改札機の実際の処理過程に着目して、読み取り対象となっている事実の存否を判断することが自動改札機の目的であると捉え、入場情報の有無を出場判定に用いていなかった本件改札機の事務処理システムからすれば、「有効区間内、有効期限内の出場」という情報が電磁的記録に含まれていると理解される。とすると、③実際に被告人の出場が「有効区間内、有効期限内の出場」であるために、②の情報内容と現実との間に不一致はなく、虚偽性は認められない。これに対して、本判決は、①の点では原判決と同じだが、②自動改札機のそもそもの目的が有効適切な乗車か否かを判定することにあることからして、直接の読み取り対象になっていないにしても、①の情報は、「有効区間内、有効期限内の出場」であることに加えて、「有効区間内からの入場」であるものと理解される。したがって、③被告人の入場が「有効区間外からの入場」である以上、②の情報内容と現実との間に不一致があり、虚偽性が認められる。

　原判決は、電子計算機の実際の処理過程に着目してその目的を評価するもので、電子計算機の事務処理目的を考えるにあたって素直な理解であると思われる。他方で、本判決が主張するように、そもそも自動改札機が正規運賃の徴収を目的に設置されているのであるから、正当な乗車か否かを判定することにこそ自動改札機の事務処理システムの目的があるとの考えにも説得力があるように思われる。確かに、本件自動改札機は入場情報を出場許否の判断に用いていなかったが、それが技術的・費用的理由を背景にするとすれば、技術的・費用的観点から不可能なことを理由に、電子計算機使用詐欺罪の処罰が否定されるのは不当だともいいうる。加えて、電子計算機の本来的な目的に照らして虚偽性を評価することで、当該電子計算機の利用者や利益主体の意思に反するとしても、そのことだけで、そのような意思に反した事実が電磁的記録内に含まれていると評価されるわけではなく、その点で処罰範囲の適正化に一定の期待もできる。本判決の理解からも、仮に鉄道会社の許容しない事実（例えば、危険物の持ち込み）[18]であっても、自動改札機の本来的目的である正規運賃の徴収と関係ない場合には、虚偽性を基礎づけないと考えること[19]は可能である。

(2) 本判決の問題点

　他方で、本判決には問題点もある。第1に、本件では、電子計算機による財産権の得喪・変更判断の結論を左右しない情報が問題となっていたという点である。すなわち、本件改札機に仮に有効区間外の入場情報が記録された定期券を投入した場合でも出場は可能である（この点で**判例2**の事案と大きく相違する）。原判決は、この点を重視し、財産権の得喪・変更と電磁的記録との因果性がない以上、これを事務処理の目的に含まれる事項と捉えるべきではないと考えていた。

　この問題は、**判例1**の射程が本判決に及ぶか、の評価にも関わる。**判例1**の事案と本件とは、電磁的記録内に直接的に含まれない事実の虚偽性が判断されたという点では共通する。この点を指摘し、本判決こそが**判例1**に親和的であるとの評釈もある。[20] 他方で、**判例1**は、財産権の得喪・変更判断に影響しない情報の入力が問題となった事案ではなく、事実関係に相違がある。そのほかの裁判例に照らしてみても、財産権の得喪・変更の判断に影響をもたない情報の入力・利用について電子計算機使用詐欺罪を認めたものはなかったように思われ、その意味では、本判決の判断は、従前の虚偽該当性の判断を拡張するものといえる。

　第2に、詐欺罪との比較の問題である。機械に対してか、自然人に対してか、という点以外では電子計算機使用詐欺罪と詐欺罪の処罰範囲に違いがないと考える場合、仮に係員に対して本件定期券を呈示して出場しても詐欺罪が成立することを前提とすれば、本判決のいうように本件で電子計算機使用詐欺罪の成立を認めるべきことになろう。もっとも、両罪の処罰範囲の異同

18）　鉄道営業法5条を根拠に、各鉄道会社は危険品の持ち込みを拒否できる。例えば、JR東日本は、旅客営業規則307条で別表第4号に掲げる危険品の持ち込みを禁止している。

19）　もっとも、電子計算機の本来的目的の捉え方は一義的ではなく、本件で自動改札機の目的は正規運賃の徴収に尽きないとの考えもありえよう。とすれば、本判決を批判する論者から指摘されているように、電子計算機使用詐欺罪の処罰範囲が無限定となりかねず（松宮④6頁以下参照）、電子計算機の本来的目的に限定するとの手法は、処罰範囲の適正化に十分ではないとも考えられる。

20）　向井⑤94頁、鵜鶼⑥185頁以下。

には見解の相違がみられ、**判例1**の調査官解説でも判例上詐欺罪の成立することが確立している事案で電子計算機使用詐欺罪が当然に成立するとは考えられておらず、今後の課題であるとされている[22]。確かに、立法者解説では本罪が詐欺の処罰間隙を埋めるための規定であることが指摘されていたが、他方で不当利得一般を処罰するものでもないとされており[23]、立法当時に電子計算機使用詐欺罪として捕捉されるべき範囲に十分な精査がなされていたわけでもない。

　なお、この点を措くとしても、本件で被告人が有人改札を通過した場合での詐欺罪の成否には、議論の余地がある。というのも、本件改札機が入場情報を出場判定に用いていなかったことを前提に、自然人の場合であっても入場情報を出場判定に用いないと考えるならば、係員が「入場情報の記録されていない定期券である」ということを知れば「出場を認めなかった」とはいえず、詐欺罪における重要事項性が認められないと考えうるからである。確かに、係員であれば「当然に有効な乗車行為でなければ出場を認めないはず」とも考えられそうである。しかし、両罪の処罰範囲を比較する場合、「人に対して行ったのか、機械に対して行ったのか」以外の条件、つまり処分行為にとって重要となる事実の内容（処分条件）も同じものと考えなければ、両罪の処罰範囲が一致するのか、相違するのかを評価することはできない[24]。このように、本件で、詐欺罪の補充規定としての性質を本罪の成立を認める根拠とすることには問題がある。

　以上のとおり、本判決のように考えて虚偽性を肯定することは理論的にありうる。もっとも、そこで掲げられている論拠からすれば、その意図に反し

---

21)　一致しないことを強調するのは、橋爪⑧12頁以下。

22)　藤井⑩73頁。

23)　的場・前掲注(2)116頁。

24)　通常、本件のような磁気定期券を使用して有人改札を通過する場合、定期券に記録されている入場情報を確認した上で、出場許否判定を行うことになろう。しかし、入場情報の有無が出場判定に用いられていない自動改札機との比較で考えるならば、磁気定期券内の入場情報をおよそ確認せずに、有効期限内かつ有効区間内の出場であるか否かだけを確認し、出場判定の基準としていた有人改札を考える必要があるのではないか。

て、電子計算機使用詐欺罪の処罰範囲が拡張される危険性をはらんでいることも否定できない。

【参考文献】

原判決の評釈として
　①和田俊憲「判批」法教 480 号（2020 年）

本判決の解説・評釈として
　②和田俊憲「判批」法教 487 号（2021 年）
　③松宮孝明「判批」新判例解説 Watch 刑法 159 号（2020 年）
　④同「判批」立命 392 号（2020 年）
　⑤向井翔「判批」警察公論 76 巻 5 号（2021 年）
　⑥鷦鷯晶二「判批」警論 74 巻 6 号（2021 年）

電子計算機使用詐欺罪における虚偽性概念について
　⑦鈴木左斗志「電子計算機使用詐欺罪（刑法 246 条の 2）の諸問題」学習院 37 巻 1 号（2001 年）
　⑧橋爪隆「電子計算機使用詐欺罪における『虚偽』性の判断について」研修 786 号（2013 年）
　⑨渡邊卓也「電子計算機使用詐欺罪における虚偽性の判断」『ネットワーク犯罪と刑法理論』（成文堂、2018 年）
　⑩藤井敏明「判解」最判解平成 18 年度

脱稿後に接したが、電子計算機使用詐欺罪の基本理解に資するものとして、さらに、荒木泰貴「電子計算機使用詐欺罪」鎮目征樹ほか編『情報刑法 I』（2022 年）。

付記
本稿は、科研費若手研究（研究課題番号：20K13348）の助成を受けた成果である。

13

任務違背行為の意義
──拓銀事件について──

▊ 最高裁判所平成 21 年 11 月 9 日第三小法廷決定
▊ 平成 18 年（あ）第 2057 号 商法違反被告事件
▊ 刑集 63 巻 9 号 1117 頁／判時 2069 号 156 頁／判タ 1317 号 142 頁

佐 藤 結 美

I 事 案

　被告人 A・B は、それぞれ株式会社北海道拓殖銀行（以下「拓銀」という。）の代表取締役頭取であったものである。被告人 C は、理美容業、不動産賃貸業等を営む D 株式会社、総合健康レジャー施設を建設・経営する株式会社 E の各代表取締役で、かつ、都市型高級リゾートホテルを経営する株式会社 F の実質的経営者であったものである（以下、D、E 及び F の 3 社を併せて、「D グループ」という。）。拓銀は、昭和 58 年頃から、D に対する本格的融資を開始し、拓銀の新興企業育成路線の対象企業として積極的に支援したが、レジャー施設は当初見込みと違って売上げが減少し、また、ホテルは採算性が見込まれないものであり、売上高は当初見込みの半分程度にとどまっていた。

　このような状況の下、D グループの資産状態、経営状況は悪化し、遅くとも平成 5 年 5 月頃までには、拓銀が赤字補てん等のための追加融資を打ち切れば直ちに倒産する実質倒産状態に陥っていた。その後も債務超過額、借入金残高は年々増加し、保全不足の状態が解消することはなかった。

　被告人 A・B は、それぞれの頭取在任中に、D グループがこのような資産状態、経営状況にあることを熟知しながら、赤字補てん資金等の本件各融資を決定し、実質無担保でこれを実行した。D グループについては、本件各融

資当時、営業改善努力によって既存の貸付金を含めその返済が期待できるような経営状況ではなかった上、貸付金の返済のために残されていたほとんど唯一の方途であったG地区の開発事業も実現可能性に乏しく、仮に実現したとしてもその採算性に大きな疑問があるものであった。被告人A・Bは、拓銀のDグループ担当部から説明を受け、そのような状況も十分に認識していた。

　第1審の札幌地判平成15年2月27日（刑集63巻9号1328頁参照）は、被告人A・Bに対して任務違背行為を認めたものの、図利加害目的を否定して特別背任罪の成立を否定し、被告人Cについても同罪の共同正犯の成立を否定した。

　第2審の札幌高判平成18年8月31日（刑集63巻9号1486頁参照）は、被告人A・B・Cに同罪の共同正犯の成立を肯定した。

　これに対して、弁護人は、被告人A・Bが既存の貸付金の回収額をより多くして拓銀の損失を極小化し、拓銀自体に対する信用不安の発生を防止し、さらに、融資打切りによる地域社会の混乱を回避する等の様々な事情を考慮して総合的に判断することを求められていたこと、同判断が極めて高度な政策的、予測的、専門的な経営判断事項に属し、広い裁量を認めるべきものであることから、任務違背がなかったと主張して上告した。

Ⅱ　決定要旨

上告棄却

「(1)…銀行の取締役が負うべき注意義務については、一般の株式会社取締役と同様に、受任者の善管注意義務（民法644条）及び忠実義務（平成17年法律第87号による改正前の商法254条の3、会社法355条）を基本としつつも、いわゆる経営判断の原則が適用される余地がある。しかし、銀行業が広く預金者から資金を集め、これを原資として企業等に融資することを本質とする免許事業であること、銀行の取締役は金融取引の専門家であり、その知識経験を活用して融資業務を行うことが期待されていること、万一銀行経営が破たんし、

あるいは危機にひんした場合には預金者及び融資先を始めとして社会一般に広範かつ深刻な混乱を生じさせること等を考慮すれば、融資業務に際して要求される銀行の取締役の注意義務の程度は一般の株式会社取締役の場合に比べ高い水準のものであると解され、所論がいう経営判断の原則が適用される余地はそれだけ限定的なものにとどまるといわざるを得ない。

　したがって、銀行の取締役は、融資業務の実施に当たっては、元利金の回収不能という事態が生じないよう、債権保全のため、融資先の経営状況、資産状態等を調査し、その安全性を確認して貸付を決定し、原則として確実な担保を徴求する等、相当の措置をとるべき義務を有する。例外的に、実質倒産状態にある企業に対する支援策として無担保又は不十分な担保で追加融資をして再建又は整理を目指すこと等があり得るにしても、これが適法とされるためには客観性を持った再建・整理計画とこれを確実に実行する銀行本体の強い経営体質を必要とするなど、その融資判断が合理性のあるものでなければならず、手続的には銀行内部での明確な計画の策定とその正式な承認を欠かせない。

　（2）これを本件についてみると、Dグループは、本件各融資に先立つ平成6年3月期において実質倒産状態にあり、グループ各社の経営状況が改善する見込みはなく、既存の貸付金の回収のほとんど唯一の方途と考えられていたG地区の開発事業もその実現可能性に乏しく、仮に実現したとしてもその採算性にも多大の疑問があったことから、既存の貸付金の返済は期待できないばかりか、追加融資は新たな損害を発生させる危険性のある状況にあった。被告人A及び同Bは、そのような状況を認識しつつ、抜本的な方策を講じないまま、実質無担保の本件各追加融資を決定、実行したのであって、上記のような客観性を持った再建・整理計画があったものでもなく、所論の損失極小化目的が明確な形で存在したともいえず、総体としてその融資判断は著しく合理性を欠いたものであり、銀行の取締役として融資に際し求められる債権保全に係る義務に違反したことは明らかである。そして、両被告人には、同義務違反の認識もあったと認められるから、特別背任罪における取締役としての任務違背があったというべきである。」

なお、田原裁判官の補足意見がある。

Ⅲ　解　説

1　問題の所在

　背任罪は、①他人のための事務処理者が、②自己若しくは第三者の利益を図り又は本人に損害を加える目的で、③任務違背行為をし、④本人に財産上の損害を加えた場合に成立する。

　本件では、銀行取締役による実質倒産状態の企業に対する無担保での追加融資が、特別背任罪（改正前商法 486 条 1 項、現会社法 960 条 1 項 3 号）における「任務違背」に該当するか否かが問題となる。

　特別背任罪は、刑法 247 条の背任罪の加重類型であるので、本罪の「任務違背」は刑法上のそれと同様に解される。[1] 背任罪の「任務違背」に該当するか否かは、法律の規定、通達、内規、事務処理規則、予算、契約の内容、取引上の慣習、委託の趣旨、信義誠実の原則等の条理、社会通念等によって実質的に判断される。[2]

　本事例の被告人 A・B のような株式会社の取締役には、株式会社に対する忠実義務（会社法 355 条）および善管注意義務（会社法 330 条、民法 644 条）があるが、特別背任罪における取締役の「任務違背」が肯定されるには、私法上の忠実義務・善管注意義務（以下、「注意義務」とする）の違反が前提となっている。[3] 注意義務の違反が認められる場合には必ず背任罪の「任務違背」が肯定されるとすれば、背任罪の処罰範囲が拡張されてしまうのではないかという問題も指摘されている[4]ところであるが、本決定は「銀行の取締役として融資に際し求められる債権保全に係る義務に違反した」ことから任務違背性を認めて

---

　1)　斉藤豊治ほか（編著）『新経済刑法入門〔第 3 版〕』（2020 年）176 頁、178 頁〔松宮孝明〕。
　2)　大コンメンタール（13）263 頁〔島戸純〕。
　3)　青柳① 519 頁、岩原② 137 頁。
　4)　品田③ 117-8 頁。

いる。背任罪における「任務」は本人の財産保護を目的とするものであるこ[5]
とからすると、本決定が被告人の行為に「任務違背」を認めたのは、実質倒
産状態の企業に対して無担保で追加融資をする行為は取締役としての注意義
務違反であると同時に、本人である拓銀に対して財産的リスクを負わせる行
為として評価されたからであるといえる。

2　経営判断の原則と任務違背

　本決定では、任務違背性の判断にあたり、「いわゆる経営判断の原則が適用
される余地がある」とされた。「経営判断の原則」はアメリカの判例法理によっ
て発展したものであり、経営判断の内容については裁判所による審査を排除
する。これに対して、日本の判例・裁判例では経営判断の内容についても審
査が行われており[6]、日本法独自の理論が構築されている[7]。

（1）経営判断の原則の適用が制限される業務の範囲

　続いて、本決定は「融資業務に際して要求される銀行の取締役の注意義務
の程度は一般の株式会社取締役の場合に比べ高い水準のものである」ことか
ら、経営判断の原則が適用される余地は限定されると述べている。そこで、
銀行の取締役の裁量が制限されるのは融資業務のみであるのか、融資業務以
外の銀行の業務についても経営判断の原則の適用が制限されるのかが問題と
なる。

　銀行の取締役の融資業務に対して、より高い注意義務が課されている理由
として、本決定は、①銀行業が広く預金者から資金を集め、これを原資とし
て企業等に融資することを本質とする免許事業であること、②銀行の取締役
は金融取引の専門家であり、その知識経験を活用して融資業務を行うことが
期待されていること、③銀行経営が破たんし、あるいは危機にひんした場合

---

5)　品田⑩ 309 頁。内田④ 37 頁も、「任務違背」の有無は本人から与えられた「損害
　　回避のためのルール」に違反したかが問われると述べている。
6)　伊藤ほか⑬ 241-2 頁。
7)　日本における「経営判断の原則」の理解はアメリカとは異質のものであることか
　　ら、本決定を含めた判例・裁判例は「経営判断の原則」という用語は使用せず、「い
　　わゆる経営判断の原則」「所論がいう経営判断の原則」と表現していることが指摘
　　される（青柳① 529 頁）。

には預金者及び融資先を始めとして社会一般に広範かつ深刻な混乱を生じさせることの3点を挙げている。特に、融資業務には①～③の特徴が顕著に表れており、取締役の経営裁量を保障するという要請が弱い場面であることから、融資先に対する経営介入などの融資以外の業務については経営判断の原則の適用の制約がなされないこともありうるとする見解も主張されている。[8]

しかし、銀行業務の上記3つの特徴は、融資業務に限ってみられるものではないので、高い注意義務が要求され、経営判断の原則の適用が制限されるのは融資業務だけではないといえる。[9]

(2) 無担保融資の合理性の基準について

本決定は、実質倒産状態にある企業に対する支援策としての無担保追加融資が適法とされるためには、「客観性を持った再建・整理計画とこれを確実に実行する銀行本体の強い経営体質を必要とするなど、その融資判断が合理性のあるものでなければならず、手続的には銀行内部での明確な計画の策定とその正式な承認を欠かせない」と述べている。そこで、本決定が実体面において「客観性を持った再建・整理計画」を要求していることと、手続面に対する言及がどのような関係にあるのかが問題となる。

本決定が銀行内部での手続が「欠かせない」と判示していることについて、手続の欠如・欠陥が任務違背に直結するのかという問題提起をする見解があ[10]るが、本事例では実質倒産状態にある企業に対する実質無担保の追加融資について「客観性を持った再建・整理計画」がなかったことが、融資判断が著しく合理性を欠き、任務違背であると評価された決め手となっていると解さ[11]れるので、融資の決定・実行に際して軽微な手続の違反があった場合であっても直ちに任務違背が認められるという趣旨ではないように思われる。[12]

また、「銀行内部で十分な調査・検討を行った場合には、結果的に銀行に損

---

8) 木崎⑤124頁。
9) 銀行の注意義務の程度が高い理由が上記①ないし③にあるとすれば、信用金庫、信用組合などの銀行以外の金融機関の役員責任の問題にも同様の考え方が妥当しうると指摘するものとして、小田⑥56頁。
10) 品田③119頁。
11) 青柳①525頁。

害が発生したとしても、融資判断に合理性がなかったとはいえないとして、任務違背性が否定される場合があり得る」ことから、手続の履践は「任務」の内容として要求されるとする見解[13]も主張されている。「調査・検討」の対象となるのが、融資金の回収可能性に基づいた無担保追加融資の妥当性であるとすれば、「正式な承認」という手続の存在は、妥当な融資判断が行われたことを客観的に示すものにとどまるのではないかと考えられる[14]。

3　本決定の意義

本決定は、最高裁が初めて「経営判断の原則」という用語を用いた判例[15]であるが、本事例の融資が合理性を欠いていることから、補足意見では「本件各企業に対する各融資は、経営判断の原則の適用の可否を論じるまでもなく、銀行の頭取としての任務に違背していたものであることは明白である」と評価された。

このことから、銀行の取締役については経営判断原則の適用範囲が限定されるという一般論は本決定の結論を導くために必要であったとはいえず、このような点は傍論にとどまるとの見方も可能である[16]。しかし、単に融資判断の不適切さを指摘して任務違背性を肯定するにとどまらず、あえて経営判断の原則に言及したのは、銀行の取締役であっても経営の裁量が全くないわけではないことを示すためであったと思われる[17]。

（1）経営判断原則の適用の余地について

本決定については、「明らかに不合理とまではいえないが、適切なものとも

---

12)　本決定が要求している「正式な承認」が何を表しているのかが判決文からは明らかではないが、被告人が株式会社の取締役であることから、「客観性を持った再建・整理計画」といえる無担保融資の実行が取締役会（あるいは、取締役会に準じる会議）で決議されることを「手続」の一例として想定していると考えられる。

13)　橋爪⑦145頁。

14)　ドイツの議論を参照しつつ、手続の履行の有無と任務違背性の関係を論じるものとして、天田⑪433-4頁がある。論者によると、任務違背性の場面で問題となる「手続」とは、刑法外の規範において履行を求められる情報収集・調査・検討のことであり、手続的な違反は実体的な義務違反の単なる「徴表」にすぎないとされる。

15)　松山⑧12頁。

16)　橋爪⑦145頁。

17)　品田③119頁。

いえない金融機関の融資についても任務違背性が肯定されるか」という問題[18]が指摘されている。

本決定後の民事判例である最判平成 22 年 7 月 15 日（判時 2091 号 90 頁＝**判例 1**）は、会社が事業再編の一環として行った株式の買い取りにつき、不当に高額な株式買取によって会社に損害を生じさせたとして、会社の株主が取締役の善管注意義務違反を理由に株主代表訴訟を提起した事案に関するものであり、「決定の過程、内容に著しく不合理な点がない限り、取締役としての善管注意義務に違反するものではない」との一般論を述べた。

判例 1 の事案では、株式会社の取締役が会社の経営会議で買取価格を決定するにあたり、弁護士の意見も聴取するなどの手続を履践しつつ必要な調査・検討をしている点で本決定の事例とは異なるが[19]、**判例 1** がいう「決定の過程、内容に著しく不合理な点がない限り、取締役としての善管注意義務に違反するものではない」という一般論を銀行の取締役にも適用し、取締役の決定が「著しく不合理」といえなければ任務違背性を否定すると解することはできるだろうか。

経営判断の原則が必要とされる理由は、株式会社がリスクのある事業を行うにあたり、経営の知識・経験を有するわけではない裁判官による事後的な介入が安易に行われることを防ぐことで、経営者によるリスクを伴う意思決定を委縮させないことにある[20]。一般事業会社であればこのようなリスクを伴う意思決定に関する取締役の裁量は、株式会社の事業の発展に必要な範囲で広く許容されうるものの、金融機関には公共的役割があることから、金融機関の経営者は融資等の業務執行における判断にあたって、一般の事業会社の経営者に比べよりリスクを避けることが、会社法上の法令遵守義務や善管注意義務の内容として求められる[21]。このことから、銀行の取締役の経営判断に

---

18) 内田④ 37 頁。
19) **判例 1** では適正な手続の履践があったことが指摘されているが、その前提として買取価格の決定自体が「著しく不合理であるとはいい難い」と述べられているので、弁護士の意見を聴取したことが直ちに善管注意義務違反を否定するのではなく、手続の履践は決定内容の妥当性を徴表するものとして位置づけられると思われる。
20) 伊藤ほか⑬ 242 頁。
21) 岩原⑭ 214 頁。

つき、**判例1**のように「決定の過程、内容に著しく不合理な点がない限り、取締役としての善管注意義務に違反するものではない」と解することはできず、「著しく不合理」とはいえないものの適切ではない判断については、「財産上の損害」を発生させうるものであれば任務違背性が肯定されるのではないかと考えられる。

　また、東京高判平成29年9月27日（金判1528号8頁＝**判例2**）は、銀行による他社の債権の買い取りにつき、「銀行の取締役にいわゆる経営判断の原則が適用されると解されるとしても、その余地はその分だけ限定的なものにとどまる」とする本決定を引用した上で、銀行において会社の財務状況などについて十分に把握されていなかったことから、買い取りに賛成した取締役が銀行の取締役であるか否かにかかわらず、一般的な事業会社の取締役に会社法が要請する注意義務をYが怠っていたことが明らかであると指摘されている。[22]取締役の判断に著しい不合理性があるという点では本決定の事例と類似しており、経営判断の原則の適用が問題となりうる事例ではないともいえるが、銀行業務は一般的な事業会社に比してリスク許容度が小さいという観点から、銀行の取締役に対する経営判断の原則の適用が制限されるという一般論が民事・刑事判例において定着しつつあるものと思われる。

(2)「客観性を持った再建・整理計画」の意義

　本決定では、銀行の取締役に対して経営判断の原則の適用が制限されることを前提に、無担保追加融資の適法性につき「客観性を持った再建・整理計画」が要求されているが、計画内容にはどの程度の客観性・確実性が必要とされているのか。

　実質倒産状態にある企業の再建・整理計画については、経済情勢や市場の変動などに鑑みて不確定要素が残らざるを得ないので、あまりに高い確実性を求めることは不可能を強いることになり妥当ではないであろう。[23]

(3) 本決定の射程範囲と残された課題

　本決定では、銀行取締役の無担保貸付融資については経営判断の原則の適

22)　坂東⑨4-5頁。
23)　奥田⑫252頁。

用が制限されると判断されたが、その射程範囲が問題となる。経営判断の原則の適用が制限される根拠となったのは銀行業務の高い公共性と社会に与える経済的影響力の大きさであるので、融資業務を含めた銀行の業務全般、銀行以外の金融機関の業務につき、本決定の射程範囲が及ぶのではないかと考えられる。

　もっとも、銀行などの金融機関の業務全般につき経営判断の原則の適用が制限されるとしても、融資業務とそれ以外の一般的な業務とでは、制限の程度が異なるのではないだろうか。融資には債権回収ができなくなるリスクがあることから慎重な判断が求められる一方、顧客に対するアドバイスや情報提供といった日常的な業務についても融資と同レベルの慎重さを求めるのは妥当ではないように思われる。融資以外の日常業務については、一般事業会社の業務よりは経営判断の原則の適用が制限されるものの、融資業務よりは柔軟な対応が許されると解するのが妥当であろう[24]。

　また、銀行の公共性という側面は、融資業務に対する慎重さを要請する一方で、融資判断の基準を緩める方向にも傾くという考察も可能である。経済的に困窮する事業会社や業種を融資等により救済するという社会的要請が銀行に対してあると解すれば、融資判断に慎重さを要求する本決定の趣旨は銀行に貸し渋りをさせることにつながり、銀行の公共性と矛盾するとも考えられる。しかし、背任罪は本人に対して財産上の損害を加える犯罪であり、銀行の公共性は、銀行が経営破綻した場合の社会的影響力の大きさにもつながるので、銀行の取締役が本人である銀行に損害を与えることは銀行自体にとどまらず、社会全体に対する損害にもなりうる。したがって、貸し渋りによって融資を受けられない事態が生じたとしても、そのような問題は背任罪のカヴァーするところではないといえる。

---

24)　本決定については、「我が国においていわゆる不動産バブルが崩壊し、それによって生じた景気の後退と担保不動産の価格低下に対する対応を迫られる中で起きた事件であり、このような時代状況も理解しておく必要がある」という指摘がある（青柳①525頁）。もっとも、融資判断には高度な専門性と慎重さが求められ、それゆえ経営判断の原則の適用が制限される程度も高いということは、融資がバブル崩壊前後に行われたか否かという時代状況にかかわらず妥当すると考えられる。

　なお、第1審では、被告人A・Bは融資を継続した方がより多くの回収が
期待できると認識していたとして図利加害目的が否定されたのに対して、第
2審ではずさんな融資を行ったことが発覚することによる責任追及を逃れる
という自己保身目的があったとして図利目的を認めており、両者は事実認定
の違いによって結論が分かれている。これに対して、最高裁決定では図利加
害目的について判断されていない。図利加害目的は本人の利益を図る目的が
ないことを裏から示す要件であるとする消極的動機説からすれば、本事例の
融資は合理性を欠くことが客観的に明らかである以上、被告人に図利加害目
的がなかったとする余地はなく、この点に関する判断は不要とされたものと
考えられる。[25]

【参考文献】

　本件の解説・評釈として

　　①青柳勤「判解」最判解平成21年度

　　②岩原伸作「判批」ジュリ1422号（2011年）

　　③品田智史「判批」刑ジャ22号（2010年）

　　④内田幸隆「判批」セレクト2010［1］

　　⑤木崎峻輔「判批」法時83巻3号（2011年）

　　⑥小田大輔「判批」金判1411号（2013年）

　　⑦橋爪隆「判批」百選8版

　　⑧松山昇平「判批」金法1896号（2010年）

　　⑨坂東洋行「判批」金判1562号（2019年）

　背任罪の任務違背行為について

　　⑩品田智史「背任罪における任務違背（背任行為）に関する一考察（2・完)」阪法59
　　　巻2号（2009年）

　　⑪天田悠「背任罪における任務違背行為と『手続』の履行」高橋古稀（下）

　　⑫奥田洋一「特別背任」『実務に効く　コーポレート・ガバナンス判例精選』（2013年）

　会社法における取締役の注意義務違反について

　　⑬伊藤靖史ほか『会社法〔第5版〕』（2021年）

　　⑭岩原紳作「金融機関取締役の注意義務」『商事法への提言』（2004年）

---

　25)　松山⑧19頁。

14

放火罪における「公共の危険」の意義

最高裁判所平成 15 年 4 月 14 日第三小法廷決定
平成 13 年（あ）第 1317 号 建造物等以外放火、暴行被告事件
刑集 57 巻 4 号 445 頁／判時 1823 号 154 頁／判タ 1124 号 151 頁

北 尾 仁 宏

I 事 案

　被告人は、妻と共謀の上、被害者所有の自動車（「被害車両」）に放火しようと企て、本件当日午後 9 時 50 分ころ、本件駐車場に無人で停められていた被害車両に対し、ガソリン約 1.45 *l* を車体のほぼ全体にかけ、ガスライターで点火して放火した。

　本件駐車場は、市街地にあって、公園および他の駐車場に隣接し、道路を挟んで小学校や農業協同組合の建物に隣接していた。被害車両の近くには、第三者所有の 2 台の自動車が無人で停められており、内 1 台（「第 1 車両」）は被害車両の西側 3.8 m、他の 1 台（「第 2 車両」）は第 1 車両のさらに西側 0.9 m の位置にあった。被害車両から東側に 3.4 m の位置にはゴミ集積場が設けられており、可燃性ゴミ約 300 kg が置かれていた。

　被害車両には、当時、約 55 *l* のガソリンが入っていたが、本件放火により被害車両から高さ約 20〜30 cm の火が上がっているところを、偶然付近に来た者が発見し、その通報により消防車が出動し、消火活動により鎮火した。消防隊員が現場に到着したころには、被害車両左後方の火炎は、高さ約 1 m、幅約 40〜50 cm に達していた。

　本件火災により、被害車両は、左右前輪タイヤの上部、左右タイヤハウスおよびエンジンルーム内の一部配線の絶縁被覆が焼損し、ワイパーブレード

とフロントガラスが焼けてひび割れを生じ、左リアコンビネーションランプ
付近が焼損して焼け穴を作り、トランクの内部も一部焼損し、第1・第2車両
と前記ゴミ集積場に延焼の危険が及んだ。

　第1審（大津地判平成12年11月21日刑集57巻4号452頁参照）は「そのまま放
置すれば、同駐車場に駐車中の他の自動車等に延焼するおそれのある状態を
発生させ、もって、公共の危険を生じさせ」たとして、建造物等以外放火罪
（刑法110条1項）の成立を肯定した。

　被告人側は「刑法110条1項にいう公共の危険とは、放火行為によって、
不特定の多数人をして同法108条及び109条の物件に延焼する結果を発生す
るおそれがあると思わせるのに相当な状態をいうと解すべきであるのに、被
害車両に対する放火について、他の自動車等に延焼するおそれのある状態を
発生させたことをもって公共の危険を生じさせたと解釈し、建造物等以外放
火罪の成立を認めたのは、同法110条1項の解釈及び適用を誤った違法があ
る」などとして控訴したが、原審（大阪高判平成13年7月17日刑集57巻4号457
頁参照）は「刑法110条1項の公共の危険とは、不特定又は多数人の生命・身
体・財産に対する危険であると解されるところ、同法108条や109条1項に
記載された物件に放火してこれらの物件を焼損した場合には、その行為自体
が当然に公共の危険を生じさせたものとみなされているのであるから、これ
らの物件以外の物件に放火して同法108条や109条1項の物件に延焼する危
険が生じたときは、それだけで同法110条1項の公共の危険が発生したこと
は明らかであるけれども、同項の公共の危険の発生がこのような場合に限定
されるわけではなく、それ以外の財産に延焼して火力による脅威を及ぼすお
それのある状態を生じさせた場合も、また、同項にいう公共の危険の発生と
認めるのが相当である」とし、被害車両の周囲の状況、火力の程度、被害車
両の燃焼状況、当時の気象状況に、第一発見者の供述も考慮すると、本件火
災は「駆けつけた消防士の消火活動によって鎮火したが、このまま放置すれ
ば、一般通常人からみて、ガソリンタンクに引火して爆発し、燃え上がった
火焔により、あるいは火の着いたガソリンが飛散することによって、被害車
両近くにとめてある自動車に延焼する恐れがあると危惧される状況にあった

ものというべきであり、刑法110条1項の公共の危険が生じたと認めるのが相当である」として、第1審の判断を是認した。

被告人側は、「刑法110条1項にいう『公共の危険』は、同法108条、109条所定の建造物等への延焼のおそれに限られる」として上告した。

Ⅱ　決定要旨

上告棄却

「同法110条1項にいう『公共の危険』は、必ずしも同法108条及び109条1項に規定する建造物等に対する延焼の危険のみに限られるものではなく、不特定又は多数の人の生命、身体又は建造物等以外の財産に対する危険も含まれる」。「市街地の駐車場において、被害車両からの出火により、第1、第2車両に延焼の危険が及んだ等の本件事実関係の下では」、「『公共の危険』発生を肯定することができる」。

Ⅲ　解　説

1　本決定の争点

建造物等以外の物件を意図的に焼損した場合、公共の危険を生じさせると、建造物等以外放火罪（刑法110条）が成立する。他方、公共の危険が生じなければ、他者物を焼損しても基本的に器物損壊罪（刑法267条）が成立しうるにすぎず、自己物ならばそれも成立しない。

本件では、とくに刑法110条1項にいう公共の危険の意義が争われた。この点につき、108条・109条1項物件への延焼の危険に限られるとする限定説[1]と108条・109条1項物件への延焼の危険に限られないとする非限定説[2]が従来存在し、本決定以前の判例・裁判例の状況も両説各々に親和的なものがあっ

---

[1]　曽根217頁、重点課題〔二本柳誠〕193頁、西田（橋爪補訂）327頁・330頁など。
[2]　井田424頁、松原419頁、高橋467頁など。

た。

　本件被害車両から 108 条・109 条 1 項物件への延焼の危険は認定されていない以上、限定説からは器物損壊罪が成立するにとどまるが、非限定説からは建造物等以外放火罪の成立が肯定される余地がある。

2　判例・裁判例の状況

　限定説の先駆とされる大判明治 44 年 4 月 24 日（刑録 17 輯 655 頁＝**判例 1**）（人家の附近に堆積された藁を焼損した事例）は、110 条の公共の危険を「其放火行為が同条所定の物件に付き発生せしめたる実害を謂うにあらずして其放火行為によりて一般不特定の多数人をして前掲第百八条及第百九条の物件に延焼する結果を発生すべき虞ありと思料せしむるに相当する状態」と定義し、「物的現象は瞬間に変転することあるを恒とするを以て一時の現象は以て絶対の真理と為すに足ら」ず、「縦令其当時物理上結果の発生を虞るべき理由なかりしとするも」、「理性の判断」によれば延焼可能性も絶無ではないとして、公共の危険を肯定した。

　以後、仙台高秋田支判昭和 32 年 12 月 10 日（高刑特 4 巻 24 号 654 頁＝**判例 2**）（三輪自動車のガソリンタンクに放火し、2 m 弱離れた料理店への延焼可能性を生じた事例）や東京高判昭和 57 年 5 月 20 日（刑集 38 巻 6 号 2144 頁参照＝**判例 3**）（火炎瓶で普通乗用自動車を焼損し、5.3 m 離れた作業場兼車庫その他の多数の建造物への延焼可能性を生じた事例）等も、公共の危険に同様の定義を与えた。ただし、下級審裁判例の多くが建造物等への延焼可能性の存否と公共の危険の存否を連動させる傾向にあるものの、それ以外の危険（建造物等以外物件への延焼可能性など）につき公共の危険を否定する旨を明示したものもなかった。[3]

　他方、非限定説に立つとされる判断も古くから存在する（失火罪の事案だが、大判大正 5 年 9 月 10 日刑録 22 輯 1359 頁＝**判例 4** など）。名古屋地判昭和 35 年 7 月 19 日（下刑集 2 巻 7・8 号 1072 頁＝**判例 5**）（最も近い集落まで 500 m ほど離れ、かつ半径 200 m 内に建造物等は存しない橋梁を不作為により焼損した事例）や松江地判昭和 48

---

3)　古川⑧ 181 頁参照。

年3月27日（判タ306号309頁＝**判例6**）（「稲はで」を焼損し、その稲束を焼失した事例）も、傍論で非限定説的見解を示している。

非限定説から建造物等以外放火罪の成立を肯定したのが、新宿西口バス放火事件に関する東京地判昭和59年4月24日（判時1119号40頁＝**判例7**）（30余名を乗せたバスの後部ドアから火の着いた新聞紙とガソリン入りバケツを投入し、当該バスを全焼させた事例）で、「乗合バスにガソリンを使つて放火し、同バスを全焼させて公共の危険を生じさせ」たとした。**判例5・6**では延焼可能性の存否に言及があり、かつその証明がないことも放火罪不成立の一因とも読める表現であったが、**判例7**は延焼可能性に言及すらせずバス自体の焼損を以て公共の危険を認めた点で、非限定説を明示的に採用したものといえる。

これら非限定説的な判断については、(a) 危険は「延焼」に限定されないという趣旨なのか、(c)「延焼客体」は限定されないという趣旨なのかを、見定める必要がある。元来、限定説／非限定説は、あくまでも (c) 延焼客体の限定をめぐる区分にすぎない。それに先行して (a) そもそも放火罪の公共の危険は他の客体への「延焼」に限定されるのか、また (b) 公共の危険の対象（保護法益）は何かが問われる。(a)(b) の2点が定まって初めて (c) 延焼客体は限定されるか（されるとして、どの範囲か）を問える。従来の検討では、これら異なる三層が混然一体と論ぜられてきたきらいがある。

3 学説の状況

(1) 限定説

限定説は、(a) 公共の危険を「延焼」の危険に限定し、(c) 延焼客体も108条・109条1項物件に限る。(b) 保護法益は、通常「不特定または多数人の生命、身体または財産」と解する。本説の主たる論拠として3点ほど挙げられるが、どれも難点を抱えており、支持者は少ない。

第一の論拠は、本件上告趣意が端的に主張するとおり、自己所有建造物等以外物件に放火して、他人所有建造物等以外物件に実際に延焼させた場合は3年以下の懲役（刑法111条2項）、他人所有建造物等以外物件に放火して延焼可能性を生じさせたにすぎない場合は1年以上10年以下の懲役（刑法110条1

項）では均衡を欠く[4]というものである。しかしこの差異は、他人所有物件の場合、焼損客体の財産的価値が副次的に保護されることに由来し、不当とはいえないだろう[5]。

　第二の論拠は、軽微な財産への延焼でも公共の危険が認められうる非限定説には限定の内在的契機がない[6]というものである。傾聴に値するが、建造物への延焼とバスや航空機など（いずれも 110 条物件）への延焼とで危険性に差異はない以上、108 条・109 条 1 項物件に限定すべき実質的根拠もない[7]。

　第三の論拠は、放火罪の危険の本質は延焼であり、延焼を問題とする結果的加重犯である延焼罪は 108 条・109 条物件への延焼を処罰するのだから、110 条 1 項も 108 条・109 条物件への延焼に限定すべきである[8]というものである。しかし、結果的加重犯の実行行為が常に基本犯としての実行行為性も備えているとはいえても、基本犯の実行行為が常に結果的加重犯としての実行行為性（重大結果発生の現実的危険性）を備えているわけではない[9]以上、理由になっていない。形式的にも、111 条 2 項が存在する点、公共の危険は延焼罪の基本犯には含まれない 110 条 1 項の要件でもある点を無視しており妥当ではない[10]。

（2）非限定説

　通説とされる非限定説も、(c) 延焼客体は 108 条・109 条 1 項物件には限られないという点で一致するのみで、内実は多岐にわたる。

　完全非限定説は、(a) 危険を「延焼」の危険に限定せず、(b) 不特定または多数人の生命、身体または財産を保護対象とし、かつ (c) 何でも延焼客体として認める[11]。もっとも、些細な財産間の延焼可能性だけで公共の危険が肯

　4）　井田 425 頁も指摘するとおり、この点を一応は克服している西田（橋爪補訂）331 頁の結論も、限定説を前提とすればこそのものである。

　5）　本庄⑩ 37 頁以下参照。

　6）　重点課題〔二本栁誠〕192 頁、西田（橋爪補訂）327 頁。

　7）　佐藤輝幸「現住建造物等放火罪に関する諸問題」理論探究⑦ 171 頁、橋爪隆「放火罪をめぐる問題について」法教 450 号（2018 年）105 頁。

　8）　重点課題〔二本栁誠〕193 頁、西田（橋爪補訂）327 頁。

　9）　島田聡一郎「放火罪の故意と公共危険の認識」現刑 5 巻 7 号（2003 年）42 頁参照。

　10）　佐藤⑤ 38 頁、古川⑧ 182 頁参照。

定されかねないなど、処罰範囲が広すぎる（限定説の第2論拠）との危惧から、非限定説内においても一定の限定を図るのが一般的である（修正非限定説）[12]。論理的には（a）につき限定・非限定の2択、（b）につき「不特定または多数人」「不特定かつ多数人」の「生命」「身体」「財産」という組合せで12択、（c）につき限定・非限定で2択、計48通り可能だが、（b）の「生命」「身体」は一体とみてよい。（c）もここでは「非限定」で固定される。したがって、実質的には8通りである。

4　検　討

(1)　延焼の危険

　(a)「公共の危険」は常に何らかの物件への延焼の危険なのか。具体的には、延焼可能性不存在の場合、焼損行為由来の高熱や有毒ガス自体かつそれらだけを以て（建造物等以外）放火罪の公共の危険を認めうるのか。試金石は新宿西口バス放火事件で、これを単なる器物損壊とするか否かが問われる。

　放火罪の危険の核心は、「一度燃え始めると、そこから周囲へ燃え広がり、その結果さらに火勢が強化されるというサイクルを繰り返し、人には支配できない、すなわち消火も拡大の方向の制御もできない形で連鎖的に拡大・発展していく点」[13]、換言すれば、一定以上の火勢自体が危険源として有する支配困難性・自力拡大発展性に存する。

　延焼の危険がその典型例たることに疑いの余地はない。しかし、それのみに尽きるわけではない。屋外コンサート会場に放火して火が会場全体に拡大し多数の観客の生命身体に対する危険を惹起した場合などにも、支配困難性・自力拡大発展性は肯定される[14]。職務上消火に来る消防官や野次馬的群衆を保護対象に加えるか否かはともかく[15]、延焼以外の焼損行為由来の危険も公共の危険に当然含むべきである。限定説はこの点からして既に妥当ではなく[16]、

---

11)　井田 424 頁、高橋 467 頁。
12)　芦澤② 169 頁以下参照。
13)　佐藤⑤ 38 頁。
14)　松原 419 頁。
15)　肯定説として井田 424 頁など、否定説として松原 419 頁など。

修正非限定説の内、（a）につき「限定」とする 4 説も同様の理由から支持しえない。

（2）公共の危険と保護法益

　特定少数人は除くという結論には比較的広く一致がみられるが、不特定少数人や特定多数人の扱いには、若干の争いがある[17]。このうち、不特定小数人は無作為抽出と同じであって、母集団が特定性を充たすほど小規模でない限り公共と解せるし、特定多数人も集団の規模自体から公共と解せる以上、両者とも公共性を肯定すべきである。（a）を「非限定」とした 4 説の中では、（b）につき「不特定または多数人」と解する 2 説が妥当である。

　次に、保護対象を「生命・身体」のみとするか、「財産」も含むべきか。修正非限定説も、重要性（高価性）[18]や大規模性[19]、広範囲性[20]等により一定の限定を掛けつつ、完全非限定説と同様に財産を含むのが多数説である。

　しかし、絶対に財産にしか危険が及ばない場合、火勢がいくら大規模・制御困難な状況に陥り、また延焼客体たる財産が重要・大規模・広範囲であっても、やはり放火罪の射程外であろう。例えば、近隣の島々から孤立した、建造物不存在の一定の広さのある無人島に多数人の高価な財産（観測機器など）が点在する状況で、110 条 1 項物件に着火し、結果的に当該財産全てを焼失させる危険を生じさせたとする。このような場合にまで放火罪を成立させ、器物損壊罪を上回る重罰を科すべき実質的な意義は認めがたい。

　財産を外す見解に対しては、109 条・110 条は自己物と他者物の焼損に明確な差異を設けている以上、財産保護も放火罪の目的であり、公共の危険の射程に含むべきとの反論が向けられる[21]。

　しかし、焼損客体の自己所有／他人所有という区別は、これから実害を被るかもしれないという意味における公共の危険の性質ではなく、現に実害を

---

16)　なお、曽根 217 頁は生命・身体に関する限りで例外的に公共の危険を肯定する。
17)　芦澤① 249 頁以下、本庄⑩ 41 頁以下参照。
18)　団藤 187 頁など。
19)　本田⑪ 117 頁など。
20)　松原 420 頁など。
21)　例えば、大塚③ 176 頁。立石⑥ 102 頁や星⑨ 430 頁も、財産の除外は放火罪の実態に反すると論難する。

被った物の性質に関する問題であり、両者は議論の階層が異なる。したがっ
て、自己物放火の法定刑が軽いこと自体は、公共の危険に関する保護法益に
財産を含む当否を決する論拠としては積極にも消極にも作用しない。108 条
が自己物焼損と他人物焼損を区別していないこととも整合しないだろう。[22]

　結局のところ、財産損害リスクを公共の危険に含めようとする志向は、そ
の先に存する不特定多数の人身損害リスクを暗黙裡に前提としているのでは
ないか。[23] そうであるならば、中間結果にすぎない財産損害は切り離し、端的
に生命・身体を保護対象とするだけで目的は十分に達せられる。私見は残る
2 説のうち、(a) 延焼の危険のみに限らず (b) 不特定または多数人の生命・
身体を保護する立場を妥当とする。[24] (c) 延焼客体は特段限定を要さないが、些
細・微小な客体への延焼を通じて人身損害の危険が発生することは稀であろう。

　本件状況下で当初から 3 台とも焼損する故意の場合は無論、本件同様 1 台
だけ焼損する故意であった場合も、人身損害の危険が認められる限りで等し
く 110 条 1 項の成立が肯定される。放火罪の財産犯的性質は、公共の危険の
問題としてではなく、他人所有焼損客体につき個人法益の問題として副次
的・部分的に考慮される。その違法性は最大でも器物損壊罪のそれと同程度
でしかなく、焼損客体の自己所有／他人所有の区別自体には燃焼状態の一般
的制御困難性を他人所有物が徴表する以上の意義はない。[25]

(3) 行為者主観

　本件では問題とされないが、放火罪における公共の危険については、行為
者主観も重要な論点である。すなわち、焼損の認識に加えて公共の危険に関
する行為者の認識は必要か。[26] 不要説、[27] 故意を要求する故意説（必要説）、[28] 過失を

---

22)　ただし、やはり議論の階層が元来異なる以上、このことすらも決定打とはならな
い。
23)　重要財産ならば、その喪失を阻止すべく不特定多数人が火の傍に集まるかもしれ
ない。大規模・広範囲ならば、それだけ不特定多数人が火に巻かれる危険も高まる。
修正非限定説論者の多くは先述の無人島事例を放火罪ともするまい。それは彼らが
「財産にしか危険が及ばない場合」と断りつつ、実際には市街地などを念頭に、ここ
で示したような人身損害リスクを暗に考慮するからであろう。芦澤① 256 頁以下に
いう「平穏」にも、同様の傾向を看取できる。
24)　本庄⑩ 49 頁、深町⑦ 35 頁結論同旨。
25)　松原 414 頁同旨。

要求する過失説が鼎立するが、決め手を欠く。[29)]

　不要説は、実質はともかく形式上、責任原理に反する。故意説は、延焼の未必の故意との区別が困難であろう。四囲の状況等は認識しつつ公共の危険発生に全く無関心な行為者も、故意を欠くから器物損壊にとどまり、却って不当に軽い。過失説は、故意器物損壊罪と失火罪の混合形態説に至るが、これは放火罪の重罰にそぐわない。

　結局のところ、焼損の認識「に加えて」という問い方自体に限界がある。とくに過失説は「基本犯」概念に幻惑されている。公共の危険を生じえない焼損行為は 110 条の構成要件を充たさない以上、その実行行為は基本犯行為たる「焼損行為」では足らず、重大結果に係る「火を用いた公共危険惹起行為」でなければならない。[30)] 行為者主観や責任の問題も公共危険惹起結果との関係で直截に決すべきである。

　そもそも故意で惹起すれば殺人未遂罪等、過失なら失火罪であるところ、放火罪はその中間にあたり、結果実現意思を欠く（非故意）とはいえなお自発的（非過失）なリスク・テイキング（冒険的意思）が問題となる。こうした中間的意思こそ、本罪の責任非難の核心であると考えるべきではなかろうか。[31)]

5　本件の危険

　本件被告人による別日別所での別被害者の自動車への放火（原審で確定）に関する認定との対比から、本件公共の危険については建造物等への延焼可能性は認定されず、第 1 車両等への延焼可能性が認定されたにとどまることは明白である。

---

26)　この点に関する判例として、最判昭和 60 年 3 月 28 日（刑集 39 巻 2 号 75 頁）。

27)　香川 168 頁以下、藤木 92 頁、星周一郎「判批」百選 6 版 177 頁、前田 339 頁以下など。

28)　井田 426 頁以下、曽根 221 頁以下、高橋 469 頁以下、松原 420 頁以下、山口 390 頁以下など。

29)　西田（橋爪補訂）326 頁以下。

30)　この限りで、佐藤⑤ 40 頁をはじめ、故意説の主張は正当である。

31)　なお私見は、結果的加重犯全般につき、英法の recklessness の如く中間的第三責任形式を採用すべきと解する。北尾仁宏「結果的加重犯の考察」早大博論（2019 年）156 頁以下参照。

　この第1車両等への延焼可能性は、本件公共の危険の「内実」か「徴表」か。第1審から本決定までの表現はいずれも、この点を明確にはしていない。[32)]第1車両等への延焼可能性が生じたから公共の危険があったとして、これを公共の危険の内実とみれば、第1車両等の存否は本件放火罪成否にとって決定的である。他方、（何らかの物件への延焼可能性に限らず）公共の危険が認められる状況に至っており、それは第1車両等への延焼可能性が生ずるほどであったとして、これを公共の危険が認められる程度の徴表とみれば、第1車両等の存否は付随的事情に過ぎない。もっとも、前者のように内実として位置づけると、(b) 保護法益としての適格性と (c) 延焼客体としての適格性とを混同することにつながり妥当ではなく、この限りで、本決定の書きぶりには疑義が残る。[33)]この疑義を質すべく、事実審の認定に沿って、本決定が前提とした客観的状況・危険性を再検証しよう。

　火災初期を過ぎた頃から急激に危険性が高まる飛火の可能性[34)]を含めた場合[35)]は無論のこと、それを度外視しても、隣接する飲食店駐車場との位置関係、第一発見者の属性（不特定多数人の来訪可能性）、県道までの距離（5m弱・不特定多数人の接近可能性）、猛烈な火勢を受けた第一発見者の自車退避行動、さらに被害車両の損傷状況を考慮すれば、第1車両等の存否に関わらず、公共の危険を肯定できる。[36)]

　本決定が用いた「市街地の駐車場において」等の表現からも、当初から3台とも燃やす故意なら器物損壊罪であるとか、第1車両等以外のものは度外視するなどということを含意しているとは思われない。この限りで、本決定も徴表としての理解を基礎に置くものと解され、妥当と評せる。また、この市街地云々という表現は人身損害の可能性を暗黙裡の前提とすればこそであ

---

32)　芦澤①258頁以下や緒方④262頁も、この「内実」と「徴表」を延焼範囲の問題と合わせて「規模」として論じており、やや混乱がみられる。この混乱を批判するものとして、古川⑧183頁。

33)　深町⑦35頁参照。

34)　消防庁消防・救急課長通達「強風下における消防対策について」（2017年）2頁。

35)　東京消防庁「飛火火災警戒実施要領」（2009年）参照。本件による飛び火の危険範囲内には、当時から多数の民家が存在している。

36)　緒方④260頁、佐藤⑤39頁同旨。

ろう。それ自体は妥当だが、争点明確化の観点から、その旨を明示しておく
べきであったと考える。

6　意義と射程

　本決定は、従前の枠組からいえば非限定説を明示的に採用した点が重要で
ある。本件具体的状況下で公共の危険を認めたこと自体も首肯できる。その
うえで、第1車両等への延焼可能性を公共の危険の内実ではなく徴表と解し
たものと位置づけた方が妥当である。「市街地の駐車場において」等の表現か
ら、暗黙裡に人身損害の危険を念頭に置きつつ、それに対して一定程度の切
迫性が必要だと示したもの[37]とも解しうるだろう。

　本決定が、公共の危険を「不特定又は多数の人の生命、身体又は建造物等
以外の財産に対する危険」として明示的に財産も含めた点には疑問が残る。
先述の無人島事例のような場合にまで本当に公共の危険が認められるのか、
再考すべきである。

　なお、行為者の主観面については、本件事実関係からするといずれの見解
からも整合的に説明可能である。もっとも、「行為者も四囲の状況を認識して
いた」という点が明記されていた方が望ましいと思われる。

【参考文献】
　本件評釈・解説として、
　　①芦澤政治「判解」最判解平成15年度
　　②芦澤政治「時の判例」ジュリ1261号（2004年）
　　③大塚裕史「判批」平成15年度重判解
　　④緒方あゆみ「判批」同法59巻1号（2007年）
　　⑤佐藤輝幸「判批」法教466号（2019年）
　　⑥立石二六「判批」現刑6巻8号（2004年）
　　⑦深町晋也「判批」セレクト2003
　　⑧古川伸彦「判批」ジュリ1275号（2004年）
　　⑨星周一郎「判批」信法6号（2006年）
　　⑩本庄武「判批」一論133巻1号（2005年）
　　⑪本田稔「判批」法セ592号（2004年）

---

37)　芦澤①264頁参照。

15

私文書偽造の本質
——国際運転免許証様の文書の偽造——

最高裁判所平成 15 年 10 月 6 日第二小法廷決定
平成 14 年（あ）第 1164 号 有印私文書偽造被告事件
刑集 57 巻 9 号 987 頁／判時 1840 号 147 頁／判タ 1138 号 78 頁

佐 藤 輝 幸

I 事 案

被告人は、アメリカ合衆国に居住する弟 A を通じ、2000 年春頃、同国から国際運転免許証の発給権限を与えられたかのような記載のある国際旅行連盟名義の「認定証明書」および日本用の国際運転免許証の台紙として白色冊子の交付を受け、以降、その白色冊子を用いて国際運転免許証様の物を作成し、販売していた。被告人らは、この一環として、2000 年[1] 11 月 17 日から翌 18 日までの間に、白色冊子の運転可能な車両に関する頁の牽引車の欄に「I. T. A」と押印し、運転者に関する頁の各欄に B の氏名等の情報をゴム印を使って記載するとともに、B の顔写真を貼付して「I. T. A」および「国際旅行連盟」という印章を割り印として捺印するなどして、B が牽引車両の運転資格を得たことを証明する内容の国際旅行連盟作成名義の国際運転免許証様の物 1 通（以下、「本件文書」と呼ぶ。）を作成した。本件文書は、1949 年 9 月 19 日の国際道路交通に関する条約（一般に「ジュネーブ条約」と呼ばれ、本稿も従う。）の規定する国際運転免許証の様式と比較して、大きさが数ミリメートル大きく、発給国名、発給地名、発給年月日の記載がないものの、形状やその他の記載内容

---

1) 第 1 審判決の一部で平成 13 年となっている（刑集 995 頁）が、誤記であると思われる。

等は極めて酷似したものであった。被告人は、刑法 159 条 1 項の有印私文書偽造罪にあたるとして起訴された。

　第 1 審の東京地判平成 13 年 12 月 25 日（刑集 57 巻 9 号 993 頁参照）は、私文書偽造罪の本質は、文書の名義人と作成者との間の人格の同一性を偽ることによって、文書に対し社会一般が抱く公共の信用を害することにあるとし、作成名義人の決定には文書に記載されている団体名や個人名等のほか、文書の形状や記載内容、さらには文書から窺われる使用目的なども考慮し、その文書から認識される人格主体は誰かを判断することが相当であると述べた。そのうえで、本件文書の作成名義人は「ジュネーブ条約に基づき国際運転免許証を発給する権限を有する団体としての ITA」であるとし、仮に国際旅行連盟なる団体が実在するとしても、被告人は国際運転免許証の作成権限を有しておらず、「ジュネーブ条約に基づき国際運転免許証を発給する権限を有する団体としての ITA」は実在しないから、被告人の行為は架空団体名義による有印私文書偽造罪を肯定した。

　被告人側の控訴に対し、原判決（東京高判平成 14 年 5 月 28 日高刑集 55 巻 2 号 1 頁）は、一般論・具体的な適用とも第 1 審判決と同旨の判断を行って控訴を棄却した。被告人側が上告。

II　決定要旨

上告棄却

　最高裁は、上告趣意は刑訴法 405 条の上告理由に当たらないとしつつ、職権で以下のように判示した。

　まず、最判昭和 59 年 2 月 17 日（刑集 38 巻 3 号 336 頁＝**判例 1**）および最決平成 5 年 10 月 5 日（刑集 47 巻 8 号 7 頁＝**判例 2**）を引用しつつ、「私文書偽造の本質は、文書の名義人と作成者との間の人格の同一性を偽る点にあると解される」としたうえで、「本件文書の記載内容、性質などに照らすと、ジュネーブ条約に基づく国際運転免許証の発給権限を有する団体により作成されているということが、正に本件文書の社会的信用性を基礎付けるものといえるから、

本件文書の名義人は、『ジュネーブ条約に基づく国際運転免許証の発給権限を有する団体である国際旅行連盟』であると解すべきである。そうすると、国際旅行連盟が同条約に基づきその締約国等から国際運転免許証の発給権限を与えられた事実はないのであるから、所論のように、国際旅行連盟が実在の団体であり、被告人に本件文書の作成を委託していたとの前提に立ったとしても、被告人が国際旅行連盟の名称を用いて本件文書を作成する行為は、文書の名義人と作成者との間の人格の同一性を偽るものであるといわねばならない」と判示し、原判決を是認した。

III　解　説

1　問題の所在

ジュネーブ条約 24 条 3 項によれば国際運転免許証は、締約国およびその当局だけでなく、当局が正当に権限を与えた団体も発給可能であり、民間団体の名義で作成された国際運転免許証は、運転資格を証明するものであるから、刑法 159 条 1 項（私文書偽造罪）の「権利、義務に関する文書」に当たる。

公文書に関しては「偽造」（刑法 155 条）と「虚偽の文書の作成」（刑法 156 条）が使い分けられている[2]のに対して、私文書は原則として刑法 159 条により「偽造」のみが処罰されている。そのため、本件では、被告人が国際旅行連盟の印章を用いて、正規の国際運転免許証と酷似する本件文書を作成したことが、虚偽文書作成ではなく偽造に該当するかが問題となる。

2　本決定の意義と問題点

そこで、まずは本決定以前の判例が偽造をどのように定義してきたのかを確認し、本決定の位置付けを検討したい。

---

2)　それぞれ「有形偽造」、「無形偽造」と呼ばれるが、条文上の概念と講学上の概念が混同されているきらいがある。本稿では、条文上の概念について「偽造」、「虚偽文書作成」を用いる。

（1）　判例における偽造の定義

　まず、現行刑法制定以来、判例は、偽造の成否に内容の真実を問わないこととしてきた。³⁾そのうえで、従前の判例では、偽造を「作成名義人以外の者が、権限なしに、その名義を用いて文書を作成すること」と定義していた。⁴⁾

　このような従前の判例に対し、**判例1**は、密入国して適法な在留資格なく、偽名で日本に滞在していた被告人が、当該偽名で再入国許可申請を行った事案につき、「私文書偽造とは、その作成名義を偽ること、すなわち私文書の名義人でない者が権限がないのに、名義人の氏名を冒用して文書を作成することをいうのであって、その本質は、文書の名義人と作成者との間の人格の、同一性を偽る点にある」としたうえで、「再入国許可申請書の性質にも照らすと、本件文書に表示されたＡの氏名から認識される人格は、適法に本邦に在留することを許されているＡであって、密入国をし、なんらの在留資格をも有しない被告人とは別の人格であることが明らかであるから、そこに本件文書の名義人と作成者との人格の同一性に齟齬を生じているというべきである」として偽造を認めた。この**判例1**によって、従前の判例と同様の説明に加え、「文書の名義人と作成者の人格の同一性を偽ること」という新しい説明が現れ、後者が本質であるとされた。

　この新しい説明は、その後の最高裁判例でも踏襲され、定着した。まず、**判例2**は、弁護士資格を有しない被告人が同姓同名の弁護士が実在することを利用し、「東京第二弁護士会、弁護士甲野一郎」などと記載した報酬請求書、土地調査経過報告書および領収書等の文書を作成した事案について、上記の新しい説明のみ示したうえで、「たとえ名義人として表示された者の氏名が

---

　3)　大判大正4年9月21日（刑録21輯1390頁）。また、実害の発生（大判明治43年4月22日刑録16輯722頁）や当該文書の法的有効性も不要とされてきた（大判昭和18年12月29日刑集22巻349頁）。

　4)　公文書に関するものであるが、最判昭和51年5月6日（刑集30巻4号591頁）。私文書に関する類似のものとして、「法令の規定又は権利者の同意に依らずして、擅に他人名義の文書を作成する」こと（大判大正4年9月2日新聞1043号31頁）、「他人の作成名義を偽り文書を作成する」こと（大判明治43年4月22日刑録16輯722頁、大判大正14年9月22日刑集4巻538頁）などがある。このほか、他人の署名や名義の「冒用」と表現されることも多い（最決昭和42年11月28日刑集21巻9号1277頁など）。

被告人の氏名と同一であったとしても、本件各文書が弁護士としての業務に関連して弁護士資格を有する者が作成した形式、内容のものである以上、本件各文書に表示された名義人は、第二東京弁護士会に所属する弁護士甲野一郎であって、弁護士資格を有しない被告人とは別人格の者であることが明らかであるから、本件各文書の名義人と作成者との人格の同一性にそごを生じさせた」として、偽造を肯定した。

さらに、最決平成 11 年 12 月 20 日 (刑集 53 巻 9 号 1495 頁＝**判例 3**) は、指名手配を受けていた被告人が偽名を用いて自己の顔写真を貼り付けた履歴書等を作成した事案につき、同様の新しい説明のみ述べて「これらの文書に表示された名義人は、被告人とは別人格の者であることが明らかであるから、名義人と作成者との人格の同一性にそごを生じさせた」として偽造を認めた。

これら 3 判例に共通する特徴として、第 1 に、文書の名義人と作成者との間の人格の同一性を偽ることを私文書偽造の本質とし、実質的にもこれを偽造の判断基準にしたこと、第 2 に、名義人について、単に氏名のみをもって特定するのではなく、当該文書の性質から限定された属性（在留資格など）を有する者として把握したことが挙げられる。

(2) 本決定の位置付け

本決定もこれらの判例の傾向に従っている。すなわち、私文書偽造罪の本質を「文書の名義人と作成者との間の人格の同一性を偽る」ことに求め、それを実質的な基準としている。また、この基準により偽造を肯定するにあたり、文書の名義人を「ジュネーブ条約に基づく国際運転免許証の発給権限を有する団体である」という属性を付加して特定した。

この判断方法に関して、本決定は「国際運転免許証の発給権限」に着目しているので、作成権限による従前の基準の方が直截で使い易いようにも思われる。しかし、従前の基準の「権限」は、本来の作成権者の承諾等による内部関係に関するものであり、自己名義の文書における根拠法令等に基づく作成権限[6]にも射程が及ぶのかは明らかではなかったところ、名義人と作成者と[7]

---

5)　平木① 441 頁以下。

の間の人格の同一性を基準とすればこの問題に立ち入らずとも解決可能となる。また、本決定も、被告人ではなく、国際旅行連盟を作成者としているように、従前から内部関係においては、判例は文書を物理的に作成した者を作成者とは解していない[8]のに対し、従来の偽造の基準では物理的に作成した者の権限を問題にしている点で、作成者概念に混乱が生じることになる[9]。これらの理由から、本決定は従来の基準に言及しなかったと考えられる。

　また、上記3判例と異なる本件の特殊性として、**判例1**や**判例3**のように偽名を用いていないこと、**判例2**のように同名の別人・別団体は存在しないことが挙げられる。本決定前は、このような事案においても偽造に当たるかどうかは、なお開かれているとも評価できた[10]。この点で、名義人、作成者とも「国際旅行連盟」として一致しているともいいうる[11]事案であっても、属性を付加して存在しない人格を想定し、虚無人名義の文書として偽造を構成した[12]点に本判決の意義が認められる[13]。

(3)　判例における偽造概念の問題点と解決のためのアプローチ

　以上の本決定の構成に対しては、属性という内容を名義人の特定に用いることによって、本来無形偽造のものを有形偽造として取り込んでいるという批判がしばしば向けられる[14]。もっとも、条文上は偽造と虚偽文書作成にそれぞれ固有の処罰領域が設定されているだけであるから、両者にまたがるもの

---

6)　本件はこの意味での作成権限が問題となっており、国際旅行連盟の承諾を得たので偽造に当たらない旨の弁護人の主張とは論点を異にしている。2つの権限の違いについて、平木①452-3頁、林（幹）②406頁も参照。

7)　従前の偽造の定義における「権限」を、内部関係における権限に限定するものとして、平野竜一「刑法各論の諸問題15」法セ222号（1974年）69頁、川端⑧51-2頁以下、大コンメ（8）78頁〔松田俊哉〕。法律上の権限等をこれに含めるものとして、大谷481頁参照。

8)　例えば、最決昭和45年9月4日（刑集24巻10号1319頁）。

9)　詳しくは、松原460頁以下、松原⑨202頁以下参照。

10)　青柳勤「判解」最判解平成5年度44頁参照。

11)　門田③120頁、浅田399頁はこのように解し、偽造を否定する。

12)　虚無人名義の文書偽造について、否定した大審院判例もあったが、最高裁はこれを肯定しており（最判昭和24年4月14日刑集3巻4号541頁など）、現在の学説でも異論は見られない。

13)　平木①445頁、成瀬④85頁、上嶌⑤221-2頁参照。

14)　例えば、浅田398頁、松原466頁以下、松宮・先端195頁以下。山口461頁・470頁も参照。

があること自体は不当とはいえない。実質的な問題は、極論すれば「〜という内容が真実であると記載する権限のある者」という形で名義人を特定すれば、ほぼすべての虚偽文書作成を偽造に取り込むことができ、偽造概念が無限定になりうる点にある[15]。

さらに、文書偽造罪が文書に対する信用そのものの保護ではなく、文書の利用が前提となった他のシステム（例えば、弁護士の名称独占）への保護に拡張されるという批判も存する[16]。伝統的に、文書偽造罪の保護法益は、文書に対する公共の信用とされてきたが[17]、信用というだけでは虚偽文書作成や文書を利用したシステムにも当てはまる[18]。そうすると、虚偽文書作成および文書を利用したシステム侵害とは異なる偽造固有の特徴を明らかにし、それによって属性として名義人の特定において考慮可能な事項を限定できるのかが問われなければならない[19]。

そこで、以下では、ここでいう「信用」の対象および内容の分析を行う近時の学説を検討することで、偽造固有の本質を考えてみたい。

3　学説における文書偽造罪の信用の内容の検討

(1) 作成者への責任追及の可能性に着目する見解

まず、有形偽造の保護する対象を作成者への責任追及の可能性に求める責任追及説を検討する。責任追及説は、文書の内容の真実性に対する信用は、もし内容が虚偽であった場合でも、「最低限、文書の作成主体すなわち名義人に偽りがなければ、名義人に対して法的責任を追及することが可能である」ことが基礎にあるとし、文書の作成名義を偽ることは、このような責任追及を不可能にするために処罰の必要があり、偽造の本質は「文書の責任明示機能を害すること」にあるとする[20]。そのため、名義人に到達して、何らかの法

---

15)　門田③ 120 頁、松原 466-7 頁、松原⑨ 208 頁・219-20 頁、林（幹）⑩ 455 頁以下、島田⑪ 54 頁など。林（陽）⑥ 203 頁も参照。
16)　林（幹）② 407-8 頁、林（幹）⑩ 456 頁以下、林（陽）⑫ 203-4 頁。
17)　例えば、大判明治 43 年 4 月 22 日（刑録 16 輯 722 頁）、最判昭和 24 年 4 月 14 日（刑集 3 巻 4 号 541 頁）、最判昭和 51 年 5 月 6 日（刑集 30 巻 4 号 591 頁）など。
18)　林（陽）⑫ 208 頁、成瀬⑬ 132 頁以下など参照。
19)　同旨、上嶌⑤ 222 頁、林（陽）⑥ 203 頁。

的責任を追及できれば、原則として虚偽私文書の作成を処罰する必要がない
とする。[21]

　しかし、本件事案では、捜査機関の照会等によっても国際旅行連盟が実在
するのか判明しなかったので、[22] 私人にとって責任追及はほぼ不可能である。
そうであれば、責任追及説からは、発給権限を問題にするまでもなく偽造と
するのが一貫した帰結である。[23] しかし、これだけで偽造を肯定するのは、結
論として妥当でないように思われ、責任追及説の論者も、このような理論構
成はとらない。すなわち、代理名義の冒用の場合、「代理人という肩書・資格
が、当該文書に対する公共の信用の基礎となっている場合は、名義人の表示
の一部となると解することにより判断されるべき」とし、本件においても、
ジュネーブ条約に基づく発給権限があることが本件文書の信用の基礎にある
から、この説明が妥当するという。[24] 確かに、このような作成主体の資格・属
性への信頼が文書への信用の基礎となる場合があることは否定しがたい。し
かし、ここでは、責任追及とは別の「公共の信用の基礎」が持ち出されてい
る。[25]

　そうすると、責任追及の可能性は文書の内容の信用に寄与するが、信用の
根拠のすべてではなく、責任追及以外の「公共の信用の基礎」とは何かを検
討しなければならない。

（2）信用の対象へのなりすましに着目する見解

　次に、文書に対する公共の信用について、「文書に表示されている名義人が、
その種の文書に対して寄せられる信用に鑑みて、その信用を担いうる名義人

20）　注釈（2）371頁以下・402頁〔今井猛嘉〕、今井⑭（4）958頁以下・（6）1370頁
　　以下、勝山浩嗣「文書偽造被疑事件と捜査事項　第1回」捜研736号（2012年）10
　　頁、西田（橋爪補訂）375-6頁。
21）　西田（橋爪補訂）394頁、注釈（2）371-2頁〔今井猛嘉〕。
22）　平木①447頁。
23）　責任追及説ではないが、林（幹）369-70頁、林（幹）②408-9頁、曽根245頁は、
　　本件をこのように解決する。
24）　西田（橋爪補訂）396頁。今井⑦195頁、注釈（2）447頁以下・472頁以下〔今井
　　猛嘉〕も参照。
25）　実際、今井⑭（6）1376頁は、資格の偽りにより当該文書の利用可能性を損なった
　　点を責任追及によって埋め合わせることができないことを有形偽造の根拠とする。

なのかどうか」と理解する見解²⁶⁾に触れたい。この見解は、有形偽造を「公共
の信用の対象となる名義を偽ること」あるいは「信用の対象となる他人にな
りすますこと」と定義する²⁷⁾。

　この見解の論者は、本件文書を見た者は「そこに記載されている者が、世
界中で運転できる許可を、正当な発行権限者から得ているのだと考えるであ
ろう。そこで想定されている信用の内容は、免許証を作成したのは正当な発
給権限のある機関である、ということになる」という²⁸⁾。しかし、この説明は、
「世界中で運転できる」という内容への信用を「正当な発行権限者から得てい
る」と構成することによってなりすまし＝偽造としているに過ぎない。これ
では、文書を見た者が重要だと思う事項についての虚偽文書作成を偽造と定
義することになり、偽造が無限定になりかねない²⁹⁾。

（3）文書の内容が名義人の意思・観念に由来することへの信用に着目する見解

　次に、文書に対する公共の信用の内容を、文書が名義人の意思・観念に由
来することへの信用と理解する立場を検討することにしたい。この立場は、
「文書の証拠としての使用可能性」を文書偽造罪の本質としたうえで³⁰⁾、「意思・
観念を永続すべき状態で表示した者（作成者）が文書自体から特定され、その
人がそれを自らに由来するものとして保証することによって、当該文書は『そ
の人』の意思・観念を表示した証拠としての価値を持つことになる」とする³¹⁾。

　もっとも、この見解に立つ論者は、一定の場合には、意思・観念の由来の
保証があったとしても、証拠利用にとっての重要性を強調して偽造を認める
傾向がある³²⁾。例えば、本件事案に関し、国際運転免許証の証拠としての使用

---

26)　松澤⑮13頁以下。コンパクトな解説として、松澤伸「文書偽造罪における『人格
　　の同一性』」法教453号（2018年）41頁も参照。

27)　松澤⑮15-6頁。

28)　松澤⑮21頁。

29)　山口461頁も参照。

30)　なお、文書の証拠機能の重視は近時一般化しており（川端⑧42頁以下、山口435
　　頁以下など）、この見解に限るものではない。

31)　伊藤ほか357頁〔成瀬幸典〕、成瀬⑬141頁。同旨、島田⑪50-1頁、山科⑯727
　　頁。この立場は、川端⑧を原型として文書の保証機能を強調して発展させたものと
　　いえよう。

32)　島田⑪54頁、成瀬⑬148-9頁、山科⑯728頁参照。

のためには作成者に発給権限があることが不可欠であるという理由で偽造を
肯定する[33]。しかし、この説明は、国際旅行連盟という意思・観念の由来する
主体は示されているのに、証拠利用の観点から重要であれば内容の虚偽を偽
造に取り込む点で（2）の見解と同様の問題がある。

4　文書の信用性判断の構造と偽造概念の本質

(1)　文書の信用性判断の構造

　以上のように、近時の学説は、文書にとって名義人と作成者の人格の同一
性が重要となる理由をさまざまに提示しているが、適用の場面ではその理由
が貫徹されておらず、偽造の限界が不明確であった。そこで、文書の受領者
一般の思考過程を追体験してみることで、名義人に文書の意思・観念が由来
することを刑法上保護する必要性を検討したい。

　文書の受領者は、一定の形式を前提として、①作成者が誰であるかを確認
したうえで、②その内容を信じるかどうかを判断し、③内容に沿って行動す
るかを決断するというステップを踏んでいると考えられる。①のステップは、
そもそもこれが確認できないと②③の判断をする価値がないという意味で、
文書の信用の出発点にあるだけでなく、作成者の人格および身体への到達可
能性[34]を確保することによって、②の内容の信用性の判断を可能にする。そこ
では、名義人の氏名の記載のみではなく、必然的に属性も考慮している。例
えば、氏名や名称として A や B 株式会社とのみ書かれていたとしても、①の
ステップでの判断においては、暗黙の裡に「（親友の）A」や「（大企業の）B 社」
などと考えて、②のステップに進み、「A は裏切らない」、「B 社は社会的信用
もあり、いざとなれば責任追及もできる」などと、文書の内容を信用してい
るものと思われる。ここでは、①で特定した作成者をイメージし、そこから
導かれる文書外の属性をも考慮した作成者への信頼を基礎に、②の文書の内
容の信用性を判断しているのである。③のステップは、②で文書の内容を信

---

33)　成瀬④ 85 頁、伊藤ほか 381-2 頁〔成瀬〕、山科⑯ 728 頁。
34)　人格への到達可能性とはその人物が具体的にイメージできること、身体への到達
　　可能性とは物理的に対面が可能となることを意味する（林（陽）⑫ 224 頁）。

じても、そのとおり行動するとは限らないことを意味する。例えば、契約書の内容を信じても、条件が不利ならば契約しないこともある。

(2) 文書偽造の処罰根拠と本質

　これらの各ステップについて、①に関する偽りは偽造、②に関する偽りは虚偽文書作成に対応する。③の判断の誤りの原因を作出することは、詐欺などの別罪を構成する場合にのみ犯罪となる。私文書について、②③に関する偽りが原則処罰されないのは、口頭の場合と同様、その内容を信じ、行動するかどうかは、私的自治に委ねられ、その判断の誤りは自己責任であるとするものと思われる。しかし、文書には、口頭の場合であれば可能な「問返し」や言語的表現以外の要素の認識による本人確認や内容の確認ができず、対面であることによる心理的な拘束力がないというデメリットがある。そのため、文書の受領者は、口頭の場合と比較して、①②のいずれの判断においてもその正確性の確保が困難である。それにもかかわらず、②③の判断が受領者の自己責任とされる理由の検討が必要である。

　まず、作成者の人格への到達可能性があれば、（1）で述べたように、作成者個人を思い描き、その者への信頼を基礎に②③を判断することができる。さらに、作成者の身体への到達可能性が確保されていれば、問合せにより文書の不明点や不審な点を追及することが可能になる。また、責任追及も口頭の場合よりも容易になる。実際に問合せや責任追及を行わなくても、それが可能であることが抑止力として働く。

　したがって、文書においては、作成者への人格および身体への到達可能性が確保されていることが、内容の信用性の判断の基礎として不可欠の前提であり、そのためには名義人と作成者が一致していることが必要となる。他方で、これさえ確保されれば、文書のデメリットを克服することができ、②③に関する偽りを処罰しなくても、口頭の場合と同様、受領者の私的自治に委ねることが可能となる。

---

35)　同旨、松原⑨ 201 頁、松原 459 頁、山中 592 頁。
36)　林（陽）⑫ 217 頁以下参照。
37)　林（陽）⑫ 226-7 頁も参照。

以上の検討から、「文書の名義人と作成者との間の人格の同一性を偽る」ことの本質は、それによって「文書の内容の真偽の判断の基礎となる作成者に対する人格および身体への到達可能性を偽装すること」にある。[38] その際、当該文書の性質や名義人と受領者の関係性に応じて、名義人のどのような属性が②③の判断の基礎とされるのかが異なるから、場合によっては、信用の基礎となる属性の意識的な選別が必要となる。また、当該属性が②③の判断に結び付く構造に対応して、人格への到達可能性と身体への到達可能性のどちらがより重要かも異なってくる。

（3）名義人の特定のための考慮要素

以上をもとに、文書の内容の信用性判断の基礎となる名義人の属性として考慮される要素を検討する。一般的な私文書の場合には、その人物が特定できれば、問合せによる内容確認、責任追及が可能となること、社会的な体面等による圧力などから、内容の信用性が担保される。[39] したがって、これらに結び付く名義人の情報は、内容の信用性判断の基礎となる属性として考慮される。

友人・知人関係をはじめ、文書の受領者が名義人を個人として知っている場合には、内容を信用するかの判断には既存の関係が重要になり、より強く保護される属性として考慮されるべきである。

これらの文書に対して、一定の文書については、当該作成者の個性以上に資格等の属性への信頼が大きいものもある。その典型である公文書は、一般国民にとって、公務所・公務員が手続きに従って作成したこと自体が信用の基礎であるように思われる。[40] 例えば、運転免許証は、公安委員会が手続きや情報確認が厳格な機関であるとの信頼のもとで、記載内容も信用されていると思われる。私文書の中にも、このような作成者の属性自体に対する信頼が

38）　文書のデメリットとその克服のための名義人への到達可能性の確保いう着眼点は、林（陽）⑫（特に 223 頁以下）に大幅に依拠した。これに対し、文書のメリットからの説明（例えば、川端⑧ 55 頁以下、成瀬⑬ 146 頁以下）では、口頭と文書の相違を説明できるが、その保護の対象が②③ではなく、①に限定される理由を説明し難いように思われる。

39）　小林・理論と実務 247 頁も参照。

40）　大コンメ（8）92 頁〔松田俊哉〕も参照。

内容の信用に強く結び付いた文書があり、そのような属性の偽りは偽造に直結する。

　既存の関係性と資格の両方の属性が問題となる事案として**判例2**がある。すなわち、これまでの関係と弁護士資格の両面が、土地調査経過報告書や報酬請求書・領収書の内容の信用性の基礎となりうる。このうち土地調査経過報告書は、弁護士資格への信頼が、専門知識に基づき適切に調べただろうという報告内容の信用に直接結び付く。特に、同報告書は第三者に流通する性質があったため、その者にとってはもっぱら弁護士資格が信用の基礎となる。したがって、弁護士資格の冒用は偽造となる。これに対して、報酬請求書・領収書は土地調査に対する対価の請求・受領証明であるから、契約の相手方や報酬の受領者であることがその内容の信用につながる。この意味で、弁護士資格の冒用は不可罰である私文書の無形偽造となり、詐欺罪および弁護士法違反に過ぎない。ただし、これらの文書も一般的に会計処理等で別の者にも利用されうるものであれば、弁護士甲野一郎に確認等ができることが内容の信用の基礎となるから、そのような場合には偽造となりうる。

　このように、当該文書の利用が予定される態様や範囲に応じて、名義人のどの属性が内容の判断の基礎となるかが異なり、そのような内容判断の基礎となる属性の偽りのみが偽造となる。

（4）本件事案の検討

　最後に、以上の分析をもとに、本件事案を検討したい。

　本件文書の受領者は、②Bが牽引車両を運転できるか、③実際に運転するか等を判断することになるが、偽造概念にとってはその判断の基礎となる信頼の内容が問題となる。そこでは、「当局が発給権限を与えた機関である」という名義人の属性に基づく「運転できる条件・技能を審査する体制や能力を備えており、また、権限を取り消されないよう適切に判断するだろう」という信頼が内容の信用性を担保するだろう。本決定が「ジュネーブ条約に基づく国際運転免許証の発給権限を有する団体により作成されているということが、正に本件文書の社会的信用性を基礎付ける」と述べ、調査官解説も「本件文書を受け取った者は、本件文書を公文書に類似した公的文書であると受

け止めて、その作成者が誰であるかということを重視せずに本件文書を信用
する可能性がある[41]」と述べているのも、このような国際運転免許証の基礎に
ある発行機関への信頼を表すものといえる。したがって、正規の発給権限が
ない団体が本件文書を作成することは、発給権限という信用判断の基礎とな
る属性を偽装することであり、私文書偽造に該当する。

【参考文献】

本件の解説・評釈として

①平木正洋「判解」最判解平成 15 年度
②林幹人「判批」林（幹）・判例刑法
③門田成人「判批」法セ 590 号（2004 年）
④成瀬幸典「判批」法教 285 巻（2004 年）
⑤上嶌一高「判批」ジュリ 1308 号（2006 年）
⑥林陽一「判批」百選 6 版
⑦今井猛嘉「判批」百選 8 版

文書偽造罪について

⑧川端博『文書偽造罪の理論』（新版、1999 年）
⑨松原芳博「文書偽造罪」重点課題
⑩林幹人「有形偽造の新動向」田宮追悼（上）
⑪島田聡一郎「代理・代表名義の冒用、資格の冒用」現刑 35 号（2002 年）
⑫林陽一「文書という制度について——文書偽造罪の保護法益（1）」千葉 23 巻 1 号
　（2008 年）
⑬成瀬幸典「文書偽造罪の本質」理論探究⑦
⑭今井猛嘉「文書偽造罪の一考察（1）～（6・完）」法協 112 巻 2 号、6 号（以上 1995
　年）、114 巻 7 号（1997 年）、116 巻 6 号、7 号、8 号（以上 1999 年）
⑮松澤伸「文書偽造罪における名義人の特定について」早法 94 巻 2 号（2019 年）
⑯山科麻衣「文書偽造罪における『人格』の偽りと重要な属性」都法 56 巻 1 号（2015
　年）

---

41)　平木①443-4 頁。

16

わいせつ電磁的記録送信頒布罪の
成立範囲

最高裁判所平成 26 年 11 月 25 日第三小法廷決定
平成 25 年（あ）第 574 号 わいせつ電磁的記録等送信頒布、
わいせつ電磁的記録有償頒布目的保管被告事件
刑集 68 巻 9 号 1053 頁／判時 2251 号 112 頁／判タ 1410 号 79 頁

藤　井　智　也

I　事　案

　日本在住の被告人 X は、日本およびアメリカ合衆国在住の共犯者らととも
に、日本国内で作成したわいせつな動画等のデータファイルを、アメリカ
合衆国在住の共犯者 A らの下に送り、A らにおいて同国内に設置されたサー
バコンピュータ（以下、「サーバ」という。）に同データファイルを記録、保存し、
日本人を中心とした不特定かつ多数の顧客にインターネットを介してダウン
ロードさせる方法によって有料配信する日本語のウェブサイト（以下、「本件配
信サイト」という。）を運営していたところ、平成 23 年 7 月および同年 12 月、
日本国内の顧客 B が同配信サイトを利用してわいせつな動画等のデータ
ファイル（以下、「本件データファイル」という。）をダウンロードして同国内に設
置されたパーソナルコンピュータに記録、保存した。また、X らは、平成 24
年 5 月、前記有料配信に備えてのバックアップ等のために、東京都内の事務
所において、DVD やハードディスクにわいせつな動画等のデータファイル
を保管した。
　第 1 審の東京地判平成 24 年 10 月 23 日（刑集 68 巻 9 号 1058 頁参照）は、被告
人に対してわいせつ電磁的記録送信頒布罪（刑法 175 条 1 項後段）および同保管

罪（同条 2 項）の成立を認めた。第 2 審の東京高判平成 25 年 2 月 22 日（刑集 68 巻 9 号 1062 頁参照）は、頒布について、「不特定又は多数の者の記録媒体上に電磁的記録その他の記録を取得させることをいう」とし、被告人らは、「この顧客によるダウンロードという行為を通じて顧客らにわいせつな電磁的記録を取得させるものであって、その行為は「頒布」の一部を構成するものと評価することができる」として、頒布性を肯定した。そして、「犯罪構成要件に該当する事実の一部が日本国内で発生していれば、刑法 1 条にいう国内犯として同法を適用することができると解されるところ、既にみたとおり、被告人らは日本国内における顧客のダウンロードという行為を介してわいせつ動画等のデータファイルを頒布したのであって、刑法 175 条 1 項後段の実行行為の一部が日本国内で行われていることに帰するから、被告人らの犯罪行為は、刑法 1 条 1 項にいう国内犯として処罰することができる。」と判示し、国内犯性も認めた上で、控訴を棄却した。

　これに対して、弁護人は、①本件はあくまでも B がわいせつな電磁的記録をダウンロードしているに過ぎず、X らは B のダウンロードに際して何らの行為もしていないから、X らに送信・頒布の実行行為性を認めることはできないこと、②かかるダウンロードシステムを海外において設定運用する行為を処罰するためには国外犯処罰規定が必要であることなどを理由に上告した。

II　決定要旨

上告棄却

　最高裁は、弁護人の上告趣意は、刑訴法 405 条の上告理由に当たらないとしつつ、職権によって次のように判断した。

　「刑法 175 条 1 項後段にいう『頒布』とは、不特定又は多数の者の記録媒体上に電磁的記録その他の記録を存在するに至らしめることをいうと解される。」

　本件事実関係の下では、「被告人らが運営する前記配信サイトには、イン

ターネットを介したダウンロード操作に応じて自動的にデータを送信する機能が備付けられていたのであって、顧客による操作は被告人らが意図していた送信の契機となるものにすぎず、被告人らは、これに応じてサーバコンピュータから顧客のパーソナルコンピュータへデータを送信したというべきである。したがって、不特定の者である顧客によるダウンロード操作を契機とするものであっても、その操作に応じて自動的にデータを送信する機能を備えた配信サイトを利用して送信する方法によってわいせつな動画等のデータファイルを当該顧客のパーソナルコンピュータ等の記録媒体上に記録、保存させることは、刑法175条1項後段にいうわいせつな電磁的記録の『頒布』に当たる。」

また、「被告人らが、同項後段の罪を日本国内において犯した者に当たることも、同条2項所定の目的を有していたことも明らかである。」

Ⅲ 解 説

1 問題の所在

本決定は、刑法175条1項後段のわいせつ電磁的記録等送信頒布罪（以下、「本罪」という。）の適用について、最高裁が初めて判断を示したものである。

本件では、被告人Xは海外のサーバにわいせつな内容を有するデータファイルを記録・保存しているところ、日本国内にいる不特定の顧客の1人であるBが本件サーバにアクセスして本件データファイルをダウンロードし、自己のコンピューターに記録・保存している。そこで第1に、Bが自ら電磁的記録をダウンロードする行為は、Bによる「受信」行為であり、Xが電磁的記録を「送信」したとはいえず、「頒布」にもあたらないのではないか（送信頒布の意義）が問題となる。また、第2に、Xはわいせつな内容を有するデータファイルをダウンロードするシステムを専ら海外のサーバに置いて設定・運営をしており、このような場合には「日本国内において罪を犯した」（刑法1条）とはいえないのではないか（国内犯性）という点が問題となる。

2　顧客によるダウンロードを介する場合に「送信頒布」に当たるか

(1)　本罪の立法経緯と送信頒布の意義

　本罪は、平成23年の刑法等の一部改正により新設されたものである。改正前の刑法175条は、「わいせつな文書、図画、その他の物」を「頒布」し、「販売」し、または「公然と陳列」すること、および「販売の目的でこれらの物を所持」することを処罰していた。このうち、「公然と陳列」するとは、同条における客体を不特定または多数の者が認識しうる状態におくこと[2]、「頒布」とは、不特定または多数の者に無償で交付・譲渡すること、「販売」とは、不特定または多数の者に有償で譲渡することをいうと解されてきた[3]。旧法下においては、インターネットを介してわいせつ画像を送信する事例類型につき、わいせつ情報を蔵置したサーバを客体とするわいせつ「物」の「陳列」として処理するのが判例の立場であった（最決平成13年7月16日刑集55巻5号317頁=**判例1**）。しかし、このような解釈のもとでは、電子メールに添付して不特定又は多数の者にわいせつな画像等のデータファイルを送りつける行為について、「実質的に見れば、有体物としてのわいせつ物を頒布する行為と違法性の点で何ら変わるところがない[4]」にもかかわらず、その処罰が困難であることから、本罪が新設された。

　この改正によって、わいせつ「物」の例示の中に「電磁的記録に係る記録媒体」が加えられるとともに、「電磁的記録」等を客体とする場合について、「電気通信の送信によ」る「頒布」（送信頒布）が導入された。立案担当者によれば、送信頒布とは、「不特定又は多数の者の記録媒体上に電磁的記録その他の記録を存在するに至らしめること」とされ、媒体の移動は必要でないが、「相手方が受信することや記録されること[5]」が必要とされる。わいせつ物頒布

---

1)　なお、本決定は、被告人に対するわいせつ電磁的記録有償頒布目的保管罪の成立も肯定している。バックアップ目的で保存されたデータの同罪該当性は、最決平成18年5月16日（刑集60巻5号413頁）で肯定されている。したがって、同罪の成立は、本稿で検討する電磁的記録等送信頒布罪の成否と連動することになる。

2)　最決昭和32年5月22日（刑集11巻5号1526頁）。

3)　大コンメ（9）45頁〔新庄一郎＝河原俊也〕等参照。

4)　杉山＝吉田⑤843頁。

罪において、頒布は、「不特定または多数の者に交付・譲渡すること」と解され、現実に不特定または多数の者にわいせつ物の占有が移転してはじめて、公然陳列とは異なる頒布行為特有の危険性が生じるものといえる。このこととパラレルに考えると、わいせつな電磁的記録等についても、現実に不特定または多数の者の記録媒体上に当該データが存在するに至ってはじめて、同様の危険が生じるといえるのである。[6]

　本決定は、「送信頒布」の意義につき、「不特定または多数の者の記録媒体上に電磁的記録その他の記録を存在するに至らしめること」としており、これは第1審判決や、それが前提とする立案担当者の見解と同一といえる。これに対して、第2審判決は、送信頒布の意義について「不特定又は多数の者の記録媒体上に電磁的記録その他の記録を取得させること」としている。第2審の定義では、受信者の側の取得行為が送信頒布の前提となっているように読める。しかし、本罪の立法理由の1つに、一方的なわいせつメールの送りつけ類型を適切に処罰することがあったことに鑑みれば、受信側の行為を前提とする第2審のような理解は採り得ない[7]であろう。

(2)　顧客の行為の介在

①　原審の判断と本決定の判断の異同

　本件では、顧客が自ら電磁的記録をダウンロードしているところ、このダウンロード行為の介在が、本罪の成立の妨げになるかどうかも問題となる。前述の通り、第2審判決は、送信頒布の意義について、受信側の取得行為を要求するような定義を採用している。このような理解は、顧客によるダウンロード行為を「介して」本件データファイルを取得させた点に送信頒布該当性を認めており、受信者の行為を間接正犯的に理解していることに由来する[8]と考えられる。

　これに対して、本決定は、本件配信サイトには、「ダウンロード操作に応じ

---

5)　杉山＝吉田⑤ 842 頁。
6)　駒田④ 339 頁参照。
7)　駒田④ 340 頁。
8)　本庄武「判批」新・判例解説 Watch 19 号（2016 年）189 頁。

て自動的にデータを送信する機能が備付けられていた」のであって、顧客による操作は「被告人らが意図していた送信の契機となるものにすぎ」ないと指摘している。本決定の理解によれば、顧客のダウンロード行為は被告人らが設定した因果の一事象に過ぎず、独自の意義は認められないことになろう。

　この点については、自動販売機においてわいせつな書籍を販売する事例との類比により、頒布性を肯定する見解が主張されている。すなわち、購入者が購入行為をすることではじめてわいせつな書籍の占有が購入者に移転するような事例であっても、わいせつ物の頒布は否定されないのであるから、本件においても、わいせつな電磁的記録について、受信者のダウンロード行為によってはじめて当該電磁的記録がそのコンピュータ上に存在するに至る場合にも、同様に頒布該当性が肯定されるべきであるという指摘である。また、わいせつ物を手渡しで交付するといった典型的な頒布事例においても、受領者が当該わいせつ物を受け取ってはじめて頒布が成立するのであるから、受領者側の一定の行為が介在しうることは法の予定するものと考えられる。

　このような理解からは、行為者が意図した送信の契機とならないような受信行為、すなわち、行為者の意思に反して（例えば、不正アクセスによって）データがダウンロードされたような場合には、頒布該当性が否定され、顧客の独自の行為が認められることになる。

②　本罪における「受信者」の性質

　本件の顧客（受信者）による介在行為を評価するにあたっては、受信者をどのような立場の者とみるかが重要であると思われる。受信者を、本罪の違法に加担する者とみるなら、犯罪の完成に不可欠な要素を第三者が行っていることになるため、受信者による自律的なダウンロード行為を無視することはできない。そのような場合、受信者自身が規範的障害となりうるからである。他方で、受信者を一種の被害者として理解した場合には、介在行為が帰属を

---

9)　深町②245頁。
10)　南部晋太郎「判批」研修787号（2014年）32頁、神谷①234頁など。
11)　深町②245頁。
12)　伊藤亮吉「判批」刑ジャ44号（2015年）86頁、曲田③158頁、駒田④344頁。
13)　山口厚「コンピュータ・ネットワークと犯罪」ジュリ1117号（1997年）80頁。

阻害するとはいえない。本決定は、受信者の行為を、行為者によって予め設定された因果経過の一部に過ぎないとすることで、この問題についての言及を回避している。[14]

　この点につき、刑法におけるわいせつ罪の保護法益を、見たくない人の自由・感情に求める立場からは、受信者を被害者として見ることになる。しかし、本件では受信者は自ら望んでわいせつなコンテンツをダウンロードしていることから、この立場からはそもそも処罰を肯定しえないだろう。他方で、公然陳列罪との違いとして、頒布行為には「わいせつ物の拡散」という要素が認められることに鑑みると、受信者自身もそのような拡散に加担していると指摘することができる。[15]

　(3)　その他の問題

　①　本件のわいせつ物公然陳列罪該当性

　本件は、サーバ上にわいせつな動画等のデータファイルを記録、保存し、それをインターネットを介してダウンロードによって閲覧できるようにしたという点で、わいせつ物陳列罪で処断した**判例１**の事案と実質的に同じものであった。それゆえ、本件では、わいせつ動画等を認識できる状態にした段階で、わいせつ物公然陳列罪が成立し、ダウンロードされた時点で本罪も成立するという帰結になる。[16]ただし、本件においては、電磁的記録が海外のサーバに蔵置されており、日本国内の受信者側の行為を要しない陳列行為が、国内犯として処罰可能といえるかについては別途問題となる。

　②　ストリーミング型の配信

　ストリーミング配信と呼ばれる配信形態においては、あらかじめ記録されているデータを、顧客が受信しながら同時に再生を行うが、この配信形態の場合、受信者のコンピューター上にはキャッシュという形でデータが保存されるに留まる。このようなキャッシュによる一時的な保存が、「記録・保存」に含まれるかどうかは、本決定の判示からは明らかではない。キャッシュが

---

14)　深町②245頁。
15)　林美月子「性的自由・性表現に対する罪」展開各論58頁以下。
16)　両罪は包括一罪として処理されることになると考えられる。

記録・保存に含まれるとすると、本罪の成立範囲の大部分が、同時に公然陳列罪を構成することになる。このように解した場合、公然陳列罪が成立せず、本罪のみが成立する事例は、メール送信のように、わいせつな電磁的記録を一方的に送りつけた類型など、限られた事例となる。わいせつ物頒布罪との類比において、わいせつ物の占有が受領者の下に移転し、受領者がある程度継続的にわいせつな内容に接する危険や、わいせつ物がさらに拡散する危険を頒布の意義に読み込むとすれば、一時的なキャッシュの保存ではそのような危険は生じず、それゆえ頒布にもあたらないと理解するべきではないだろうか。

3　国内犯性

　本件わいせつ動画等のデータは、アメリカ合衆国在住の共犯者により、同国内のサーバにアップロードされたものであり、本罪には国外犯処罰規定が存在しないことから、本件を国内犯として処罰することが許されるかも争点となった。刑法1条1項は属地主義を原則としており、「日本国内において罪を犯した」といえなければ処罰できない。犯罪地の決定に関しては、構成要件該当事実の一部が日本国内で発生すれば日本を犯罪地とする遍在説、狭義の「行為」が行われたことを基準とする行為説、「結果」が発生したことを基準とする結果説の3つの見解を中心として、さまざまな見解が主張されている。第1審と第2審は、遍在説に依拠することを明示している。これに対して、本決定は、「前記の事実関係の下では、被告人らが同項後段の罪を日本国内において犯した者に当たることも（中略）明らか」であると述べただけで、

---

17)　本件のように、海外サーバにわいせつな電磁的記録が蔵置された場合、抽象的危険犯である陳列罪の構成要件該当事実は外国における陳列に尽き、日本刑法の適用を否定する見解も有力に唱えられていた（場所的適用範囲論一般について、渡邊卓也『電脳空間における刑事的規制』（2006年）10頁以下）。このように解した場合、本件に陳列罪は適用できないことになる。

18)　コンピュータ内に一時保存されたキャッシュを、継続的に保存されるデータファイルとして保存することも技術的には可能であるが、その場合、行為者の事前の設定や意図に照らして、データファイルとして保存することが予定されていたといえる場合のみ本罪が成立することになるであろう。

19)　山口厚「越境犯罪に対する刑法の適用」松尾古稀（上）413頁以下参照。

いかなる立場に立つかを明示していない。

　本件の「結果地」は、Ｂによる動画の受領・保存が行われた場所、すなわち日本国内であるといえる。したがって、結果説、もしくは遍在説を採用する場合、国内犯性は問題なく肯定される。なお、行為説を採用した場合や、本件においてわいせつ物公然陳列罪の成立を検討する場合、どの行為を送信頒布や陳列行為として捉えるかという問題が生ずる。顧客によるダウンロード操作に先立ち、本件配信サイトの構築、運用からデータの蔵置に至る一連の行為まで送信頒布・陳列行為に含むとすれば、これらの行為の一部は日本国内で行われた[20]ともいえる。しかし、アメリカのサーバへの記録・保存という最終的な行為はアメリカ国内の共犯者らが行っていることであり、これらの行為が日本国内で行われたものと評価することは難しい[21]であろう。

　結果説、もしくは遍在説を採る場合、少なくとも送信頒布罪の結果が生じた場所が日本国内であれば本罪の成立を妨げない。このように解した場合、当該国においては適法であるわいせつな電磁的記録が、特に日本人を対象としたものではないものの、たまたま日本国内で不特定の者がダウンロードしてしまうような事例について、国内犯の成立が認められることになるが、このような場合にはアップロードした者を処罰するべきではないという指摘[22]が存在する。このような処罰を肯定した場合、各国の刑法が無制限に世界中に適用されることになり、刑事規制、ひいては文化衝突の問題が生ずる[23]という

---

20)　この点、国内から「アップロードに関与」しているから行為説に立脚しても「本罪の成立に問題はない」とする立場として伊藤・前掲注(12)87頁。「ファイルを国内で作成し」てから顧客の「コンピュータに記録、保存させ」るまでの過程を挙げて国内犯適用の根拠とする立場として、前田雅英「判批」捜査研究64巻1号（2015年）45頁。

21)　遍在説によれば、共謀共同正犯における共謀行為が国内で行われたとして、適用を認める余地もある。駒田④349頁。渡邊・前掲注(17)41頁参照。これに対して、神谷①は236頁は、共謀の存在については謀議の日時場所を特定する必要がない（最大判昭和33年5月28日刑集12巻8号1718頁）ことから、「意思の連絡のみを国内犯性の判断基準にすることはできない」と指摘する。

22)　深町②245頁。また、サイバーポルノの規制根拠自体を問い直すべきであると主張するものとして、園田寿「メディアの変貌――わいせつ罪の新たな局面」中山古稀170頁、長谷部恭男「判批」法時69巻1号（1997年）126頁。

23)　豊田兼彦「判批」法セ721号（2015年）115頁。

のがその理由である。

この点につき、原審は、「実際の検挙の可能性はともかく」と述べ、この種の問題に起訴の裁量等によって対応する旨を示唆しており、また実際に海外在住の共犯者が起訴されていないことは、その表れであるという指摘がある。[24]
しかし、海外在住者が日本人向けのわいせつな電磁的記録を海外サーバにアップロードし、それを日本人が閲覧したような場合に、遍在説や結果説の立場を貫徹するとすれば、処罰を否定するべき理由はないと考えられる。[25]実体法上の問題について、検挙や起訴をしないことによって対応したとしても、本質的な解決にならない。この問題はあくまで実体法の問題として解決するべきものであろう。

本決定は、外国で運営されている外国人向けサイトに日本在住者がアクセスしデータを取得するような事例についてまでの射程が及ぶものではない。[26]本決定において、「日本人を中心として不特定かつ多数の顧客」を相手にしていることや、本件ウェブサイトが「日本語のウェブサイト」であるという事実を挙げられているのは、被告人らのアップロードした電磁的記録が、主として日本人に向けられたものであるからこそ国内犯に該当することに問題がないことを示しているとも理解できる。[27][28]

特に日本人を対象としたものではないものの、日本国内で不特定の者がダウンロードしてしまった事例については、行為者の故意や違法性の意識の可能性、本罪の構成要件の射程[29]が問題とされることになろう。なお、行為者自身が日本国を含め、わいせつ物規制が厳しい国からのアクセスをブロックし

---

24) 伊藤・前掲注(12)88頁、岩間康夫「判批」判時2226号（2014年）174頁。
25) このような場合にまで検挙する必要がないとするならば、国内で法益侵害結果が生じていることを不問に付すことに等しく、本罪の保護法益自体に疑義があることを認めるようなものである。
26) 曲田③158頁、駒田④98頁。
27) ただし、厳密いうと、サイトが日本語であることや日本人を対象としていること自体は、国内関連性を直接的に基礎づける事柄ではない。日本に駐在する英語話者に特化したポルノコンテンツであれば、日本語話者や日本人を対象としていなくとも国内関連性は認められるし、逆に海外在住の日本人もしくは日系人向けのサービスであれば、国内関連性は認めがたいことになる。
28) 「国内向けである」といった国内関連性を要求する見解として、深町②245頁。

ていたような場合³⁰⁾には、行為者の事前の設定や意図に反した受信であって送信頒布該当性が認められないという帰結も導かれうる。

【参考文献】

本件の解説・評釈として

①神谷竜光「判批」論ジュリ 19 号（2016 年）

②深町晋也「判批」メディア判例百選 2 版（2018 年）

③曲田統「判批」平成 27 年度重判解

④駒田秀和「判解」最判解平成 26 年度

わいせつ電磁的記録送信頒布罪について

⑤杉山徳明＝吉田雅之「『情報処理の高度化に対処するための刑法等の一部を改正する法律』について（上）」曹時 64 巻 4 号（2012 年）843 頁

---

29)　本罪は、日本の国外の風俗について規律する意図はないと考えられ、本罪に「日本の風俗を乱す」という書かれざる構成要件要素を読み込むなどすれば、日本人を対象としないコンテンツについては構成要件該当性を否定するといった解決も考えられる。

30)　海外の動画サイトなどでは、ポルノグラフィティを含め、特定の国で禁止されたコンテンツの閲覧を防止する目的で、その国からのアクセスを個別にブロックする機能が既に実装されている例もある。

17

不作為による死体遺棄
——作為による死体遺棄との関係、犯罪の終了時期——

大阪地方裁判所平成 25 年 3 月 22 日判決
平成 24 年（わ）第 3900 号・第 4586 号 殺人、死体遺棄、
覚せい剤取締法違反被告事件
判タ 1413 号 386 頁／裁判所 HP

薮　中　　悠

I　事　案

　本件は、被告人が自ら出産した女児を殺害した後に行った死体の遺棄について公訴時効が完成しているか否かが争われた事案である。この点に関する事実関係は、次のとおりである（覚醒剤取締法違反の罪に関する事実関係は省略する。）。

　被告人は、平成 19 年 2 月頃、当時の交際相手 A の住むアパート a の A 方において、女児を出産したが、望まない出産であったことなどから、その処置に困り、女児を殺害しようと考え、その頃、A 方の浴室において、殺意をもって、女児の身体から両手を離して女児を浴槽の中の湯水に沈め、よって、間もなく女児を溺水により窒息させて殺害した。

　被告人は、①女児の殺害当日に、その死体をタオルに包み、アパート a の A 方押し入れにあったスポーツバッグに入れて隠匿した、②①より 2、3 日後、死体をスポーツバッグごとアパート c の自宅に移動させて、クローゼットに隠匿した、③平成 19 年春頃、死体をキャリーバッグに入れてマンション d に移動し、室内に放置した、④平成 21 年 2 月頃、死体をキャリーバッグごとマンション b に移動させ、クローゼット内に隠匿し放置し、また、⑤葬祭

義務があるにもかかわらず、女児を殺害してから警察に発見されるまでの間、葬祭義務を果たさないまま死体を放置し続けた。

　なお、被告人は、平成24年7月16日、警察署において、警察官に対し、その犯行を申告して自首をしている。検察官が本件を起訴したのは、平成24年9月19日である。また、死体遺棄罪（刑法190条。法定刑は「3年以下の懲役」）の公訴時効期間は、「犯罪行為が終わった時から」（刑訴法253条1項）、「3年」である（刑訴法250条2項6号）。

Ⅱ　判　旨

免　訴

　大阪地裁は、「死体遺棄罪について免訴とした理由」として次のとおり判示し、被告人に免訴を言い渡した（なお、以下の判決文中のⒶⒷⒸおよび下線は本稿の筆者によるものである。）。

「第1　争点

　本件の争点は、死体遺棄罪の公訴時効の完成の成否であり、その前提として、本件死体遺棄行為の性質（作為犯か不作為犯か）や、公訴時効の起算点がいつであるのかが問題となる。

　検察官は、論告において、被告人には殺害した女児を葬祭する義務があり、葬祭の対象となる死体を平成19年2月上旬頃から平成24年7月16日までの間、自己の支配下に置き続けて葬祭義務を果たさないまま放置したという不作為による遺棄行為を起訴したものであり、公訴時効の起算点は、警察官が死体を発見した平成24年7月17日であるから、平成24年8月6日（平成24年9月19日の誤記と認める）に公訴提起された本件は、公訴時効が完成していない旨主張する。

　他方、弁護人は、本件において成立する死体遺棄は、死体をA方の押入れに入れ、その後、被告人の自宅に運ぶなどした場所的移転を伴う作為犯であり、最後に死体を移動させた平成21年2月下旬頃が公訴時効の起算点であるから、本件公訴提起時には、既に公訴時効が完成している旨主張する。

第2　本件の訴因について

1　本件訴因に関する検察官の主張及び釈明

（略）

2　本件訴因の確定

（略）以下の理由から、検察官は、本件死体遺棄の訴因として、作為による形態と不作為による形態の複合的な行為を設定したものと解される。

検察官は、『本件は、隠匿や場所的移転の前後にわたって死体を自己の支配下に置き続けて放置するという形態の不作為による遺棄を起訴したものである』と主張するのであるが、採用することができない。

なぜならば、(1) 死体遺棄とは、社会的に認められている埋葬の方法によらないで死体を放棄することであり、これには死体の隠匿行為も含まれるところ、女児の死体をタオルで包み、ポリ袋に入れるなどして室内に放置した行為は、作為による死体遺棄罪の構成要件に該当する行為であることが明らかである。そして、検察官は、起訴状の公訴事実に当該作為の形態による行為を記載している。それにもかかわらず、『不作為による形態の遺棄のみを起訴したのであり、場所的移転やクローゼットに入れる等した行為は、法的に重要でないか、違法状態を維持するのみである』というのである。このような検察官の主張は、整合性が保たれておらず、到底受入れることができない。

(2) また、Ⓐ作為による形態と不作為による形態の死体遺棄行為が、いずれも証拠上認められる場合には、作為犯を端的に認定すればよいのであり、例外的・補充的な不作為犯を検討するのは、作為による形態の行為により当該事象の違法性が評価し尽くされていない場合に限り行うことになると解される。検察官としても、通常は、そのことを念頭に置いて訴訟活動を遂行するはずである。

以上、検討したとおり、起訴状の公訴事実や証明予定事実記載書の記載内容等に加えて、検察官の訴追意思を合理的に解釈すれば、検察官としては、本件死体遺棄行為について、不作為形態と作為形態の複合形態の訴因を設定したと解するのが相当である。

なお、Ⓑ検察官の主張に従うと、作為犯としては公訴時効が完成している

にもかかわらず、同じ死体遺棄行為をもっぱら不作為犯として構成すること
により、葬祭義務を果たすか、葬祭義務を果たすことができない状態になら
ない限り、半永久的に公訴時効が完成しないことになるため、バランスを著
しく欠くことになる。

第3　本件死体遺棄の形態

以上の訴因を前提として、本件において成立する死体遺棄罪の形態につい
て検討する。

証拠によれば、被告人が、①平成19年2月頃の女児の殺害当日に、その死
体をタオルに包み、アパートaのA方押し入れにあったスポーツバッグに
入れて隠匿した、②①より二、三日後、死体をスポーツバッグごとアパート
cの自宅に移動させて、クローゼットに隠匿した、③平成19年春頃、死体を
キャリーバッグに入れてマンションdに移動し、室内に放置した、④平成21
年2月頃、死体をキャリーバッグごとマンションbに移動させ、クローゼッ
ト内に隠匿し放置したという作為による形態の死体遺棄と、⑤葬祭義務があ
るにもかかわらず、女児を殺害してから警察に発見されるまでの間、葬祭義
務を果たさないまま死体を放置し続けたという不作為による形態の死体遺棄
が、同時的に存在している。

ⓒ両者の違法性について考えると、本件において、死体をタオルで包み、
ポリ袋に入れる等の作為により、自己の支配下に死体を隠匿し放置したこと
と比べて、葬祭義務を果たすことなく自己の支配下に死体を放置し続けたと
いう不作為が、死体遺棄罪の保護法益である死者に対する社会的習俗として
の宗教感情を一層害するものとはいえないから、作為の形態による死体遺棄
行為により本件事象の違法性が評価し尽くされているといえる。そうすると、
本件では、実体法上、作為の形態による死体遺棄罪が成立し、不作為による
形態の死体遺棄罪は成立しないと認めるのが相当である。

なお、本件では、①の隠匿行為に次いで、②の隠匿行為では、当時の交際
相手の居室から被告人方での隠匿という状況の変化があり、完全に被告人の
支配下に死体が移動して放置されているところ、このような死体の保管状況
の変化に応じて、葬祭されなくなる可能性が格段に高まり、新たに死者に対

する社会習俗としての宗教感情を害するに至ったといえるため、②の隠匿行
為も、別途、死体遺棄罪が成立し、①及び②の罪は、包括一罪の関係にあた
る。しかしながら、③及び④の隠匿行為は、②の隠匿行為により発生した違
法状態を結果的に維持するものに過ぎないといえることから、別途、死体遺
棄罪を構成するものではない。

第4　公訴時効の成否

そうすると、本件で成立する死体遺棄罪の公訴時効の起算点は、②の遺棄
行為が終了した時である平成19年2月頃であり、平成24年9月19日に公
訴提起した時点においては、既に3年が経過しているから、公訴時効が完成
していたことが明らかである（刑事訴訟法250条2項6号）。」

Ⅲ　解　説

1　問題の所在

本件の争点は、死体遺棄罪について公訴時効が完成したか否かである。死
体遺棄罪の公訴時効期間は3年であるところ（刑法190条、刑訴法250条2項6
号）、本件の作為形態の死体遺棄（「事案」の①〜④）については最も遅い時期の
④から起算しても、公訴提起までには3年を経過している。しかし、不作為
の死体遺棄が成立して④以降も継続していたのであれば、公訴時効の完成は
否定されうる。そこで、本件の被告人が死体を遺棄した行為につき、作為な
のか不作為なのか、犯罪の終了時期（公訴時効の起算点）等が問題となる。

以下では、本判決の分析に必要な限度で不作為の死体遺棄に関する基本的
理解を確認し(2)、その後、結論的に不作為の死体遺棄罪の成立を否定した本
判決の枠組み・論拠等を分析し(3)、最後に、関連裁判例との対比を通じて本
判決の意義を検討したい(4)。

2　死体遺棄罪の保護法益、「遺棄」の意義・形態

死体遺棄罪は、死者に対する敬虔感情を保護法益とする社会的法益に対す

る罪であり、本罪における「遺棄」については、習俗上の埋葬等とみられる方法によらないで死体等を放棄することをいい、隠匿を含むと解されている[1]。また、同罪の「遺棄」は、遺棄罪（刑法217条等）における「遺棄」とは異なり、場所的離隔は必ずしも要求されていない[2]。

　「遺棄」の形態については、たとえば死体を山中に投棄する場合のような作為形態だけではなく、葬祭義務者や監護義務者（死体を葬祭義務者に引き渡す義務を有する者）が死体を放置する場合のような不作為形態も含まれると解されている。たとえば、判例も、母親が分娩した子を河原の砂中に埋めて窒息死させ、死体をそのまま放置した事案において、「母は慣習上其死児の葬祭を為すへき責務を有すること明白なれば判示被告の所為は殺人罪の外尚死体遺棄罪を以て論すべきものなり」として、死体遺棄罪の成立を肯定している[3]。これに対して、葬祭義務または監護義務を負わない者の不作為は同罪における遺棄に当たらない[4]。

　いかなる者が葬祭義務あるいは監護義務を負うのかについては、明確ではないという指摘[5]も見られる。しかし、少なくとも本件のような母親については慣習上、葬祭の義務を負うとされている[6]。また、一般に殺人犯人が死体を放置した場合には不作為の死体遺棄罪は成立しないが、殺人犯人が被害者の親等で葬祭義務を負う者の場合には、不作為の死体遺棄罪が成立すると理解されている[7]。

---

1)　大コンメ（9）238-9頁、245-6頁〔岩村修二〕。隠匿を含む点について、最判昭和24年11月26日（刑集3巻11号1850頁）など。

2)　たとえば、名古屋高金沢支判平成24年7月12日（研修776号21頁参照）。もっとも、大コンメ（9）〔岩村修二〕246頁では「死体を放置して死体のある場所から離去する場合」と死体との場所的離隔を予定しているかの記述もある。

3)　大判大正6年11月24日（刑録23輯1302頁）。

4)　大判大正13年3月14日（刑集3巻285頁）は、炭焼竈を所有し木炭を製造していた被告人が、竈の中に10歳の少年が誤って転落して焼死したのを知りながら、死体を搬出するには竈を破壊しなければならなかったことから、そのまま放置したという事案において、被告人には葬祭義務や監護義務が認められないとして死体遺棄罪の成立が否定されている。

5)　森川①207頁。

6)　前掲大判大正6年11月24日。

7)　大判昭和8年7月8日（刑集12巻1195頁）参照。

本判決は、結論的に、実体法上、不作為形態の死体遺棄罪の成立を否定しているが、上述の内容について異なる理解・前提（不作為形態の死体遺棄を認めない、あるいは、通常は葬祭義務者となる母親であっても殺人犯人については義務を否定するなど）を採用しているわけではないようである。

3 本判決の枠組み・論拠等の検討

(1) 基本的枠組み

本判決は、訴因について作為形態の死体遺棄罪と不作為形態の死体遺棄罪の複合的訴因を設定したものと解しているが、作為による形態と不作為による形態との死体遺棄罪がいずれも証拠上認められる場合には、後者は例外的・補充的なものであると理解している（「判旨」の下線部Ⓐを参照）。

そして、本判決は、このような「作為犯優先」の考え方を前提に、「作為の形態による死体遺棄により本件事象の違法性が評価し尽くされているかどうか」という判断枠組みを設定し、そして、本件では作為の形態による死体遺棄により評価し尽くされているとして、「実体法上、作為の形態による死体遺棄罪が成立し、不作為による形態の死体遺棄罪は成立しない」との結論を導いている（「判旨」の下線部Ⓒを参照）。この点は、本件による不作為形態のよる死体遺棄を、一種の不可罰的事後行為として理解するものといえる。[8]

(2) 作為犯と不作為犯の関係

まず、作為犯と不作為犯との関係について、本判決は、作為を優先する理解を前提にしている。しかし、学説においては「作為犯の認定が原則であり、不作為犯の認定は例外的・補充的な場合に限られるとする必要もない」として、本判決を批判する見解も主張されている。[9]

また、本判決の匿名解説[10]において作為優先の論拠を示すものとして引用さ

---

8) 本件では、㋐上記の「事案」における①から④に至るまでは作為と不作為とが同時的に併存し、㋑その後、不作為のみが継続している。㋑の不作為については不可罰的「事後」行為・共罰的「事後」行為といえるが、㋐の不作為は作為と同時併存的に存在していて作為の「事後」行為ではないように思われる（山下③ 127 頁、松尾誠紀「死体遺棄罪と不作為犯」関学 86 頁など参照）。そこで、本文では「一種の不可罰的事後行為」・「一種の共罰的事後行為」としている（井田 555 頁参照）。
9) 松尾誠紀「判批」新・判例解説 Watch 24 号 刑法 No.5 175 頁。

れている文献では、確かに、「作為でも不作為でも犯罪として構成できるという
ケースであれば、不作為犯が例外的な犯罪形態であるところから、これを作
為犯として捉えることを原則とすべきである」とされている。もっとも、こ
の記述に続いて、「ただし、違法評価の重点がむしろ不作為の部分にあるとい
うケースも存在する。そのような場合には、これを不作為犯として構成する
ことの方が妥当である」との記述が続いている[11]。

　そこで、死体遺棄罪について、作為形態と不作為形態との関係に関する議
論を見てみると、学説においては、「社会的習俗に従った埋葬がなされた状態
の確保を保護するもので、埋葬しないという不作為に本質がある犯罪類型で
あって、作為はその現象形態にすぎない」[12]との指摘もあるなど、作為形態よ
りも不作為形態を本質とする理解[13]が有力に主張されている。本稿も、死体遺
棄罪に関しては、作為形態が不作為形態に当然に優先するものではないと解
するものである。

(3)「一種の不可罰的事後行為」としての扱い

　また、仮に、本判決のような死体遺棄の事案においても作為犯を優先的に
検討する立場をとると、作為の形態による死体遺棄により本件事象の違法性
が評価し尽くされていれば、当然に不作為形態の死体遺棄罪が「実体法上成
立しない」ことになるのかについては、検討の余地がある。

　すなわち、この点については、すでに、本判決が示すような「作為の形態
による死体遺棄により本件事象の違法性が評価し尽くされている」という論
拠は、共罰的事後行為として包括的に評価する際の論拠であって、「不可罰」
とする（実体法上、犯罪の成立を否定する）論拠としては十分ではないとの正当な
指摘がなされている[14]。

---

10)　判タ 1413 号 387 頁。
11)　井田良『講義刑法学・総論〔第 2 版〕』（2018 年）151 頁。江藤② 75 頁も参照。
12)　安田④ 140 頁。
13)　松原⑤ 109 頁、113 頁等。なお、従来は、葬祭義務者の不作為の死体遺棄罪につい
　　ては、一般に不真正不作為犯と理解されてきたといえる（井田 555 頁、伊藤ほか
　　429 頁〔島田聡一郎〕）。もっとも、近時は、死体遺棄罪の「遺棄」には狭義の遺棄と
　　不埋葬とが含まれ、不埋葬は真正不作為犯であると理解する見解も有力に主張され
　　ている（松原⑤ 114 頁）。

（4）　不作為形態の死体遺棄罪とその終了時期

　前述のとおり死体遺棄罪については不作為に本質がある犯罪類型として理解すべきとしても、その終了時期については、さらに検討を要する内容がある。

　本判決では、状態犯や継続犯といった言葉は用いられていない。しかし、下線部Ⓑにおいて不作為の死体遺棄について、「葬祭義務を果たすか、葬祭義務を果たすことができない状態にならない限り、半永久的に公訴時効が完成しないことになる」とされていることからすれば、不作為形態の死体遺棄罪を継続犯的に理解していることが窺われる。学説においてもこれと同旨の見解が有力である。[15]また、後述4で紹介する裁判例もこのような立場である。[16]

　そして、本判決が、不作為形態の死体遺棄を否定した理由の1つには、「検察官の主張に従うと、作為犯としては公訴時効が完成しているにもかかわらず、同じ死体遺棄行為をもっぱら不作為犯として構成することにより、葬祭義務を果たすか、葬祭義務を果たすことができない状態にならない限り、半永久的に公訴時効が完成しないことになるため、バランスを著しく欠くことになる。」という問題意識がある（「判旨」の下線部Ⓑにおいて言及されている。）。[17]

　この点に関しては、近時は、不作為形態の死体遺棄罪についても、たとえば、死体遺棄罪が抽象的危険犯であることから不作為の死体遺棄罪を状態犯であると理解し、最初の義務違反的態度を行った時点で不作為の死体遺棄罪は終了するという見解や、[18]埋葬義務違反に基づく不作為の死体遺棄罪は「埋葬すべきときに埋葬しないこととした態度を処罰する状態犯」とする見解なども主張されている。[19]これらの見解によれば、不作為犯形態の死体遺棄罪の成立を実体法的に否定しなくとも、本判決の結論を支持することは可能であ

14）　橋爪⑥ 262 頁。

15）　橋爪⑥ 126 頁、安田④ 140 頁、丸橋昌太郎「死体遺棄罪の終了時期」信州 16 号184 頁、注釈（2）〔嶋矢貴之〕680 頁など。

16）　後掲**判例2**。

17）　浅田 485 頁注(4)も「作為の遺棄との均衡からすれば、葬儀義務者が死体を放置した段階で既遂となり、その時点から時効が進行すると解すべき」とする。

18）　山下③ 126 頁。

19）　松尾・前掲注(8)93 頁。

る。

　また、不作為形態の死体遺棄を継続犯的に理解する見解からは、状態犯として理解されている作為形態の死体遺棄と必ずしもバランスを欠くものではないとの主張もなされている。すなわち、葬祭義務者が山中に死体を埋めるなど作為形態の死体遺棄を行った場合には、適切に死者を弔っていないという不作為形態の死体遺棄が併存して成立するし、また、葬祭義務を負わない者の作為と葬祭義務を負う者の不作為では差が生じるが、それは葬祭義務の有無という事情に基づく差異であって、不合理ではないというものである。[20]また、上記の本判決の問題意識を解消するために不作為形態の死体遺棄罪の成立を否定することについては、「死体の放置行為に先行する作為による遺棄行為が認定できる場合と認定できない場合とで公訴時効の起算点等に大きな違いが生じるというのも不合理というべき」との指摘もなされている。[21]

4　本判決の意義について──本判決後の関連裁判例との対比から

　ここまでで、本判決の基本構造ないし論拠については批判的な見解が少ないことを見てきた。

　以下では、本判決以降に出された、不作為による死体遺棄の継続を肯定して公訴時効の完成を否定した事例と対比することにより、本判決の意義について若干の検討を行いたい。

ア　大阪地判平成 29 年 3 月 3 日（LEX/DB 25545976＝判例1）[22]

　事案の概要は、次のとおりである（詐欺および傷害の点は省略する）。

　被告人は、平成 24 年 5 月頃に大阪府摂津市内で死亡した V の父であるが、当時の被告人の妻であり前記 V の母である Y と共謀の上、前記 V を葬祭する義務があったのに、その頃から平成 26 年 1 月頃までの間は、同市（略）a ガレージ△階において、同年 1 月頃から平成 28 年 5 月 12 日までの間は、同府

---

20)　橋爪⑥ 268 頁以下。
21)　後掲**判例2**、橋爪⑥ 262 頁。
22)　Y（死亡した V の母）に関する裁判は、大阪地判平成 28 年 11 月 8 日（D1-Law 28244597）。事案および本テーマに関する判示部分は同内容である。

茨木市（略）b×××号室ほか2か所の当時の各被告人ら方において、前記V
の死体を、土を詰めたプラスチック製ケース内に埋められた状態で放置し、
もって死体を遺棄した。

　平成28年5月12日、警察官が被告人らの転居先である大阪府吹田市c×
××号室を捜索し、Vの死体が発見され、同年6月3日、被告人及びYは、
Vの死体を遺棄した罪で公訴を提起された。

　大阪地裁は、死体遺棄罪の成否について次のような見解を示し、結論とし
て公訴時効の成立を否定した。

　「(1) 法令や慣習等により葬祭をなすべき義務がある者が、死体の存する場
所から立ち去るなどしてこれを放置したような場合には、不作為による『遺
棄』が行われたものとして死体遺棄罪が成立すると解される。そして、作為
にしろ不作為にしろ、一旦『遺棄』と評価される行為が行われた場合には、
基本的にはその行為終了時点で犯罪が終了し、その後に死体が放置された状
態が続いていたとしても、それのみで別途に死体遺棄罪が成立し続けるもの
ではない。一方で、一旦遺棄行為が行われた後であっても、新たな「遺棄」
と評価される行為が行われれば、当該行為につき死体遺棄罪が成立するもの
と解されるが、その行為は作為によるものに限らず、当初の遺棄行為後も死
体を葬祭すべき作為義務が消滅せず、その義務違反行為が続いていると解さ
れるような場合には、不作為による遺棄が継続して行われていると認めるこ
とができる。」

　「本件死体遺棄罪の犯罪行為は、平成28年5月12日にVの死体が発見さ
れた時点まで続いていたと認めるのが相当であり、本件公訴提起時において
は3年の公訴時効期間が経過していないことが明らかである。」

　イ　大阪地判平成30年7月2日（LEX/DB25549610＝判例2）

　事案の概要は次のとおりである。

　被告人は、文化住宅居室（当時の被告人方）で、①平成4年10月12日頃、②
平成7年5月21日頃、③平成8年5月10日頃、④平成9年9月9日頃にそ
れぞれ死亡した男児または女児の母親であり、同児らを葬祭する義務があっ
たのに、平成27年6月10日頃までの間は、同居室の押し入れ内において、

同日頃から平成29年11月20日までの間は、同市所在の被告人方押し入れ内において、同児の死体を、蓋付ポリバケツ内にコンクリート詰めにした状態で放置した。

被告人は、平成29年11月20日、警察官に、本件四児の死体を被告人方に置いてある旨申告して自首し、同日、警察官は、被告人方において、本件四児の死体の入ったポリバケツを梱包した段ボール箱4箱を発見した。被告人は、平成29年12月27日、上記③および④の女児の死体を遺棄した罪で、平成30年1月31日、上記①及び②の男児の死体を遺棄した罪でそれぞれ公訴提起された。

本件で大阪地裁は、死体遺棄罪の成否について、次のとおり判示し、結論として公訴時効の成立を否定した。

「死体を葬祭すべき義務のある者がその義務に違反して死体を放置したような場合は、不作為による遺棄として死体遺棄罪の構成要件に該当するところ、死体の葬祭義務が消滅せず、その義務違反行為が続いている場合には、不作為による遺棄が継続して行われていると解すべきである。」

「弁護人は、本件死体遺棄行為の違法性は、本件四児の死体をポリバケツに入れてコンクリート詰めにして押し入れに入れるなどした作為により評価し尽くされているので、その後の放置行為に死体遺棄罪は成立しないと主張する。しかし、本件では、作為によって死体を隠匿等遺棄した者が、その支配領域を離れた場所に死体を放置した場合と異なり、死体の放置を開始した後も死体を自らの支配領域下に置き続けているのであるから、死体の放置行為自体にも、葬祭義務に違反する行為として、当初の隠匿等の行為では評価し尽せない違法性が認められる。また、弁護人は、死体遺棄罪を継続犯として解釈すると、永久的に公訴時効が完成しないこととなるというが、一方で、死体の放置行為に先行する作為による遺棄行為が認定できる場合と認定できない場合とで公訴時効の起算点等に大きな違いが生じるというのも不合理というべきである。上記弁護人の主張は採用できない。」

「以上のとおり、本件各公訴提起時においては、死体遺棄罪の公訴時効である3年が経過しておらず、公訴時効が完成していないことは明らかであ」る。

　上記の裁判例ではいずれにおいても、訴因は、葬祭義務者の死体の放置という不作為形態による死体遺棄として構成されていると思われる。この点は、訴因が作為形態と不作為形態の死体遺棄の複合形態としてされた本判決とは異なる点ではある。

　もっとも、本判決と**判例2**とを比べると、判断の枠組みないし作為形態の死体遺棄に対する関係での葬祭義務者による継続的な不作為形態の死体遺棄の意味付けが異なっているように思われる。**判例2**が示す死体を自らの支配領域内に置き続けているという事情が本判決においても認められるのだとすれば、**判例2**の枠組みによって本判決の事案を検討した場合には、不作為の死体遺棄が継続しているとして、公訴時効の完成が否定された可能性もあるのではないだろうか。

　本判決を含め、ここに取り上げたいずれも同じ審級（地裁）の判断であり、この問題について今後どのような枠組み・判断が実務的な主流になるのかは更なる事案・判断を待つ必要がある。しかし、少なくとも**判例2**との対比の限りでも、本判決の意義は相対化されて理解されるべきように思われる。

【参考文献】
　本判決の解説・評釈として
　　①森川恭剛「判批」百選8版
　　②江藤隆之「判批」刑ジャ47号（2016年）
　　③山下裕樹「判批」関法66巻2号（2016年）

　不作為の死体遺棄罪について検討するものとして
　　④安田拓人「判批」法教443号（2017年）
　　⑤松原芳博『行為主義と刑法理論』（2020年）
　　⑥橋爪隆・椎橋古稀

18

参考人の虚偽供述に基づく供述調書と
証拠偽造罪

最高裁判所平成 28 年 3 月 31 日第一小法廷決定
平成 26 年（あ）第 1857 号詐欺、証拠隠滅被告事件
刑集 70 巻 3 号 58 頁／判時 2330 号 100 頁／判タ 1436 号 110 頁

山 中 純 子

I 事 案

　被告人 X は、A と共に警察署を訪れ、刑事課組織犯罪対策係所属の B 警部補及び C 巡査部長から、暴力団員である知人 D を被疑者とする覚醒剤取締法違反事件について参考人として取り調べられた。A は、D が覚醒剤等を所持している状況を目撃したという虚構の話を X と相談しながら作り上げ、供述した。B 警部補および C 巡査部長は、その供述が虚偽であることを認識しながらも、「適当に 2 か月程前に見たことで書いとったらええやん」などと言い、虚偽の供述を続けさせた。また、C 巡査部長は、供述内容を書面化した際、「正直、僕作ったところあるんで」「そこは流してもうて、注射器とか入ってなかっていう話なんすけど、まあ信憑性を高めるために入れてます」などと言った。最終的に、X ら 4 名の共謀により作成された A の C 巡査部長に対する供述調書には、「A が、平成 23 年 10 月末の午後 9 時頃に D が覚せい剤を持っているのを見た。D の見せてきたカバンの中身を A がのぞき込むと、中には、ティッシュにくるまれた白色の結晶粉末が入った透明のチャック付きポリ袋 1 袋とオレンジ色のキャップが付いた注射器 1 本があった」などの虚偽の内容が記載されていたため、X の行為が証拠偽造罪にあたるかどうかが問題となった。

　第1審の神戸地判平成26年3月6日（刑集70巻3号93頁参照）は、Xが、虚偽の目撃供述であることを認識しながら、積極的に虚構の事実を具体化するような発言をするなどして本件調書の作成に大きく貢献したといえるとして、XにA、B、Cとの共謀および故意を認め、証拠隠滅罪の成立を認めた。

　控訴審の大阪高判平成26年11月26日（刑集70巻3号108頁参照）も、Xが虚構の事実を具体化する発言を積極的にし、それに基づき内容虚偽の供述調書が作成されているとして、Xに証拠偽造の故意および共謀を認めた。弁護人の、参考人の虚偽供述と同様、証拠偽造罪は成立しない旨の主張に対しては、「本件供述調書は、……Aの口から出た内容にとどまらず、その場にいたB、C、A及びXの4名が相談ないし雑談しながら話した内容がまとめられたものであ」り、「その実態において、供述調書の形式を利用して、Xら4名が共同して創作した内容を書面化したものというべきである」ことに照らし、同罪にあたるとした。

Ⅱ　決定要旨

上告棄却

　「他人の刑事事件に関し、被疑者以外の者が捜査機関から参考人として取調べ（刑訴法223条1項）を受けた際、虚偽の供述をしたとしても、刑法104条の証拠を偽造した罪に当たるものではないと解されるところ」、「その虚偽の供述内容が供述調書に録取される（刑訴法223条2項、198条3項ないし5項）などして、書面を含む記録媒体上に記録された場合であっても、そのことだけをもって、同罪に当たるということはできない。」

　「しかしながら、本件において作成された書面は、参考人AのC巡査部長に対する供述調書という形式をとっているものの、その実質は、X、A、B警部補及びC巡査部長の4名が、Dの覚せい剤所持という架空の事実に関する令状請求のための証拠を作り出す意図で、各人が相談しながら虚偽の供述内容を創作、具体化させて書面にしたものである」。「本件行為は、単に参考人として捜査官に対して虚偽の供述をし、それが供述調書に録取されたという

事案とは異なり、作成名義人であるC巡査部長を含むXら4名が共同して虚偽の内容が記載された証拠を新たに作り出したものといえ、刑法104条の証拠を偽造した罪に当たる」。

Ⅲ 　解　説

1　問題の所在

本件は、参考人の虚偽供述に基づく供述調書が作成されたことについて証拠偽造罪が成立するかどうかが問題になった事案である。当該供述調書の供述人である参考人、参考人と共に警察署に出頭した被告人および警察官2名の計4名が共同して相談しながら虚偽の供述内容を創作、具体化させて供述調書を完成させたところに特徴がある。

2　証拠偽造罪の趣旨

証拠偽造罪 (刑法104条) の保護法益は、捜査・審判を含む国家の適正な刑事司法作用一般である[1]。また、同罪は、抽象的危険犯である。公判段階で宣誓した証人が虚偽の陳述をした場合であれば、誤った裁判が行われて審判作用が害される危険性が直接的であり、偽証罪 (刑法169条) の対象となるが、捜査段階において参考人が宣誓せずに虚偽の供述をした場合には、証拠偽造罪の成否が問題となる。司法警察職員や検察官等の捜査機関が、刑事事件に関して何らかの知識を有していると考えられる参考人から事情聴取することは、事案の真相を解明するために重要な捜査活動であるから、参考人の虚偽供述は、捜査自体を真相とは異なる誤った方向に導き、さらに、真犯人とは異なる別人を逮捕、勾留し、起訴するといった事態を招くこともありうる[2]。

---

1)　虚偽告訴罪や証人等威迫罪においては、適正な刑事司法作用という国家法益に加え、被告訴人や証人等の個人法益が重畳的に保護されているが (松原567頁、河村博「判批」警論48巻12号 (1995年) 171頁以下参照)、犯人庇護的性格をもつ証拠偽造罪においては、個人法益は保護の対象ではない。

　本件では、D を架空の覚醒剤所持事件の犯人であるとする虚偽の供述が供述調書の内容となっており、捜査機関が架空の事件に対する捜査をするおそれ、裁判所が当該供述調書がなければ発付することのなかった捜索差押令状を発付するおそれ、捜査機関がそれに基づいて許されない捜索差押を実施するおそれなどが生じていることから、刑事司法作用を害する危険性があり、証拠偽造罪の保護法益である適正な刑事司法作用を侵害する抽象的危険が認められるといえる。[3]

　一方、参考人の虚偽供述については、「証拠」や「偽造」との関係で、構成要件該当性が問題とされてきた。[4]本件では、この問題につき、はじめて最高裁の態度決定がなされた。以下では、証拠偽造罪の構成要件の核となる「証拠」と「偽造」の意義を整理したうえで、参考人の虚偽供述自体および虚偽供述に基づく供述調書が作成された場合の「証拠」該当性および「偽造」該当性について概観する。

3　証拠偽造罪の客体

(1)「証拠」の意義

　本罪の客体である「証拠」とは、「刑事事件が発生した場合に捜査機関又は裁判機関において国家刑罰権の有無を判断するにあたり関係があると認められるべき一切の資料」を指称する。[5]ただし、物理的存在である証拠方法（捜査機関・裁判機関によって証拠として取り調べられる対象、例えば、参考人、書面、証拠物等）のみを意味し、証拠資料（取調べの結果得られた心証形成の資料そのもの、例え

---

2)　小島吉晴「証人・参考人の虚偽供述の刑法的評価について」研修518号（1991年）27頁。

3)　本件において認められる抽象的危険を書かれざる構成要件要素と解するのか（山口厚『危険犯の研究』（1982年）223頁以下参照）、実行行為、すなわち「偽造」の文言に織り込むのかは議論の余地がある。

4)　学説では、①参考人の虚偽供述自体、②参考人の虚偽供述に基づく供述調書が作成された場合、③参考人自身が内容虚偽の供述書を作成した場合の3つに分けて証拠偽造罪の成否の検討がなされており、①②③のすべてについて積極に解する全面積極説、①②③のすべてについて消極に解する全面消極説、その中間に位置する限定積極説（②③につき、積極に解する書面限定説、③についてのみ、積極に解する供述書限定説）の対立がある。

5)　大判昭和10年9月28日（刑集14巻997頁）。

ば、参考人の供述内容、書面の記載内容、証拠物の形状と性質等[6]）を含まないのか、証拠資料も含むのかについて、見解の対立がある。

(2) 参考人の供述の「証拠」該当性

学説の中には、一般には供述も「証拠」と評価されており、証拠方法に限る合理的な理由はなく、また、関係法規との整合性を考慮すべき明確な理由も存在しないとする積極の立場もある[7]。しかし、「証拠」を物理的な証拠方法に限り、参考人の供述の証拠該当性を否定するのが支配的な見解であり[8]、判例も消極説に立つ[9]。虚偽供述を客体とするのであれば、偽証罪のように「虚偽の陳述」を処罰対象として規定することができるのであり、「証拠」には供述を含まないとするのが、法文の素直な読み方といえよう。また、宣誓していない参考人の虚偽供述自体については偽証罪によって処罰されないこと[10]の意義を考えると、参考人の虚偽供述は証拠偽造罪の処罰対象にもすべきでないとするのが、関係法規と整合的な解釈である。さらに、供述に一部虚偽が含まれていることを刑事司法は織り込み済みであり、そのような供述には刑罰による抑止の必要性がない[11]という実質的な考慮もある[12]。

---

6) 尾﨑道明「判批」研修 569 号（1995 年）18 頁。

7) 山口・探究 291 頁は、知覚しえない記憶を証拠となしえないとの指摘に対し、証人の隠匿が一般に証拠隠滅罪を構成すると解されており、証人は、その「知覚しうる外観」ではなく、その記憶に基づく証言・供述が証拠になるのであるから、記憶を反映していない供述を証拠偽造と解する余地は十分に存在すると指摘する。

8) 尾﨑・前掲注(6)18 頁以下は、「証拠方法」が隠滅・偽造・変造され、偽造・変造された証拠が使用されることで誤った「証拠資料」が得られることから、偽造の対象となるのは、証拠方法のみであるとする。なお、クローズアップ〔深町晋也〕105 頁は、証拠とは、裁判官の判断に影響を与える形態、すなわち公判廷に顕出される形態でなければならないとし、虚偽供述の証拠該当性を否定する。

9) 最判昭和 28 年 10 月 19 日（刑集 7 巻 10 号 1945 頁）、大阪地判昭和 43 年 3 月 18 日（判タ 223 号 244 頁）、千葉地判平成 8 年 1 月 29 日（判時 1583 号 156 頁＝**判例 1**）。

10) 大判昭和 9 年 8 月 4 日（刑集 13 巻 1059 頁）。

11) 前田⑦ 13 頁は、「その基礎には、供述（証拠資料）に一部虚偽が含まれていても、それは刑事司法を動かしていく上で潤滑油的な『コスト』であり、そのような無駄まで排除すると、角を矯めて牛を殺すことになりかねないという判断が存在する」と指摘する。

12) なお、虚偽供述は実質的に証拠関係をかく乱するとの理由を挙げて証拠該当性を肯定する立場もある（中森⑧ 240 頁参照）が、これは、「偽造」該当性の根拠を述べているものと思われる。

（3）虚偽供述に基づく供述調書の「証拠」該当性

通説・判例のように、虚偽供述の「証拠」該当性について消極に解すると
しても、虚偽供述が書面化されて物理的な存在となった供述調書は、証拠方
法であり、「証拠」にあたる[13]。したがって、「証拠」該当性を充たす以上、「偽
造」該当性が主たる検討対象となる。

4　証拠偽造罪の実行行為

（1）「偽造」の意義

「偽造」とは、虚偽の証拠を新たに作出することである。これが本罪の実行
行為にあたるというためには、適正な刑事司法作用を侵害する抽象的危険を
伴うことが必要である。これに加え、本罪の実行行為性の画定には、本罪を
成立させることの弊害と利益の比較衡量が必要であるとされる[14]。

（2）虚偽供述の「偽造」該当性

虚偽供述の「証拠」該当性につき消極に解する通説・判例の立場に立つと、
虚偽供述はそもそも証拠偽造罪の客体にならず、「偽造」該当性を検討するま
でもなく、証拠偽造罪は成立しない。これに対し、虚偽供述の「証拠」該当
性を積極に解する場合、「偽造」該当性については、参考人の知識、記憶等と
異なることを供述することは、新たな証拠作出といえるとし、その外形的行
為から「偽造」該当性を認めることになるだろう[15]。

（3）供述調書を作成することの「偽造」該当性

供述調書が「証拠」に該当するとしても、その作成の「偽造」該当性につ
いては見解が分かれる。まず、消極説は、参考人が供述をすれば供述調書が
作成されるのが通常であるから、既に存在する虚偽供述を単に書面化しただ
けでは、新たな証拠を作出したとはいえないとする[16]。また、刑法の趣旨から
体系的にみると、偽証罪には自白による刑の減免規定（刑法170条）があるこ

---

13)　豊田⑩ 15 頁。

14)　橋爪⑨ 119 頁、豊田⑩ 15 頁参照。これに対して、十河⑤ 10 頁は、「弊害と利益の
　　　比較衡量という実質的な判断を行うことは、『偽造』の文言解釈には馴染まない」と
　　　する。

15)　積極説に立つものとして、只木⑥ 257 頁など。

ととの不均衡や、虚偽供述を強制する行為をも処罰する証人威迫罪（刑105条の2）の法定刑が証拠偽造罪よりも軽いこととの均衡に照らせば、強制の要素がない証拠偽造罪によって虚偽供述を処罰する趣旨ではないといえる[17]。加えて、証拠偽造罪による虚偽供述の処罰の弊害と利益を比較衡量すると、刑罰で担保された真実供述義務を課すことによる弊害の方が大きいと考えられる[18]。消極説は、虚偽内容の供述調書を処罰するということは、処罰すべきでない虚偽供述そのものを処罰の対象とすることと事実上変わらないと指摘する[19]。さらに、実質的にも、捜査段階の供述は流動的であり、その証拠価値は高くないため、虚偽供述が供述調書に録取されることによって刑事司法作用が害される危険は相対的に高くない。捜査官は、供述調書の内容の真偽を確かめるために捜査するものであるから、通常想定される程度の虚偽内容の場合には、適正な刑事司法作用は維持されているといえよう。

これに対して、積極説の根拠は、供述調書化により新たな証拠が作出されているという外形的行為があることに加え、次のような実体面および政策面に求められる。実体面では、虚偽供述自体も法益侵害の危険をはらむものであるが、それが供述調書化されると、内容における明確性、確実性、再認の容易性、変更の困難性といった点でより法益侵害の危険が高くなる。また、政策面では、弊害と利益との比較衡量において、弊害を考慮する必要がない場合があるとする。

以上の「偽造」該当性に関する消極説と積極説は、虚偽の証拠を新たに作出するという外形的行為により「偽造」該当性を肯定するところから出発するか（積極説からのアプローチ）、否定するところから出発するか（消極説からのアプローチ）という基本的なアプローチに違いはあるものの、いずれも、実体的・政策的考慮をすることにより、例外的に「偽造」該当性が否定されたり、肯

16) なお、松宮473頁は、「偽造」を文書偽造罪における有形偽造の意義と同義に解し、作成名義に偽りのない上申書や虚偽供述を録取した供述調書について、「偽造」該当性を否定する。

17) 学説の整理につき、野原①44頁以下参照。

18) **判例1**参照。松原588頁以下も参照。

19) 虚偽供述に基づく供述調書が作成された事案で、証拠偽造罪の成立が否定された裁判例として、千葉地判平成7年6月2日（判時1535号144頁）、**判例1**など。

定されたりする場合があることは排除していない。[20]それゆえ、限定積極説の中で見解が分かれる書面限定説や供述書限定説は、実体面と政策面から整理し直すことが可能である。

　まず、書面限定説は、供述書でも供述調書でも虚偽内容の書面が作成された場合に、「偽造」該当性を認める。[21]その根拠は、実体的には書面化することに実行行為性が認められることに求められ、政策的には、虚偽供述が書面化された場合に限定することで適切な処罰範囲が確保されることに求められているといえよう。

　これに対し、供述書限定説は、自ら作成した供述書（上申書）に限って「偽造」該当性を肯定する。[22]虚偽の供述書は、供述調書以上に、自ら文書にしたという積極的な行為があるため、虚偽の証拠を作出したと解釈しやすく、より実行行為性を認めやすい。また、自ら虚偽内容の文書を作成する者に対しては、捜査協力を躊躇させる程度が低く、弊害が小さいという政策的考慮も働く。

　両説を比較すると、供述調書は、たしかに供述を確認したにすぎない受け身的色彩が濃く、これを処罰することは虚偽供述を処罰するに等しいとも考えられるが、自ら文書を作成したかどうかは行為に対する非難性の高さの問題であり、法益侵害の危険の大小を左右するものではないであろう。[23]また、証拠法上も両者の価値に差は設けられていない（刑訴法 321 条・322 条）こと、人の作る文書はすべて知覚・認識・記憶などの表現であり、供述書か供述調書かは単なる形式の違いにすぎないこと[24]に照らせば、供述書に限定して処罰

---

20)　野原①54 頁も、書面限定説の中には、「消極説を基本的な前提とするものと積極説を基本的な前提とするものの二つの流れがあるように思われる」と指摘する。

21)　山口・探究 292 頁、西田（橋爪補訂）488 頁、中森⑧ 241 頁、大谷 606 頁、十河⑤ 4 頁以下、河村・前掲注(1)176 頁、尾﨑・前掲注(6)24 頁以下。

22)　前田⑦ 13 頁以下。なお、供述書限定説の中でも、捜査官の面前で供述書等を作成する場合は、捜査官に迎合的な内容の供述書が作成されるおそれがあるとして、「取調べ以外の場で」内容虚偽の供述書が作成された場合に限定すべきとする説もある（亀井② 241 頁）。

23)　中森⑧ 241 頁。

24)　中森⑧ 241 頁。十河太朗「内容虚偽の供述調書と証拠偽造罪」同法 49 巻 2 号（1998 年）44 頁。

する十分な理由はない。書面化され、「証拠」該当性が認められる以上、法益侵害の危険の大きさという実体面と、利益と弊害の比較衡量という政策面を考慮することにより、「偽造」該当性を判断すべきであろう。[25]

5　本決定について

(1)　本決定の意義

本決定は、まず、参考人の虚偽供述それ自体は証拠偽造罪に該当しないこと、そして、参考人がした虚偽供述に基づいて供述調書が作成された場合にも、原則として証拠偽造罪が成立しないことを確認した。これは、訴訟法的な観点から、捜査段階の参考人に対して刑罰で担保する形で真実供述義務を負わせることのメリット・デメリットも検討した上で、消極説の立場を明らかにしたものとされる。[26]しかし、例外的に、供述調書の形式をとっていたとしても、その実質が、第三者の覚醒剤所持という架空の事実に関する令状請求のための証拠を作り出す意図で、各人が相談しながら虚偽の供述内容を創作、具体化させて書面化したような行為については、作成名義人らと共同して供述調書という形式の虚偽の証拠を新たに作り出したといえる場合であることから、証拠偽造罪が成立すると明示した点に本決定の意義がある。[27]本決定については、消極説アプローチから、例外的に「偽造」該当性を認めて本罪を認めたと解する余地もあるし、[28]積極説アプローチから、処罰される場合を限定的に示したと解する余地もある。[29]いずれにせよ、本件においては、被

---

25)　飯島暢「判批」百選 6 版 257 頁は、「文書化」の基準を形式的に絶対視する必然性はなく、実質的な観点にさかのぼってより限定的な基準を探求する余地があることを指摘する。

26)　野原① 67 頁。

27)　野原① 68 頁。豊田⑩は、「供述調書化されても原則として証拠偽造罪に当たらないが、例外的にこれに当たる場合があるという原則例外の枠組みで判断するところ」に特徴があるとする。

28)　前田④ 64 頁は、被告人が警察官と共同して作成した供述調書は、供述書と同視しうるものであり、供述書限定説で説明できるとする。消極説の立場から本決定の結論に否定的な見解として、永井善之「参考人の虚偽供述と証拠偽造罪」金沢 59 巻 1 号（2016 年）91 頁、中村悠人「参考人の虚偽供述と証拠偽造罪」現代法学 36 号（2019 年）147 頁。同論者は、本件は虚偽公文書作成罪（刑法 156 条）の共犯で対応すべきであったとする。

告人が積極的に虚偽の証拠を作出したといえるだけの実行行為性があったこと、そして、政策的観点から、本件では前記の各種デメリットが大きくないと判断されたことが証拠偽造罪の成立を導いたと評価すべきであろう。以下で、具体的に検討する。

（2）実行行為性の検討

実行行為性の観点を踏まえると、「偽造」とは、単に虚偽の証拠を新たに作出することにとどまらず、刑事司法作用が侵害される危険をもたらす行為であり、証拠の証明力を一定程度低下させるおそれがある場合と再定義することができる。供述調書化の過程において、捜査や公判に影響を及ぼすような重要な事項に関して被告人が自ら積極的に虚偽の証拠を作出したといえる場合には、当罰性が高くなる。[30]

本件で被告人が関与して供述調書が作成されたことは、単に参考人の虚偽供述が供述調書化された場合よりも、適正な刑事司法作用が侵害される危険が高かったことが認められる。[31]

その理由は、第1に、被告人が、Dの覚醒剤所持の直接証拠となる目撃供述を内容とする虚偽の供述調書の作成に意図的、計画的に関与していることに求められる。被告人は、Dを陥れるため、自らAと共に虚構の話を作り上げ、取調べ時の話し合いに加わり、捜査や公判に影響を及ぼすような重要な事項に関する供述調書の作成に関与したといえる。しかも被告人は、警察官をも巻き込み、Dを陥れるために捜査機関に協力させたともいえる。

第2に、本決定が、「共同して虚偽の内容が記載された証拠を新たに作り出した」ことを指摘するとおり、本件は、警察官2名も関与する、計4名の共同正犯であることに特徴がある。本件は、通常想定される程度の虚偽供述で

---

29) 「そのことだけをもって」という文言に着目し、積極説に立ちながら、処罰対象になることを明確にしたと読むことも不可能ではない。
30) 前田⑦14頁。
31) 十河⑤12頁は、「刑事司法作用が侵害される危険性が高かった点に着目すべき」とする。なお、高橋省吾「判批」山梨学院ロー12号（2017年）175頁は、「『蔵匿』『隠避』と同程度の法益侵害の危険性を有し得る態様のものという法益の保護の観点から、証拠の『偽造』という概念の目的論的解釈が行われたと理解することも可能」とする。

はなく、警察官と相談して共同して創作、具体化することで、より供述調書の内容の信用性が増す内容になっている[32]。すなわち、警察官が、目撃時期を2か月程前にする、信憑性を高めるために注射器が入っていたという話を付け加えるなどの信用性を高めるための助言をしているため、共犯者間で相互に協力し合って刑事司法作用を侵害する危険を高めているといえよう。捜査機関においては、担当警察官が虚偽内容の供述調書作成に加担していることから、通常行うはずの信用性の裏付け捜査をしなくなるおそれが高い。そして、裁判所においては、警察官が関与して虚偽内容の供述調書が意図的に作成されることは想定外であり、供述内容の信用性判断を誤るおそれもある。本件では、被告人と警察官が協力関係にあることにより、刑事司法作用の害される危険が高まっていることから、被告人の行為に実行行為性を認めることができる[33]。

(3) 政策的観点からの検討

政策的観点からの弊害と利益の比較衡量[34]は、すでに**判例1**でも指摘されていたところであり、弊害としては、捜査官に対する迎合的供述のおそれ、公判段階における虚偽供述の撤回の困難性（真実解明への悪影響）、捜査協力への躊躇、処罰範囲の拡大等が考えられる。例えば、記憶が曖昧であるにもかかわらず不本意に虚偽の供述をしてしまった者を処罰することは、捜査協力への躊躇を生むものであり、処罰することの弊害が大きいといえる。これらの弊害が利益よりも大きいときは、証拠偽造罪の成立は否定されることになる。

本件では、捜査官と相談しながら供述調書を作成しているので、捜査機関

---

32) 伊東研祐「参考人の虚偽供述と証拠偽造罪」現刑5巻10号（2003年）34頁は、「共謀の上で、あるいは、依頼に応え、あるいは、自ら積極的に供述代用書面等を作成して提出するというような行為（者）の悪質性・加害性等が認められる場合」について、証拠偽造にあたるとする。ただし、「不法実体の付加・増大を意味しはするが、行為客体性を基礎付け得るものとも思われない」とし、「証拠」該当性に影響するものではないことを指摘する。

33) 成瀬幸典「批判」法教430号（2016年）152頁は、「架空の事実に関する令状請求を行うために、捜査官も含む共謀に基づき、供述調書が作成された事案であり、本件行為の法益侵害性の程度は高」いという。

34) 三隅諒「判批」論ジュリ25号（2018年）192頁は、弊害と利益の比較衡量を行ったうえで、政策的観点から判断した本決定を支持する。

による圧迫などの事情は存在せず、捜査官に対する迎合的供述のおそれはない。さらに、共同して証拠を作出していることから、捜査協力への躊躇による弊害も問題とならない。つまり、本件では、被告人と警察官が、本来、取調べで想定されるような対向的な緊張関係にあるのではなく、協力関係にあるため、政策的考慮は不要であり、証拠偽造罪の成立が認められたものといえる。[35]

[36]

（4）　まとめ

このように、本件で証拠偽造罪が成立することは、実行行為性と政策的観点の両方から説明することができる。しかし、個別具体的な事案において、解釈適用段階で政策的考慮をするのは妥当でない。政策的観点から利益衡量をするとしても、もっぱら処罰を否定する方向でのみ考慮すべきである。処罰を肯定する方向で考慮した場合、証拠偽造罪の恣意的な運用に道を拓くのみならず、真実供述義務違反や捜査協力義務違反を処罰することになってしまうおそれがあるからである。あくまで政策的観点からの利益衡量は、警察官と共謀した場合など刑事司法作用を侵害する危険の高い事案を類型化するために行うにとどめ、個別事案における類型的行為の「偽造」該当性の判断は、実行行為の危険性を出発点とすべきである。[37]

本件では、被告人の積極的な関与及び警察官との共犯関係の存在により、行為の危険性が高まり、実行行為性を充たしたことから、証拠偽造罪の成立が認められたと解することができる。[38] 警察官との共同正犯であるという事情は決定的に行為の危険性を高めるものであり、本件では重要な事情となった

---

35)　十河③ 119 頁。

36)　原口伸夫「判批」新報 123 巻 9 ＝ 10 号（2017 年）255 頁は、「迎合的な供述などが懸念されるところの『取調べにおける供述という実態を有する過程で作成されたもの』とはいえ、その実質において『供述』調書作成類型といえる場合ではない」として、本決定の結論を支持する。

37)　橋爪⑨は、本決定につき、「当該『証拠』の作出に関する被告人の働き掛けが、証拠の『偽造』と評価できるか否かによって、本罪の成否の限界を画そうとするもの」と解しており、「偽造」の実行行為性を問題にしていると思われる。

38)　これに対して、門田成人「批判」法セ 738 号（2016 年）125 頁は、「司法作用への影響は例外として処罰される偽証罪に匹敵するとは言い難く、捜査官の虚偽内容供述調書作成の禁圧の必要に伴う共犯責任であるとすれば、証拠偽造罪で対処することは疑問である」として、本決定に否定的な見解を示す。

が、極めて特殊な事情であり、本決定は事例判断にとどまる。本件と異なり、単に情を知らない捜査官に虚偽の供述内容を調書化させた場合でも、例えば、意図的に巧妙な手口で調書化させた場合などには、実行行為性が認められ、それだけで証拠偽造罪が成立する余地はあるだろう。

【参考文献】

　本件の解説・評釈として
　　①野原俊郎「判解」最判解平成 28 年度
　　②亀井源太郎「判批」百選 8 版
　　③十河太朗「判批」刑ジャ 50 号（2016 年）
　　④前田雅英「判批」捜研 785 号（2016 年）

　参考人の虚偽供述と証拠偽造罪について
　　⑤十河太朗「参考人の虚偽供述と証拠偽造罪の成立範囲」研修 846 号（2018 年）
　　⑥只木誠「参考人の虚偽供述と証拠偽造罪」争点
　　⑦前田雅英「参考人の虚偽供述と証拠偽造罪」研修 574 号（1996 年）
　　⑧中森喜彦「判批」判時 1597 号 240 頁［判例評論 460 号］（1997 年）
　　⑨橋爪隆「犯人蔵匿および証拠隠滅の罪について」警論 74 巻 8 号（2021 年）
　　⑩豊田兼彦「犯人蔵匿等罪・証拠隠滅等罪をめぐる近時の動向」刑ジャ 70 号（2021 年）

19

参考人の虚偽供述と犯人隠避罪

最高裁判所平成 29 年 3 月 27 日第二小法廷決定
平成 27 年（あ）第 1266 号 犯人隠避、証拠隠滅被告事件
刑集 71 巻 3 号 183 頁／判時 2384 号 122 頁／判タ 1452 号 62 頁

辻　本　淳　史

I　事　案

　被告人は不良集団のリーダーであった。A もこの集団の一員であったが、普通自動二輪車（以下、「A 車」とする。）を運転中に死亡事故を起こし、救護義務・報告義務を果たさずに現場から逃走した。A から事故の件を聞いた被告人は、A 車の破損状況をみて捜査機関が道路交通法違反および自動車運転過失致死の犯人が A であることを突きとめるだろうと考え、逮捕に先立ち A との間で A 車は盗まれたことにする旨の話し合いをした。

　A が逮捕された後、引き続き勾留されているなか参考人として警察官から取調べを受けた被告人は、死亡事故のことのほか、A が A 車に乗っているか、A 車がどこにあるか知っているか質問されたが、A 車が加害車両であると特定されていることを認識しながら、「A がゼファーという単車に実際に乗っているのを見たことはない。A はゼファーという単車を盗まれたと言っていた。単車の事故があったことは知らないし、誰が起こした事故なのか知らない。」とする嘘を述べ、事故当時に A 車は盗難被害を受けていたなどとして前記各罪の犯人は A ではなく別人であるとする旨の虚偽供述をした。

　なお、A 車は A の逮捕前に解体処分されており、これに関与した被告人は証拠隠滅罪にも問われている。

　原審（東京高判平成 27 年 7 月 8 日刑集 71 巻 3 号 258 頁参照）は、「犯人隠避罪にお

ける『隠避』とは、犯人の身柄の拘束を免れさせるような行為、あるいは、犯人の特定作用に支障をもたらすような性質の行為をなすことをいう」としたうえ、「Aに対する嫌疑が濃厚でありながら、処分保留のままAの身柄の釈放を余儀なくされた」という事情も指摘して、本件虚偽供述につき犯人隠避罪が成立するとした。これに対して弁護人は、原判決には「犯人の特定作用に支障をもたらすような性質の行為」といえるだけで「隠避」にあたるとした点に判例違反があり、直接に身柄確保を害するような性質をもたない行為まで「隠避」に含めた点に法令解釈の誤りがあるなどとして上告した。

Ⅱ　決定要旨

「前記の事実関係によれば、被告人は、前記道路交通法違反及び自動車運転過失致死の各罪の犯人がAであると知りながら、同人との間で、A車が盗まれたことにするという、Aを前記各罪の犯人として身柄の拘束を継続することに疑念を生じさせる内容の口裏合わせをした上、参考人として警察官に対して前記口裏合わせに基づいた虚偽の供述をしたものである。このような被告人の行為は、刑法103条にいう『罪を犯した者』をして現にされている身柄の拘束を免れさせるような性質の行為と認められるのであって、同条にいう『隠避させた』に当たると解するのが相当である」。

本決定には小貫芳信裁判官の次のような補足意見がある。

虚偽供述が「犯人の身柄拘束を免れさせる性質の行為」にあたるというためには、まず、①身柄拘束の「可否判断に直接ないし密接に関連した供述内容でなければならない。」本件では事故時に犯人がA車を使用することができたことが必須の捜査事項であったのに、本件虚偽供述は、AがA車の運転者ではありえないとするものであるから、Aの身柄拘束の可否判断に直接関わるものである。つぎに、②被告人がAと口裏合わせをしたうえでおこなった虚偽供述は、関係者の供述や客観証拠との整合性を確認する方法のひとつをあらかじめ奪うことによりその信用性チェックを困難にするなどしており、そのことが刑事司法作用を誤らせる危険性は「実務上犯人隠避罪に当た

るとすることに異論を見ない身代わり自白と差がないものと評価でき」る。
以上より、本件虚偽供述は隠避にあたるが、③本件は被告人がＡと意思を通
じて供述している点で法廷意見が引用する最決平成元年5月1日（刑集43巻
5号405頁）と共通しており、「口裏合わせを伴う虚偽供述は同決定の身代わり
自白と刑事司法作用を害する程度において差はな」く、「同決定と類型を同じ
くする」。

Ⅲ　解　説

1　刑法103条と「隠避」の意義

(1)　立法趣旨と「罪を犯した者」

　刑法103条の罪は、「罰金以上の刑に当たる罪を犯した者」または「拘禁中
に逃走した者」を「蔵匿」または「隠避」させることによって成立する。そ
の立法趣旨は「司法に関する国権の作用を防害する者を処罰しようとする」
ことにあり（最判昭和24年8月9日刑集3巻9号1440頁）、国の刑事司法作用が保
護法益である。

　蔵匿・隠避の客体である「罰金以上の刑に当たる罪を犯した者」は真犯人
に限られるとする説[1]も有力であるが、判例（大判大正12年5月9日刑集2巻401
頁、前掲最判昭和24年8月9日）・多数説[2]は刑法103条の立法目的をより良く達
成するために犯罪を犯した嫌疑のある者で足りるとする[3]。客観的に犯罪の嫌
疑が濃厚であることを要するとする中間説[4]もあるが、判断の基準が明確でな
いという批判が向けられている[5]。

---

1)　団藤81頁、大谷611頁、曽根300頁、山口578頁、松原575-6頁、関599頁、内
　田647頁、松宮471頁。
2)　西田482頁、中森289頁、高橋659頁、井田599頁、藤木39頁。
3)　もっとも、最判昭和28年10月2日（刑集70巻10号1879頁）は、捜査開始前に
　おいて犯人蔵匿罪の成立を認めるには、「真に」罰金以上の刑に当たる罪を犯した
　者を匿うことを要するとしたものと受けとれる判示をしている。これについては、
　西田482頁注(1)、松原574頁。
4)　大塚593頁、佐久間426頁、伊東390頁、前田476頁。

(2) 開かれた概念としての「隠避」

蔵匿が場所を提供して匿うことを意味するのに対して、隠避はその他の方法により身柄の発見・拘束を妨げる一切の行為をいう（大判昭和5年9月18日刑集9巻668頁）。隠避は開かれた概念であり、その適用例は広範にわたる。例えば、犯人に逃亡先を示して逃亡するよう勧告すること（大判明治44年4月25日刑録17輯659頁）、犯人の依頼に応じて留守宅の状況や捜査状況を知らせること（前掲大判昭和5年9月18日）、犯人をハイヤーに乗せて潜伏予定場所まで送り届けること（最判昭和35年3月17日刑集14巻3号351頁）、警察官が現行犯を現認しながら犯人を見逃すこと（大判大正6年9月27日刑録23輯1027輯）、真犯人の身代わりに自首すること（最決昭和34年7月18日刑集14巻9号1189頁）などが隠避にあたるとされる[6]。

このように身柄確保前に犯人を逃げ隠れさせる行為が広く隠避にあたるとされてきたのに対し、最決平成元年5月1日（刑集43巻5号405頁＝**判例1**）[7]は、暴力団の若頭が、殺人未遂等の容疑で逮捕勾留されている組長のために、事件で使用された拳銃と実包2発を携帯させた身代わり犯人を警察に出頭させたが身柄解放には至らなかったという事案につき、「刑法103条は、捜査、審判及び刑の執行等広義における刑事司法の作用を妨害する者を処罰しようとする趣旨の規定であって…、同条にいう『罪ヲ犯シタル者』には、犯人として逮捕拘留されている者も含まれ、かかる者をして現になされている身柄の拘束を免れさせるような性質の行為も同条にいう『隠避』に当たると解すべきである。」として犯人隠避教唆罪が成立するとした。

判例1は、身代わり自白のように、身柄拘束作用に対する抽象的危険を抑止するために犯人の逮捕勾留中においても犯人隠避罪として処罰される行為類型を示したものである。

---

5) 西田482頁。

6) ただし、逃亡者に依頼されてその内妻に生活費等を確保するための店舗の購入資金を提供する行為につき犯人隠避罪の成立を認めなかった裁判例（大阪高判昭和59年7月27日高刑集37巻2号377頁）も存在する。

7) 本決定については、二本柳⑨253頁以下、東條明徳「判批」百選8版246頁以下等。

（3）具体的な保護法益の特定

しかし、捜査機関が犯人の身柄に強い支配力を及ぼしている逮捕勾留の最中にまで犯人隠避罪の射程を広げるには、本罪の処罰根拠としてより明確な法益侵害性を要求すべきである。[8]

この点、**判例1**の原審（福岡高判昭和 63 年 1 月 28 日判時 1264 号 139 頁）は、ポリグラフ検査や更なる事情聴取の実施など当該身代わり自白が「現実にも捜査の円滑な遂行に支障を生じさせる結果を招いた」ことを指摘していた。これを受け、本罪の保護法益を犯人特定作用に求めて捜査妨害が生じたことをもって犯人隠避罪の成立を基礎づける見解が生まれた。[9] しかし、捜査妨害への対応は警察官の本来的な職務であるから、これを本罪の処罰根拠とすることはできないと思われる。[10] この見解に従うなら、刑事司法に対する罪を業務妨害罪化させることとなり、[11] 取り調べに対して正直に話さず警察の捜査を長引かせただけで犯人隠避罪の成立が認められることにもなりかねない。

同様に犯人特定作用を保護法益としながら本罪を処罰妨害罪であると解し、捜査機関に対して真犯人の嫌疑を消滅させる影響を与えることが犯人隠避罪の成立に必要であるとする見解もある。[12] たしかに、真犯人を特定することは逮捕勾留をおこなっている捜査機関にとって切実な関心事となる。しかし、犯人特定が本罪の保護法益であるとするかぎり、何らかの嘘を含む供述から犯人の訴追を困難にするような弁護活動まで真犯人の特定を妨げるすべての行為が犯人隠避罪を成立させることとなり、[13] 捜査妨害を罰すべきとする見解との違いはほとんどなくなると思われる。[14] 犯人特定の妨害は、身柄拘束作用に対する危険の前提としてのみ考慮すべきである。[15]

以上と異なり、犯人蔵匿・隠避罪の保護法益を犯人特定とは区別された身柄確保作用に求める見解がある。[16] この見解は、隠避について蔵匿と同じくら

---

8)　伊東・現代社会 455 頁以下参照。
9)　前田 476 頁。
10)　日高義博「判批」法教 108 号（1989 年）88 頁参照。
11)　松原 164 頁参照。
12)　杉本⑧ 251 頁。なお、安田① 71-4 頁参照。
13)　岡慎一＝神山啓史『刑事弁護の基礎知識〔第 2 版〕』（2018 年）20 頁参照。
14)　二本柳⑨ 257 頁参照。なお、徳永元「判批」九法 116 号（2018 年）23 頁以下。

いの身柄確保を妨げる危険を要求することによって処罰範囲を限定しようとする[17]。もっとも、ここにいう身柄確保が「逃げ隠れしている犯人を捕縛する」ことだけを意味するなら、在宅事件の被疑者を蔵匿する場合や身代わり自白をして犯人の身柄解放をもたらす場合などがすべて不可罰となり、妥当でないと思われる結論を導くおそれが出てくる[18]。しかし、捜査機関に犯人への物理的アクセスの可能性を確保することが身柄確保作用の本質であるとすれば[19]、このなかに犯人の所在究明から身柄拘束の継続まで含めて理解すること[20]が可能となる。この理解によるなら上記２つの場合の可罰性も説明できる[21]。

　以上の検討から身柄確保説が妥当であると思われるが、判例・通説は犯人隠避罪を抽象的危険犯と解しているため、処罰範囲の限定は困難であるといわれている[22][23]。

2　平成 29 年決定の分析

(1)　判例 1 の踏襲

　犯人の身柄確保前にされた参考人の虚偽供述については、別人が真犯人であるとする旨の供述がなされたことのみを認定して犯人隠避罪の成立を認め

---

15)　なお、逮捕勾留を基礎づけている嫌疑ごとに犯人特定を考えるなら、ある罪で身柄拘束されている犯人のために、それとは別の罪に関し口裏合わせに基づいた参考人の虚偽供述がおこなわれたとしても、前者の罪に基づいた身柄拘束作用に対する危険の発生を肯定できるかどうかにつき更なる検討の余地があることになる（高松高判昭和 27 年 9 月 30 日高刑集 5 巻 12 号 2094 頁参照）。

16)　十河太朗「犯人蔵匿罪と証憑隠滅罪の限界に関する一考察」同法 46 巻 5 号（1995年）108 頁以下、山口 581 頁、松原 582 頁、浅田 542 頁、日高 681 頁、伊東 389 頁以下。

17)　十河・前掲注(16)110 頁。

18)　尾崎道明「判批」ひろば 42 巻 9 号（1989 年）56 頁以下参照。

19)　深町⑦ 93 頁参照。

20)　十河・前掲注(16)110 頁。

21)　なお、身代わり自白をして逮捕勾留中の犯人を釈放させたときに犯人隠避罪の成立を認める解釈は、身柄拘束中の犯人も隠避の客体になるという理解を前提とする。反対、福岡地小倉支判昭和 61 年 8 月 5 日（判時 1253 号 143 頁——**判例 1** の第 1 審）、二本栁⑨ 259 頁、德永・前掲注(14)30 頁以下。

22)　西田 484 頁、大谷 613 頁、髙橋 663 頁、中森 290 頁。

23)　松宮 465 頁参照。現に、井田 601 頁は、身柄拘束作用に対する抽象的危険を根拠に**判例 1** の結論を肯定する。

た裁判例も存在するが、その他の判例は、事故現場の偽装工作を伴うもので
あること、既におこなわれた他人による身代わり自白に沿った虚偽供述であ
ること、事前に虚偽供述の共謀をしていること（和歌山地判昭和 36 年 8 月 21 日
下刑集 3 巻 7＝8 号 783 頁＝**判例 2**）といった参考人供述の信用性に対する検証を
困難にする事情を認定して隠避該当性を肯定してきた。

これに対して、本件は、事前の口裏合わせに基づいて、犯人が逮捕勾留さ
れている最中に参考人の虚偽供述がおこなわれたというものである。原審は、
「犯人の特定作用に支障をもたらすような性質の行為」も隠避にあたるとし
たうえ、「A に対する嫌疑が濃厚でありながら、処分保留のまま A の身柄の
釈放を余儀なくされた」という行為後の事情も指摘して犯人隠避罪の成立を
認めた。これに対して、本決定は、本件虚偽供述も「刑法 103 条にいう『罪
を犯した者』をして現にされている身柄の拘束を免れさせるような性質の行
為と認められる」とのみ判示して本罪の成立を認めている。これは、**判例 1**
を踏襲しながら身柄拘束作用に対する抽象的危険を有する行為類型を身代わ
り自白の他にもう一つ付け加える事例判断といえる。

口裏合わせという**判例 2**と同様の事情を認定したうえで犯人隠避罪の成立
を認めていることから明らかなように、本決定は参考人の単純な虚偽供述を
処罰するものではない。このことも考慮したためか、多くの学説は本決定を
支持している。しかし、上述の裁判例にも現れているように供述の信用性に

---

24) 金沢地七尾支判昭和 63 年 10 月 25 日（判時 1303 号 152 頁）（公職選挙法違反の
真犯人を偽る供述をした事案）。
25) 最判昭和 40 年 2 月 26 日（刑集 19 巻 1 号 59 頁）（業務上過失致死の犯人を匿う
ため転落現場の偽装をしたうえ被害者が自ら過失で転落死したとする虚偽供述が
おこなわれた事案）。
26) 水戸地判昭和 49 年 6 月 7 日（判タ 316 号 298 頁）（交通事故の真犯人を匿うため
におこなわれた虚偽供述に関する事案）。
27) 傷害致死の現場に居合わせた被告人 4 名が、犯人から「おれはおらなかったこと
にしてくれ」と頼まれたのでこれを承諾し、「犯人は現場におらず、被害者は被告人
らと一緒にそばを食べていたがその後見失い、行方を探したら倒れているのを発見
したが、誰にやられたか知らない」とする虚偽供述をする旨の共謀をしてこれに基
づいた供述をした事案。
28) 石田① 82 頁。
29) 石田① 86 頁以下。

対する検証を困難にする事情は口裏合わせの他にも存在するから、今後、犯人隠避罪の処罰範囲が広がっていく可能性もある。それだけに、本件虚偽供述が可罰的な危険を備えたものであるか否かは慎重に検討されなければならない。

(2) 口裏合わせに基づいた虚偽供述

参考人の虚偽供述について犯人隠避罪が成立するとしたこれまでの裁判例は、アリバイ供述のように嫌疑を直接消滅させる証拠価値をもつ供述に関するものであったと思われる。これに対して、本件供述は「ゼファーは盗まれたとＡから聞いた」という内容のもので、それ自体がＡの犯人性を否定する証拠価値をもつわけではない。この点に関しては、補足意見①のように、事故当時にＡがＡ車を運転することができなかったとする旨の供述は、Ａが本件事故車の運転者ではありえないことを意味するから、結果的にＡが犯人でないとする証拠価値をもつに至ると評価することができるかもしれない。ただし、被告人の「虚偽供述がもつ直接の攻撃性が、身代わり自首やアリバイ供述、事件性を否定する目撃供述などと比べれば、1段低い」ものであり、したがって、「証拠価値の点では1段低い」ということも忘れてはならない事情である。[31]

さらに、参考人供述には、身代わり自白のような「その者にとり不利益な供述をする」ことに由来する信用性の高さがない。[32] この点、補足意見②は、Ａとの口裏合わせによって信用性の検証が困難になっており、見せかけの真実らしさが大きくなるおそれが生じていたとする。たしかに、虚偽供述に先立つ口裏合わせは参考人供述の信用性の低さをある程度埋め合わせるようにも思われる。[33] しかし、事前の意思疎通があったということだけで、**判例1の**

---

30)　和田③ 208 頁、藪中④ 97 頁、飯島⑤ 164 頁、成瀬幸典「判批」法教 442 号（2017年）130 頁、前田雅英「判批」捜査研究 797 号（2017年）26 頁、瀬川行太「判批」北園 53 巻 3 号（2017年）260 頁、後藤啓介「判批」判評 727 号（2019年）34 頁、吉田有希「判批」新報 125 巻 1 = 2 号（2018年）223 頁、永井紹裕「判批」早法 95 巻 1 号（2019年）370 頁。なお、羽柴愛砂「判批」警論 70 巻 11 号（2017年）175 頁以下。

31)　和田③ 208 頁。

32)　吉田・前掲注(30)219 頁以下参照。

身代わり自白と同じくらいの危険（補足意見③参照）が生じたといえるかは疑問である。[34]

供述の信用性の点についてはむしろ、被告人が、A の逮捕勾留前に A 車を解体処分していたことが重視されるべきではないかと思われる。[35] 供述の信用性が、本来、客観証拠との整合性の観点から評価されるべきだとすれば、[36] 被告人は、警察官が原則的な捜査手法によって供述の信用性を検証する途をあらかじめ塞いでいたことになるからである。このことが、本件虚偽供述の危険性を基礎づける最も重要な事情であろう。

3 若干の考察

(1) 本件虚偽供述がもつ危険について

こうした状況をもとに具体的に考察するなら、供述がもつ証拠価値と、事前の口裏合わせによる信用性チェックの妨害のほかに、❶A 車の解体処分により客観証拠を隠滅していたという事実が危険を基礎づける事情として考慮される反面、❷警察は逮捕勾留されている A を更に取り調べることが可能であったこと、❸被告人は A が所属する不良集団のリーダーであったこと、[37] ❹被告人の他にも集団に属する複数のメンバーから供述が得られる状況にあったこと、[38] といった危険発生を否定する方向に働く事情も視野に入ってくる。不良集団の構成員が連携して犯罪の隠蔽を図ったという事実関係を前提にするなら、警察が被告人の供述を信用するとは考えがたく、本件において犯人特定妨害を超えた身柄解放の危険が生じたと評価することは難しくなるのではないだろうか。そうすると、本決定は法益侵害の危険から離れた処罰を肯定するものではないかという疑いが出てくる。

---

33)　和田③ 208 頁、吉田・前掲注(30)221 頁、仲道② 249 頁参照。

34)　前田・前掲注(30)26 頁、後藤・前掲注(30)163 頁参照。

35)　永井・前掲注(30)370 頁。

36)　三井誠ほか編著『新刑事手続』（2017 年）286-7 頁〔稲川龍也〕参照。

37)　原審が述べる量刑の理由（刑集 71 巻 3 号 272 頁）を参照。

38)　この点については、山本高子「犯人隠避罪について」亜細亜 52 巻 2 号（2018 年）227 頁も参照。

(2) 結果犯構成の試み

本決定は犯人隠避罪を抽象的危険犯と解しているが、一般的・類型的な法益侵害の危険をもつ行為を処罰に直結させる抽象的危険犯であると解釈される場合には次の2つがあるとされる。まず、現住建造物等放火罪（刑法108条）のように重大な法益に対する何らかの危険が生じた段階で直ちに刑罰による抑止が必要となる場合があり、つぎに、名誉毀損罪（刑法230条）のように法益侵害の計測が不可能な場合がある[39]。しかし、犯人蔵匿・隠避罪における刑事司法作用の侵害は3年以下の懲役（令和4年改正前）を基礎づけるにすぎないから前者の場合にはあたらない。また、これらの罪については、犯人特定と身柄確保を中心的機能とする個別具体的な刑事司法が実行行為の作用が及ぶ客体となって法益侵害の危険発生に事実的基礎を与えているから後者の場合[40]にもあたらない。それゆえ、刑法103条の罪を抽象的危険犯であるとする必然性はなく、身柄拘束作用に対する危険を事案に即して把握するために具体的危険犯と理解することも可能である[41]。

他方、「隠避させた」という犯人隠避罪の文言は、逃げ隠れさせる状態という「結果」を要求していると解するのが罪刑法定主義の精神に即した解釈である[42]。この点、捜査妨害や犯人特定妨害[43]が生ずることが隠避結果であるとする見解[44]もあるが、これらの見解によると、「隠避」の語義から離れた処罰が肯定されることになり、「結果」がもつ処罰限定機能も発揮されない。

もっとも、「逃げ隠れさせる状態」という結果の内容は、個別事案において捜査機関が犯人に及ぼしている支配力を考慮しつつ、犯人への物理的アクセスを妨げるような事実状態の変化が生じたかという観点からその都度特定していくことを要すると思われる。この考えによれば、捜査開始前であれば犯

---

39)　西田典之（橋爪隆補訂）『刑法総論〔第3版〕』（2019年）89頁参照。

40)　ただし、前掲注(3)の最判昭和28年10月2日が存在することに注意を要する。

41)　深町⑦93頁注(39)。二本柳⑨261頁は本罪を侵害犯であるとする。

42)　前掲福岡地小倉支判昭和61年8月5日、松宮471頁、同「判批」南山12巻1＝2＝3号（1988年）78頁以下、83頁、松原584頁以下、二本柳⑨261頁、豊田⑪13頁。なお、平野龍一「刑法各論の諸問題18」法セ228号（1974年）40頁参照。

43)　前田476頁。

44)　杉本⑧251頁。

人を高跳びさせて所在究明を困難にすること、捜査開始後、身柄確保に至っ
ていない段階では、逃走資金を手渡すなど犯人の所在究明・身柄確保を困難
にする手段を提供することや、身代わり自白をして犯人特定を妨害しそのこ
とを通して身柄確保を妨げること、在宅起訴の場合には犯人を変装させて逃
亡させることなどが、「結果」の内容となる。犯人が身柄拘束されている段階
では、「身柄解放」結果を要求すべきであるが、虚偽供述の影響によって警察
が勾留延長を請求しなかった場合も、虚偽供述と相当因果関係を有する身柄
解放といえるのであれば結果発生を肯定することができよう。

　以上によれば、本罪は結果発生を要件とする危険犯の一種と解することが
できる[46]。それでは、本件において身柄解放の結果がもたらされたといえるだ
ろうか。この点、原審は「Aに対する嫌疑が濃厚でありながら、処分保留の
ままAの身柄の釈放を余儀なくされた」としているが、このことが身柄拘束
状態の変化にあたるとして身柄解放結果の発生を肯定する見解がある[47]。しか
し、本件虚偽供述が犯人特定の妨害を通してAの身柄解放をもたらしたと
いう因果関係が十分に認定されているとはいいがたい[48]。それゆえ、被告人が
身柄解放の結果を惹起したということはできず、犯人隠避罪の成立を肯定す
ることはできないと思われる[49]。

　なお以上の検討によれば、**判例1**において暴力団員がおこなった身代わり
自白を警察が信じて組長の身柄を解放するとは考えがたく、身柄解放の危険
があると評価することにも疑問があるが、身柄解放の結果が発生していない
以上、犯人隠避罪の成立を認めるべきではなかったといえる[50]。

---

45)　これに対して、瀬川・前掲注(30)260頁は身体拘束を免れさせる危険の発生を
　　もって隠避結果があるとし、身柄拘束状態の変化を不要とするが、本罪における結
　　果が文言による処罰範囲の限定と身柄拘束作用に対する具体的な危険の発生とい
　　う観点から要求されるものだとすれば、そのような理解に賛同することはできな
　　い。
46)　犯人隠避罪は、抽象的危険犯としての現住建造物等放火罪における「焼損」より
　　も法益侵害に近い結果を要求していると考えられる。
47)　飯島⑤164頁、豊田⑪13頁。
48)　松原585頁。
49)　徳永・前掲注(14)32頁は、身柄拘束中の犯人は隠避の客体たりえないとして本決
　　定を疑問視する。
50)　二本柳⑨262頁。

【参考文献】

本件の解説・評釈として
　①石田寿一「判解」最判解平成 29 年度
　②仲道祐樹「判批」百選 8 版
　③和田俊憲「判批」論ジュリ 27 号（2018 年）
　④藪中悠「判批」刑ジャ 55 号（2018 年）
　⑤飯島暢「判批」平成 29 年度重判解

犯人隠避罪および刑事司法に対する罪について
　⑥安田拓人「司法に対する罪」法教 305 号（2006 年）
　⑦深町晋也「司法に対する罪」クローズアップ
　⑧杉本一敏「司法作用に対する罪」重点課題
　⑨二本栁誠「身代わり犯人」刑法の判例
　⑩松宮孝明「司法作用ないし犯人庇護の罪をめぐる問題状況」刑ジャ 70 号（2021 年）
　⑪豊田兼彦「犯人蔵匿等罪・証拠隠滅等罪をめぐる近時の動向」刑ジャ 70 号（2021 年）

判例索引

※太字は表題判例

編者・執筆者一覧 （掲載順）

松 原 芳 博 （まつばら　よしひろ）　早稲田大学大学院法務研究科教授

野 村 健太郎 （のむら　けんたろう）　愛知学院大学法学部准教授

濱 田　　新 （はまだ　あらた）　信州大学経法学部准教授

菊 地 一 樹 （きくち　かずき）　明治大学専門職大学院法務研究科専任講師

福 山 好 典 （ふくやま　よしのり）　姫路獨協大学人間社会学群現代法律学類准教授

西 貝 吉 晃 （にしがい　よしあき）　千葉大学大学院専門法務研究科准教授

三重野雄太郎 （みえの　ゆうたろう）　佛教大学社会学部准教授

大 塚 雄 祐 （おおつか　ゆうすけ）　拓殖大学政経学部助教

木 崎 峻 輔 （きざき　しゅんすけ）　中央学院大学法学部准教授

荒 木 泰 貴 （あらき　たいき）　武蔵野大学法学部准教授

増 田　　隆 （ますだ　たかし）　帝京大学法学部専任講師

芥 川 正 洋 （あくたがわ　まさひろ）　福岡大学法学部講師

冨 川 雅 満 （とみかわ　まさみつ）　九州大学大学院法学研究院准教授

佐 藤 結 美 （さとう　ゆみ）　上智大学大学院法学研究科法曹養成専攻准教授

北 尾 仁 宏 （きたお　まさひろ）　早稲田大学先端社会科学研究所助教

佐 藤 輝 幸 （さとう　てるゆき）　法政大学法学部准教授

藤 井 智 也 （ふじい　ともや）　群馬大学社会情報学部非常勤講師

薮 中　　悠 （やぶなか　ゆう）　慶應義塾大学法学部准教授

山 中 純 子 （やまなか　じゅんこ）　東海大学法学部講師

辻 本 淳 史 （つじもと　あつし）　富山大学経済学部准教授

続・刑法の判例〔各論〕

2022 年 11 月 20 日　　初版第 1 刷発行

編　　者　　松　原　芳　博

発　行　者　　阿　部　成　一

〒 162-0041　　東京都新宿区早稲田鶴巻町514番地

発　行　所　　株式会社　成　文　堂

電話 03(3203)9201(代)　　FAX 03(3203)9206
http://www.seibundoh.co.jp

製版・印刷　三報社印刷　　　　　　　　製本　弘伸製本

©2022　Y. Matsubara　　　　Printed in Japan

☆落丁本・乱丁本はおとりかえいたします☆

ISBN978-4-7923-5380-3 C3032　　　検印省略

定価(本体 2800 円＋税)